词与世界 文明互鉴学术论丛
WORD & WORLD

总主编 陈 方 李铭敬

本成果受到中国人民大学2023年度
"中央高校建设世界一流大学（学科）和特色发展引导专项资金"支持

托尔斯泰的精神求索

金美玲 著

中国人民大学出版社
·北京·

编委会
（以姓氏笔画为序）

刁克利　王建华　田丽丽　刘海清
杨　敏　李桂荣　李铭敬　张　意
陈　方　周　铭　赵蕾莲

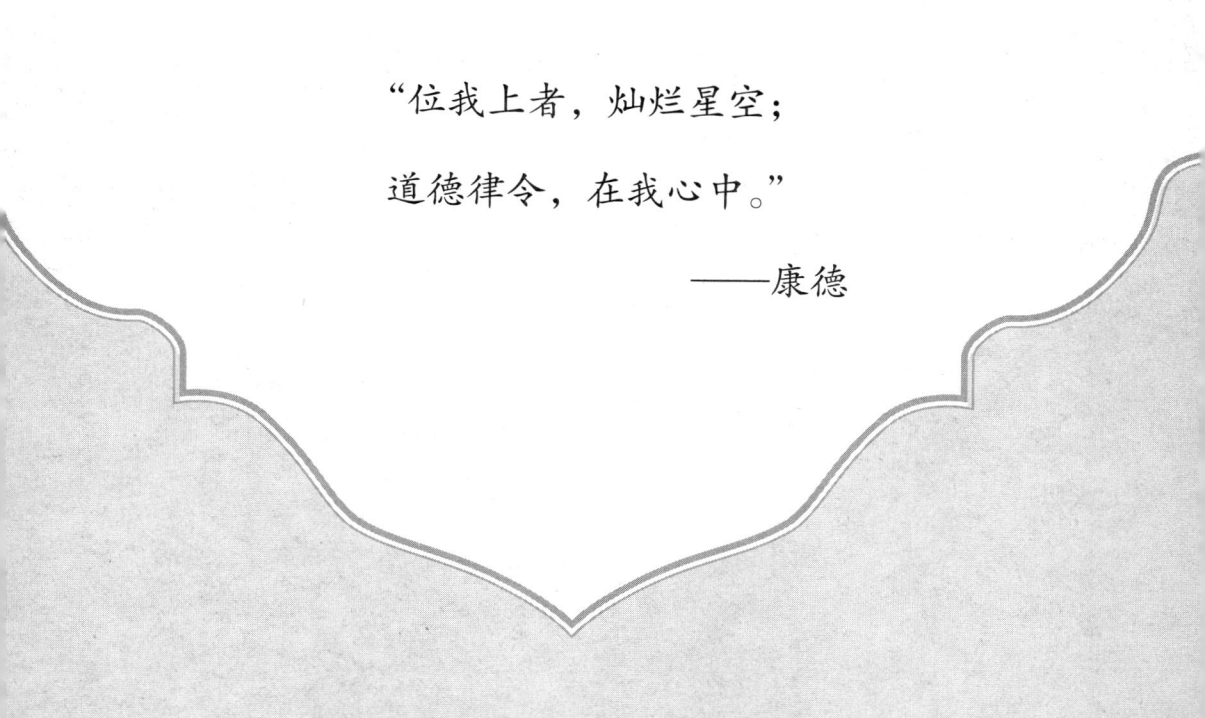

"位我上者,灿烂星空;
道德律令,在我心中。"

——康德

推荐序

踯躅前行的苦修者

　　《托尔斯泰的精神求索》超越了一般意义上的文学研究，其作者有点"野心"，在我看来，这"野心"就是要彻底终结对托尔斯泰由来已久的二分法认识，即艺术家托尔斯泰是伟大的，而"说教者"托尔斯泰是令人难以忍受的。当然，这种二分法认识在进入21世纪以来不像之前那么有市场了，但也并未绝迹，在有些"懒惰的"托尔斯泰研究中还时而可以见到。说"由来已久"，是因为这一认识在托尔斯泰的同时代人那里就已经有所体现，代表人物非屠格涅夫莫属，而集中体现无疑是在19—20世纪之交的白银时代。托尔斯泰与前者的分歧在于对作家使命或者说对艺术本质的认识，与后者中的大多数存在的差异在于对东正教，尤其是对耶稣的理解。该书作者紧密结合作家不同时期的创作、心路历程，从其童年一直追溯到其生命的终点，全方位地为读者勾画出虽矛盾重重却一以贯之的托尔斯泰全貌。一以贯之的是对何以为人以及人的一生应该怎样度过展开的孜孜不倦的求索，陀思妥耶夫斯基未满十八岁时给哥哥的信中写的那段著名的话同样也可以作为理解托尔斯泰毕生努力的注解："人是一个奥秘。应该解开它，如果你穷其一生都在解开它，那你不要说损失了时间；我在研究这个奥秘，因为我想做个人。"[1]

　　基于对托尔斯泰和陀思妥耶夫斯基创作的理解，我常常会产生一种错觉，感觉前者是从后者作品中走出来的一个人物，在对人和世界、人类存在意义及其最高价值的求索中与伊波利特、拉斯柯尔尼科夫、斯维德里加伊洛夫、伊万·卡拉马佐夫等有诸多交集，或者更准确地说，求索之路上的痛苦和迷茫有诸多相似之处，究其

---

[1] Достоевский Ф. *Полное собрание сочинений в 30 томах:* Т. 28. Л: Наука, 1972–1990. С. 63.

根本，是因为他们都对现状不满意，对现成的宗教领域的知识不满意，更重要的是，都"想做个人"。

该书从总体上说，恰恰是在研究托尔斯泰的"人学"，作者对作品的考察聚焦于此，对作家与同时代人关系的观照以及对他人眼中托尔斯泰的剖析也有相当篇幅与此相关，可谓抓住了重点，同时对于立体地认识托尔斯泰提供了广阔的视角。

把托尔斯泰与这些所谓的"反面人物"放在一起没有任何"亵渎"托翁的意思，因为任何人为寻找生命支点所做的努力甚至挣扎都是值得尊敬和感佩的，况且用心感受不难发现，这些人物并非所谓的"反面人物"，这里没有简单的非黑即白、非善即恶、非好即坏，对于陀思妥耶夫斯基如此，对于有思考能力的读者亦应如此。

阅读这份书稿，让我不由得回忆起伊万·布宁在1937年完成的小书《托尔斯泰的解脱》中的一段话："1910年11月7日早晨6点5分在阿斯塔波沃车站逝去的不仅是曾经在世间生活过的最非同寻常的一个人的生命，逝去的还有某种非同寻常的功德，就其力度、长度和难度来说不同寻常的为了'解脱'……进行的战斗。"[1]这里的"功德"和"战斗"两个词，我认为实乃神来之笔。

俄罗斯东正教网站中的《信仰字母表百科全书》对"功德"（подвиг）一词的三个释义都似乎在诠释托尔斯泰的生命历程："1）为了履行神的旨意有意识地完成、与克服巨大困难以及自我牺牲相关的举动或在时间上展开的行为（比如禁欲主义功德、修士功德、苦修功德）；2）为邻人福祉完成的英雄主义的举动；3）为了人们的福祉在劳动领域完成的杰出性质的行为（劳动功德）。"[2]由"功德"一词构成的"подвижник"是"不断履行各种禁欲主义行为、为不断抵御各种激情冲动以获得与之相反的美德而战斗（即承担战斗的功德）的人"[3]，这里出现的动词、同时也是同根词的"подвизаться"在东正教语境中有通过与激情冲动战斗而在精神上不断提升的意味。

我在这里引用俄罗斯东正教网站的解释，是因为托尔斯泰虽然不承认官方东正教会以及诸多东正教教义，但他却是在俄罗斯东正教土壤上成长起来的，如同弗·伊里因所言：托尔斯泰"从小时候起浸染着的东正教文化气氛，在他让人捉摸不透的

---

[1] Бунин И. *Освобождение Толстого*. Paris: YMCA-PRESS, 1937. C. 46.

[2] "Подвиг". [2024-10-29]. https://azbyka.ru/podvig.

[3] "Подвижник". [2024-10-29]. https://azbyka.ru/podvizhnik.

精神深处的某个地方继续存在着，警醒着他，要求浮到日光照耀的表面……"。而且，对于托尔斯泰来说，"如同对陀思妥耶夫斯基一样，基督是'主导形象'"，虽然对于二者来说，基督这个"主导形象"存在着"根本性的差异"，托尔斯泰的"基督……在棺椁中腐败了，他只是作为一个'为信念承受过苦难'的伟大智者和义人，在身后留下了美好的记忆，对于他的神性至少可以从形而上的角度去谈论，他的学说可以作为理性生活最为智慧的嘱托去遵循"[1]。该书作者对理性在托尔斯泰精神求索中的地位和作用所做的自始至终的剖析在一定程度上呼应了伊里因对托尔斯泰的认识。

《俄汉详解大词典》对"подвижник"的释义是"苦修者，苦行者，苦行僧，严守戒律者"[2]，纵观托尔斯泰被布宁称为"环绕自己八万俄里"的一生，本书谓之"踟蹰前行的苦修者"再合适不过。本书作者"结束语"的第一段话正是对一个苦修者战斗的一生的高度总结："充满与生俱来的欲望和生命力，同时具有极其高度的道德感和自省精神、分析能力和批判意识，这造成了托尔斯泰在精神上的撕裂和悲剧，也转化为他对肉体、肉欲的憎恶，及对超越肉体、超越欲望的渴望，促成了托尔斯泰从一个'伊壁鸠鲁主义者'向'斯多葛主义者'的转变。"而且的确如作者所言："成为一个宗教哲学家们可以认可的基督徒，或者成为一个唯物主义者，都能令托尔斯泰的矛盾迎刃而解，也不会招致那么多的责难与批判。"但如果是这样，托尔斯泰就不会引出布宁一个接一个的"非同寻常"，其庄园亚斯纳亚·波利亚纳就不会成为世界各地寻求生命意义的人争相前往的"圣地"，并且时至今日仍吸引着全世界的目光。

托尔斯泰的"战斗"持续到生命的最后时刻，可谓"生命不息，战斗不止"，所以我更愿意认为伊万·布宁的《托尔斯泰的解脱》表达的不应该是肯定，而应该是个问题，或者用布宁本人的话说，托尔斯泰的一生是"就其力度、长度和难度来说不同寻常的为了'解脱'……进行的战斗"，否则他就不会用丘特切夫的诗歌结束对托尔斯泰的感悟，而且认为托尔斯泰"在自己生命的最后一年不止一次重复过"

---

[1] Ильин В. *Миросозерцание графа Льва Николаевича Толстого*. СПб.:Изд-во Рус. Христиан. гуманит. ин-та, 2000. С. 326, 323.
[2] 黑龙江大学辞书研究所编《俄汉详解大词典》，黑龙江人民出版社，1998，第 3565 页。

的这首诗是"可怕的话"[1]。在这首题为《沉默》的诗歌里布宁引了前两行，不妨多引四行，把完整的第一段呈现出来更能表现其"可怕"之处究竟是什么：

沉默吧，隐身而退，
把自己的情感和希冀隐藏起来。
让它们在灵魂深处，
如同夜空的星辰，
无声地升起又降落。
欣赏它们吧，然后沉默。

托尔斯泰可以"不止一次重复"这些"可怕的话"，但重复不是要让自己做到沉默，不止一次重复正因为做不到沉默，更做不到"欣赏"。他于1879年至1882年写的《忏悔录》和去世这一年写的《生活之路》中触目惊心的一长串问号正说明了其困惑挥之不去、其精神求索从未停止。布宁说"拯救他的不是这些时刻，而是他不问的那些时刻"[2]，但"我不能沉默"却正是托尔斯泰的性格特点，就像他的安德烈公爵"我不能不思考"、他《童年》的小主人公"我在思考什么？我在思考我在思考什么"一样，"问"是他的本质特征，而且本书作者总结到位："他没有站在任何一个阵营中，而是从更宏大的视角去体悟人的本质和生命的意义。"或者如前所述，他"想做个人"，毕其一生都在身体力行解开"人"这个奥秘。

金美玲是我指导的博士生，其博士论文研究托尔斯泰的"义"和"圣"，之后在北大哲学系博士后流动站依然在研究托尔斯泰，迄今已有十余年。对于她完成的这部书稿我甚感欣慰，看到她不断充实、积累关于俄罗斯文化本质方面的知识，不断拓展和深化对托尔斯泰的认知，厚积薄发，我为她高兴，也对她未来在托尔斯泰研究以及俄罗斯文化研究方面取得更好的成绩、得到更大的精进充满期许。

赵桂莲

2024 年 10 月 29 日

---

[1] Бунин И. *Освобождение Толстого*. С. 252.

[2] Там же. С. 255.

导　言

俄罗斯文学历来深邃而厚重，直面根本性的存在问题——生与死、善与恶、自由与责任、理智与信仰等，为俄罗斯思想的阐发与构建提供了源源不断的灵感和话语资源。白银时代哲学家弗兰克曾言："最深刻最重要的思想在俄国不是在系统的学术著作中表达出来的，而是在完全另外的形式——在文学作品中表达出来的。"[1] 俄罗斯当代哲学家尼克利斯基也指出："理解古典文学的哲学内容总是俄罗斯哲学的突出特征之一。"[2] 俄罗斯文学大家们总是在他们的创作中融入自己对终极问题的思考，也因此而享誉世界，生命长青。

在这个意义上，列夫·托尔斯泰（1828—1910）可谓俄罗斯文学的一座高峰、一面旗帜，他不仅是驾驭语言与情感的文学大师，还以人类的良心和先知的形象铭刻于世人的脑海之中。托尔斯泰不是一般意义上的"纯粹"的艺术家，不能满足于用冷峻、客观的目光去旁观生活，其创作密切关注人的生存现实和精神状态，具有凸显的哲学向度。这位举世闻名的大文豪在自己人生的巅峰时期经历了深刻的精神危机，在《忏悔录》中极力批判自己此前的生活与创作，把余下的三十年交给了对终极真理的求索。寻求关于生活的理性论证、找到人类生存的终极意义的诉求始终让他辗转反侧、苦苦追寻——"人活着为了什么？""在这无限的世界中，人这个有限的存在有什么意义？""人究竟应该怎样生活？"在晚年，他公开批判官方教会，对社会的传统偶像与权威发起了猛烈的攻击，继而构筑了自己以"道德自我完善""不以暴力抗恶""博爱""宽恕""简朴化"等为核心的"托尔斯泰主义"。

---

[1] 弗兰克：《俄国知识人与精神偶像》，徐凤林译，学林出版社，1999，第4页。
[2] 尼克利斯基：《俄罗斯文学的哲学阐释》，张百春译，安徽大学出版社，2017，第3页。

随着世界观的变化，托尔斯泰的艺术观也经历了深刻的转向，导致其后期作品的主题与风格迥异于前，具有浓郁的说教和批判色彩。在历来的文学评论界，将艺术家托尔斯泰与思想家托尔斯泰一分为二的看法屡见不鲜。不少后世的批评家一方面高度评价托尔斯泰的文学创作，另一方面批判其晚期思想的平庸和苍白。无论是俄罗斯白银时代的宗教哲学家，如梅列日科夫斯基、舍斯托夫、别尔嘉耶夫等，还是同时期的无产阶级批评家，如普列汉诺夫、列宁、卢那察尔斯基等，他们虽然从不同的立场出发，但都得出了相似的结论，即托尔斯泰的文学天赋和思想天赋是大相径庭的，甚至是相互对立的。这种历史评价令许多后人在研究托尔斯泰时产生了先入为主的思维定式，即托尔斯泰的晚期思想在其光辉灿烂的文学成就面前黯然失色，显得幼稚和浅薄，这也导致后人易于接受这种程式化的定论，以致不愿深入剖析其精神遗产的真谛。

实际上，将作家的人生与艺术世界分为截然不同的前后期的精神激变并不意味着这两个时期没有任何根本的、内在的一体性。曾亲自拜访过托尔斯泰的法国作家、诺贝尔文学奖得主罗曼·罗兰曾提到："我们绝对不像今日的批评家般说：'有两个托尔斯泰，一是转变以前的，一是转变以后的；一是好的，一是不好的。'对于我们，只有一个托尔斯泰，我们爱他整个。因为我们本能地感到在这样的心魂中，一切都有立场，一切都有关连[联]。"[1] 俄罗斯著名批评家米尔斯基则进一步指出了这种关联："后期托尔斯泰创作中许多貌似全新、令人震惊的东西其实已隐含于其早期作品。自一开始，我们便能在他那里看到对生活之理性意义的追寻，对健全思维和个人理智之力量的信赖，对现代文明及其'人为'倍增的需求之轻蔑，对国家和社会所有功能和规约的深刻鄙视，对各种约定俗成观点、各种科学和文学'完美形式'的毫不理会，以及显而易见的教谕倾向。但是，这些互不关联地散见于其早期作品的成分在他思想转向之后却融汇成一种内涵明确、一以贯之的学说，它渗透进每个细节。这一学说让人震惊，吓走了他先前的大多数仰慕者。"[2] 米尔斯基认为，托尔斯泰晚期艺术观念与目的的深刻变化与其思想的内在转变是吻合的。美国批评家乔治·斯坦纳也认为，托尔斯泰的道德活力早在其创作生涯之初便已见端倪，他在晚

---

[1] 罗曼·罗兰：《托尔斯泰传》，傅雷译，中国青年出版社，2017，第10页。

[2] 德·斯·米尔斯基：《俄国文学史》（下卷），刘文飞译，人民出版社，2013，第4-5页。

年表达的理念和信念大多已出现在最初的著述中:"托尔斯泰小说建筑在道德力量和宗教力量的基础之上,而这些力量至少有一部分是与文学相互对立的。在晚年托尔斯泰身上,我们看到了许多严厉言行,例如,谴责纯文学;认为大多数艺术缺乏道德严肃性;对美的东西持怀疑态度;等等。其实,早在他动手创作其主要作品之前,它们就已经是托尔斯泰世界观的典型特征了。"[1]

在接受托翁百余年间,我国学界对其艺术家形象和思想家形象的定位和评价也发生了几番变化。在接受初期,学界主要关注的是思想家托尔斯泰,对其评价呈现出审美判断让位于价值取向的特点,如寒泉子的《托尔斯泰略传及其思想》(1904)、李大钊的《介绍哲人托尔斯泰》(1916)、蒋梦麟的《托尔斯泰的人生观》(1919)等。瞿秋白在1927年蒋光慈编的《俄罗斯文学》中评论道:"托尔斯泰是有名的两重人格:一方面他是艺术家,另一方面他又是哲学家、道德家。他的著作几乎显然把他的人格分成两截,转弯的关头便在七十年代末。然而实际上考察起来,他第二期的思想在第一期里已经伏流:实在并没有转弯——不过第一期用的是艺术的言语,第二期——却是抽象的哲学术语而已。"[2] 1929年由上海大东书局出版的《托尔斯泰生平及其学说》一书中有云:"托氏对于人生问题,自少至老,盘旋胸中一大问题也。惟其历时之长,故其变迁亦至复杂,不可以一概而论,如其早年之放逸,婚后之刻苦,一八七五年后之沉思,一八七九年之乐生,一九〇〇年之烦闷,临死之解脱,生活迁易,其思想亦随之俱变,故托氏之言行,前后矛盾甚多。然思想起伏,要有酝酿通贯。托氏早年所著,多萌后此彻悟之好恶。"[3] 可见,我国学界在接受托尔斯泰的早期便已经意识到了托尔斯泰人生的前后期所蕴含的内在联系。

而在20世纪中叶至80年代,俄罗斯无产阶级革命家们把托尔斯泰看作"天才的艺术家"和"糟糕的思想家"的评价在我国引起了广泛影响,多数评论主张将托尔斯泰一分为二地看待,即在肯定作家现实主义创作的同时否定其思想中的消极面。学界对作家世界观与创作方法的关系问题展开了"分裂论"与"统一论"的争论,前者认为反动的世界观也能创造出一流的文学作品,后者认为世界观决定创作方法,作家世界观的发展变化相应地反映在其艺术创作中,也决定语言结构、情节

---

[1] 乔治·斯坦纳:《托尔斯泰或陀思妥耶夫斯基》,严忠志译,浙江大学出版社,2011,第218页。
[2] 转引自陈建华主编《文学的影响力——托尔斯泰在中国》,江西高校出版社,2009,第43页。
[3] 同上书,第68–69页。

等艺术形式的处理和应用。

改革开放以来，托尔斯泰的艺术家形象和思想家形象在我国批评界逐渐趋于融合，出现了多部从文化视角解读作家创作的专著，如邱运华的《诗性启示：托尔斯泰小说诗学研究》(2000)认为，作家诗性启示的主要内涵是永恒道德、普适情感价值，其中渗透着俄罗斯传统的神圣使命感[1]；吴泽霖的《托尔斯泰和中国古典文化思想》(2000)把作家对中国古典哲学的认同和借鉴置于其精神求索的整个进程之中来研究[2]；赵桂莲的《生命是爱——〈战争与和平〉》(2002)通过对"和平（米尔）"一词在文本中多重意义的细致考察表明，俄罗斯"米尔"或村社文化的核心内容是在共同体中感受生理和心理的温暖，即爱，正是因为米尔中的人民不是教条地信仰，而是凭借心灵的指引，托尔斯泰才会把自己的精神探索之路与宗法制农民的道路结合在了一起。[3] 李正荣的《托尔斯泰的体悟与托尔斯泰的小说》(2001)、杨正先的《托尔斯泰研究》(2008)、张中锋的《列夫·托尔斯泰的大地崇拜情结及其危机》(2016)、张兴宇的《列夫·托尔斯泰的自然生命观研究》(2016)[4] 也分别从不同角度解读了托尔斯泰的艺术世界与作家思想的关系。此外，对"托尔斯泰主义"、作家晚期思想的研究也由简单笼统的价值判断发展到对作家思想的复杂性及产生渊源的剖析，王志耕、金亚娜、倪蕊琴等学者均对上述问题进行了深入挖掘。[5]

可以说，艺术家托尔斯泰和思想家托尔斯泰是统一的、不可分割的，作家晚期精神面貌和艺术观念的改变恰是其个性发展和思想演化的必然结果和归宿。本书并非致力于从实证科学的路径去对托尔斯泰晚期学说本身进行学理性研究，而是采取了另一种路径，即剖析托尔斯泰精神求索的演变过程、内在逻辑和动态张力，挖掘其精神求索在存在层面的现实意义。托尔斯泰属于那些用自己的学说和自身实践

---

[1] 参见邱运华：《诗性启示：托尔斯泰小说诗学研究》，学苑出版社，2000。

[2] 参见吴泽霖：《托尔斯泰和中国古典文化思想》，北京师范大学出版社，2000。

[3] 参见赵桂莲：《生命是爱——〈战争与和平〉》，云南人民出版社，2002。

[4] 参见李正荣：《托尔斯泰的体悟与托尔斯泰的小说》，北京师范大学出版社，2001；杨正先：《托尔斯泰研究》，中国社会科学出版社，2008；张中锋：《列夫·托尔斯泰的大地崇拜情结及其危机》，山东人民出版社，2016；张兴宇：《列夫·托尔斯泰的自然生命观研究》，中国社会科学出版社，2016。

[5] 参见王志耕：《世俗生活的宗教阐释——托尔斯泰的〈生活之路〉》，《外国文学评论》1998年第1期；金亚娜：《列夫·托尔斯泰的理性信仰与现代性因素》，《俄罗斯文艺》2010年第3期；倪蕊琴：《"托尔斯泰主义"纵横谈》，《文贝：比较文学与比较文化》2013年Z1期。

为人类带来对生活的全新理解的思想家，常被列入孔子、老子、所罗门、佛陀、马丁·路德·金、梭罗等智者的行列。他终其一生都在探索人应该怎样生活，应该如何在理智和信仰的平衡中度过一生的问题。在当今人工智能崛起、人类伦理面临挑战、未来充满不确定性的时代，重新审视这位被誉为"人类的良心"的大文豪的精神求索、重估其思想遗产对当代人精神生活的指导价值显得十分必要。

　　本书分为上下两篇。在上篇中，全面解读托尔斯泰的思想演变在其文学创作中的具体体现。对于将文以载道视为己任的托尔斯泰来说，文学创作正是他追求真理的毕生事业的有机组成部分。因此，在把握托尔斯泰精神求索从自发走向自觉的动态过程的基础上，对其创作进行细致的研究，分析其思想的演变对其不同时期的创作范式的影响，将成为解开托尔斯泰精神求索的发展过程、内容与实质的重要密码。在下篇中，通过阐释托尔斯泰与同时代人的互动以及托尔斯泰在白银时代宗教哲学与当代俄罗斯文化语境中的面貌，在比较视野下关照托尔斯泰精神求索的独特性和永恒性，剖析其晚年会对东方古典文化思想抱有好感的内在原因。相比于国外学者大多从有神论立场出发的研究，当我们在异质文化和唯物主义的背景下，以他者的身份来审视这一问题时，或许可以从更加客观、冷静的视角去分析作家对终极真理的思考和体悟，能够更好地阐明其超越时空、民族和宗教藩篱的全人类意义。

目　录

上篇　托尔斯泰的精神求索及其文学书写

第一章　文化语境与个人特质 …………………………………… 003
第一节　俄罗斯文化的精神底色与时代特点 ………………… 003
第二节　"哈姆雷特"与"堂吉诃德" ………………………… 006
第三节　"鲜活的生命"与"memento mori" ………………… 009
第四节　"欲"与"律" ………………………………………… 016

第二章　对他者与自我的观察：托尔斯泰的早期创作 ………… 023
第一节　对传统文化价值的描绘 ……………………………… 024
第二节　对进步与文明的反思 ………………………………… 030
第三节　对自然的多重理解 …………………………………… 037
第四节　何去何从的迷茫 ……………………………………… 040

第三章　从和谐到危机：托尔斯泰的中期创作 ………………… 047
第一节　善的重新定义 ………………………………………… 048
第二节　朴素真理的呈现 ……………………………………… 052
第三节　真实欲望的写照 ……………………………………… 057
第四节　存在意义的探索 ……………………………………… 066

第四章　"精神的人"之觉醒：托尔斯泰的晚期创作 …………… 083
第一节　兽性生命的摒弃 ……………………………………… 084

第二节　官方信仰的解构 …………………………………………… 090
第三节　生活理念的实践 …………………………………………… 098

下篇　托尔斯泰与他者：对话与阐释

第一章　托尔斯泰与同时代人的对话 ………………………………… 107
第一节　托尔斯泰与屠格涅夫 …………………………………… 107
第二节　托尔斯泰与索洛维约夫 ………………………………… 116
第三节　托尔斯泰与戈登维泽 …………………………………… 124

第二章　白银时代宗教哲学视域中的托尔斯泰 ……………………… 131
第一节　"一滴水珠融入大海" …………………………………… 132
第二节　"对善的布道"和"对恶的漠然" ……………………… 136
第三节　理性与信仰的悖论 ……………………………………… 143

第三章　当代俄罗斯文化语境中的托尔斯泰 ………………………… 149
第一节　作为哲学家的托尔斯泰 ………………………………… 149
第二节　镜头下的文豪 …………………………………………… 158

结束语 ……………………………………………………………………… 167

参考文献 …………………………………………………………………… 169

后　记 ……………………………………………………………………… 179

上篇

托尔斯泰的精神求索及其文学书写

第一章

文化语境与个人特质

托尔斯泰出身高贵，家世显赫，从小受到良好的教育，继承了庞大的遗产。青年时期曾在枪林弹雨的战场上立下战功，也曾在京城彼得堡的社交界锋芒毕露。后娶贤妻，膝下承欢，精于操持家业，财源广进。写作更是为他带来了巨大的声誉和财富，史诗性小说《战争与和平》的作者列·尼·托尔斯泰伯爵在彼时的俄罗斯家喻户晓，声名远扬欧洲。似乎人世间的富贵荣华，托尔斯泰都尝了个遍。然而世俗意义上的成功未能让大文豪获得内心的平静，他在本该"知天命"的五十岁前后经历了一次深刻的精神危机，毫不客气地否定自己过去的信念和态度，在晚年身着农民的长衫耕地、补靴，呼吁民众向善，抨击社会黑暗，直至与家人反目、与教会决裂，最终在一个阴冷的冬夜离家出走，在他乡与世长辞。

在解读托尔斯泰的精神求索轨迹是如何在其文学创作中体现之前，有必要先探讨作家的人生经历之所以会呈现出此番"惊天动地""轰轰烈烈"之样态的深刻原因。其中既有俄罗斯文化传统与时代氛围的外部影响，也有作家本人的思维方式和心理特质等内在因素的作用。

第一节　俄罗斯文化的精神底色与时代特点

"俄国人永远走在一个他们可能找到上帝的地方之途中。"[1] 作为一个土生土长

---

[1] 转引自赫克：《俄国革命前后的宗教》，高骅、杨缤译，学林出版社，1999，第5页。

的俄罗斯人，托尔斯泰对精神王国的求索离不开俄罗斯东正教文化的土壤。自公元988年罗斯受洗以来，东正教深刻影响了俄罗斯民族的世界观、人生观、思维和行为方式，为俄罗斯民族文化发展提供了强大的动力和精神资源，塑造了俄罗斯人重视直觉、渴求绝对的精神气质。古罗斯不仅从拜占庭那里继承了东正教神学的主题、方法与特色，也接受了涉及物质与思想层面的广泛的文化内容。

俄罗斯学者托波洛夫认为，11至12世纪形成了作为俄罗斯民族生活基础的三个关键的思想，它们分别是"空间和政权范围内的统一思想"、"时间和精神上的统一思想"以及"神圣性思想"。[1] 其中，"神圣性"（Святость）被视为最高的道德理想，代表了现实生活中的自我牺牲以及对彼岸世界的不倦追求，这种理想深深地烙印在了俄罗斯民族的心目当中，使得他们在精神生活中最大限度地追求上帝的神圣之国。俄罗斯大地中星罗棋布的教堂、修道院在对神圣性概念的培养和对民众的心灵感化中起到了重要作用。古罗斯最早的一批文化典籍也对俄罗斯文化的总体气质产生了深远的影响，如11世纪中期俄罗斯教会第一位本地都主教伊拉里昂在《法与恩惠说》中将"法"的有限性和"恩惠"的普及四海、润物无声的力量相对立了起来，认为前者是属于凭理智可以认识的"有形物"，而后者是"无形"的精神，其内涵需要依靠感悟和灵性的修炼去捕捉；11世纪后期的《鲍利斯与格列勃行传》提出了对后世影响深远的"无辜受难"的主题；11世纪末至12世纪初俄罗斯大公莫诺马赫在《训诲》中则强调了"忏悔、仁慈和眼泪"的价值。

这种文化理念也极大地影响了世俗的伦理道德和思维方式，造就了俄罗斯民族与众不同的宗教心理特质和其东正教的人道主义："对上帝和神性真理热切的思慕与寻觅、喜欢不幸和受苦的人、对社会底层的崇敬和同情、宽恕精神、对不公正待遇顺从和不反抗，以及对神圣象征主义和审美神秘主义的忠诚。这样，对俄国人来说，宗教首先就是敬拜和冥想。"[2] 在俄罗斯的偏远地区，老百姓可能对宗教仪式用语不甚了解，甚至连主祷文也会背错，然而"在所有那些原始的头脑中，像古代雅典人一样，却竖立起对于不可知的上帝的圣坛；实际上，他们把自己的一生交给了上帝"[3]。

---

[1] Топоров В. *Об одном архаичном индоевропейском элементе в древнерусской духовной культуре* // *Языки культуры и проблемы переводимости* / отв. ред. д-р филол. наук Б. А. Успенский. М.:Наука, 1987. С. 187.

[2] 赫克：《俄国革命前后的宗教》，第10页。

[3] 同上书，第11页。

托尔斯泰出生在 19 世纪上半叶一个相对世俗化的贵族家庭,他对信仰的懵懂认识来自周围人的日常生活。晚年的托尔斯泰留有一份未完成的回忆录,他在其中详细回顾了童年时期给他带来深刻影响的人与事。在作家家乡图拉的乡间,一队队纯朴虔诚的朝圣者向他揭示了逆来顺受的含义,以行动诠释了他们对信仰的真正含义的理解。作家的法定保护人亚历山德拉姑母是一位虔诚的信徒,她最喜欢阅读圣徒传及与云游派教徒、圣愚及修士、修女们聊天,她对他们"就像对待贵族一样",其中有好几位在托尔斯泰家中寄宿。亚历山德拉姑母"不仅是外表方面虔诚,谨守斋戒,还常常祈祷并过着圣洁的生活;她不仅避开一切奢侈品,避免接受别人的服侍,还尽她可能地为别人服务"[1]。周围人的宗教生活为他播下了信仰的种子,这些种子到了作家的晚年得以开花结果。然而,托尔斯泰终生寻找上帝的结果却是被驱逐出东正教会,成为举世闻名的离经叛道者。其缘由何在?

为了解答这一问题,有必要追溯托尔斯泰所处的时代在整个俄罗斯思想史中的坐标。需指出,东正教除神秘性、出世性特征外,在教俗关系方面具有明显的依附性特征。自建立之初,俄罗斯教会便是一个强大的国家机构,与世俗权力密切结合,与俄罗斯中央集权同步发展,世俗政权及领袖被教会赋予了神圣的属性。教会与世俗权威的深度绑定也不可避免地会带来问题,神学家谢·布尔加科夫就曾指出二者关系看似和谐的实质:"教会与国家的'交响乐'式的关系也使得君主在掌管国家生活的全部领域的时候,也支配教会生活。当这种和谐被不和谐破坏的时候,君主就企图在教义上领导教会,把自己的异端信条强加给教会……"[2] 在 16 至 17 世纪,随着俄罗斯中央集权的形成和巩固,宗教越发为国家和政权服务,俄罗斯逐渐朝着"静止的、神圣的和礼拜仪式化的社会"[3] 发展。在 17 世纪下半叶,与官方教会相对立的分裂派教徒因反对当时牧首尼康的教会改革而隐居山林,保持旧的信仰、仪式和习惯,以诸种方式对抗教会的迫害及其对东正教精神的亵渎。到了彼得大帝时期,这位大刀阔斧的改革者通过全盘西化的手段克服了俄罗斯社会的僵化和礼仪化,把西方文化嫁接到俄罗斯的主流社会,使之重新成为"动态的和历史的机体"[4],

---

[1] 艾尔默·莫德:《托尔斯泰传》,宋蜀碧、徐迟译,北京十月文艺出版社,2001,第 34 页。
[2] C. H. 布尔加科夫:《东正教——教会学说概要》,徐凤林译,商务印书馆,2001,第 196 页。
[3] 谢·谢·霍鲁日:《俄罗斯哲学研究引论》,张百春译,西苑出版社,2023,第 15 页。
[4] 同上书,第 18 页。

回归历史过程。然而这种外部的成就却埋下了内部的隐患,即俄罗斯本土精神传统与外来西方文化之间的矛盾与冲突。波涛般汹涌而至的西方文化全方位地重塑了俄罗斯贵族阶级的生活方式、思维方式和价值观,也导致了俄罗斯精英阶层与普通民众之间的巨大鸿沟。

到了19世纪,俄罗斯人凭借陀思妥耶夫斯基所说的"交往的天赋"成功地实现了文化领域的"俄罗斯综合"[1],即在对西方文化的一个世纪有余的学习和加工中创造出了属于自己民族的文化,文学、音乐、绘画、建筑等领域都得到了突破性的发展,甚至达到了可以与西方比肩的高度。然而,由于这种文化的开花结果并非扎根于俄罗斯精神传统的土壤之上,文化的繁荣从另一个侧面又激发了俄罗斯知识分子对自我身份的迟疑和追问。这一时期,在尼古拉一世极力压制自由思想和开放讨论的时代氛围下,各个阶层的沙龙和地下小组展现了强大的思想和文化潜力,俄罗斯社会的有识之士们开始反思俄罗斯与西方的关系、精英与民众的关系,开始讨论科学与信仰、个人与集体、俄罗斯的命运及发展方向等重大的社会、思想问题。著名的西方派和斯拉夫派的争论应运而生,其实质便是西方精神文化传统与俄罗斯本土精神传统之争,也催生了土壤派、民粹派等主张走近民众的派别。作为这一时期的首要话语,文学在其创作题材、人物形象、叙事风格、审美取向与价值判断等方面都加入了对真理的大讨论。

托尔斯泰恰好生活在1825年十二月党人革命与1917年十月革命之间的动荡时期,且出身于名门望族,接受了精英教育。作为地地道道的贵族知识分子,他正是这样一段思想史的见证者、亲历者和书写者。他的精神求索离不开俄罗斯传统文化的浸润,也离不开时代精神的塑造,但与此同时,他的思考又超越了文化和时代的藩篱,获得了全人类意义。

第二节 "哈姆雷特"与"堂吉诃德"

莎士比亚笔下的丹麦王子和塞万提斯笔下的西班牙骑士是世界文学人物画廊中

---

[1] 谢·谢·霍鲁日:《俄罗斯哲学研究引论》,第20页。

的两个经典形象，哈姆雷特所代表的怀疑与分析和堂吉诃德所代表的信仰与牺牲成为对两种世界观的高度概括。1860年，俄罗斯作家屠格涅夫在为清贫文学家和学者赈济会集资而举办的讲座上发表了题为《哈姆雷特与堂吉诃德》的著名演讲，对这两个文学形象进行了颇有新意的哲学解读，以此来描述知识分子的两种精神气质。这一解读发轫于他与赫尔岑的论战之中，赫尔岑在《来自彼岸》一书中提到1848年的欧洲革命者时将他们比作可笑的堂吉诃德。在19世纪的俄罗斯，大部分人对"堂吉诃德"一词的印象与"小丑""荒唐""滑稽"等联系在一起，少有人看到其精神中崇高的自我牺牲的因素。在哲学科班出身的屠格涅夫看来，这是对堂吉诃德形象的贬低。

屠格涅夫认为，堂吉诃德首先代表了对某种永恒的不可动摇之物的信仰和对理想的忠诚，他时刻准备为之服务与牺牲，可谓是利他主义的典范。相比之下，哈姆雷特是一个典型的利己主义者和怀疑主义者，他总是为自己而忙碌，希望得到别人的肯定，同时又经常审视自己，对自己的所有缺点了如指掌，蔑视它们且不相信自己；他的灵魂无处安放，他不知道自己追求什么，为什么而活着，同时又无比地眷恋生活。如果说堂吉诃德一再被别人伤害，那么哈姆雷特则是用那把锋利的自我分析的双刃剑来伤害自己。

在屠格涅夫看来，哈姆雷特与堂吉诃德的身上体现了利己主义和利他主义、怀疑与信仰的二元对立，"这两个典型体现了人的天性的两个根本的、正相对立的特点——人的天性借以转动的一根轴的两端"[1]。"哈姆雷特们表现了自然界的一种根本的向心力，根据这种向心力，所有的生物都认为自己是造物的中心，而把其余的一切都看作仅仅为它而存在的。没有这种向心力，自然界就不能存在，同理，没有另一种力量即离心力，自然界也不能存在，而按照离心力的规律，一切存在之物都只是为他物而存在的。停滞和运动、保守和进步这两种力量，是一切现存事物的基本力量。"[2]

正如赫尔岑与屠格涅夫不约而同地指出的那样，在追求社会正义、求索终极真理的19世纪俄罗斯知识分子的身上更多地体现了堂吉诃德的精神气质。十二月党

---

[1] И.С.屠格涅夫：《屠格涅夫文集》（第六卷），丰子恺、臧仲伦等译，人民文学出版社，2001，第165页。
[2] 同上书，第178页。

人起义失败后，社会精英们将他们的社会理想主义转入一种带有宗教热情的真理追寻，探索使他们能在现实中安身立命的真理。作为满怀激情的"寻真者"，他们甘愿不顾生命的安危而为理想受难，投身完善世界和拯救世界的共同事业。这样的价值观与俄罗斯的东正教传统有着深刻的内在联系，承载着具有救世理想的"弥赛亚"意识。可以看到，即使是在别林斯基、赫尔岑、巴枯宁、车尔尼雪夫斯基等19世纪俄罗斯知识分子的反宗教传统里也渗透着某种意义上的宗教性。他们把革命视作新的信仰，带着极大的热情宣传世俗的乌托邦的到来。

在这样的时代背景下，托尔斯泰的精神气质又呈现出怎样的样貌？从思维底色上看，托尔斯泰生来就是一个怀疑主义者、一个理性主义者，凡事喜欢寻根究底，不盲从任何偶像，不相信无法用理智解释和逻辑推演的超自然之物。19世纪风靡俄罗斯文化圈的西方哲学对托尔斯泰的理性思维方式也产生了很大的影响，他广泛涉猎了柏拉图、笛卡儿、斯宾诺莎、卢梭、康德、费希特、黑格尔、谢林、叔本华等西方思想家的哲学著作，并在自己的生命哲学、历史哲学、宗教哲学的构筑中与他们进行对话、反拨或超越。"他时时地寻求'硬实'的事物——寻求能以未被脱离具体现实的理论所腐化，能以未被神学、诗、形而上学等超世神秘说法所玷污的正常智力来掌握并验证的事实。"[1]

托尔斯泰青年时期的经历已然证明了其特立独行、不随大流的性格。青年托尔斯泰在喀山大学求学中途辍学回乡，开始研究起自认为有益的学问，并在自己的领地上尝试对农奴制进行改革，为农民子弟兴办学校。在高加索及塞瓦斯托波尔前线发表了几部作品后，作为一个新秀作家的他来到彼得堡的文学圈并结识了许多大名鼎鼎的人物，但不久之后便由于意见不同而主动疏远了这个圈子，并和当时的权威杂志《现代人》分道扬镳。他亦未加入西方派、斯拉夫派或是当时社会中的其他任何一派，"他根深蒂固的抗拒权威的本能使他没有安身的地方"[2]，而是用自己的方式对时代之问和人类的终极之问进行了回应。

在生命的后期，托尔斯泰不再满足于在作品中的特定人物身上揭露伪善，而是对社会中的大偶像发起了猛烈的抨击：宗教、国家、科学、艺术……为了寻找生

---

[1] 以赛亚·伯林：《俄国思想家》，彭淮栋译，译林出版社，2001，第35页。
[2] 亨利·吉福德：《托尔斯泰》，龚义、章建刚译，中国社会科学出版社，1989，第22页。

命的真谛，他也曾试图接受东正教的教义和仪式，然而他很快就发现了教会的误导与欺骗，于是便开始自主地研究一手材料，如希伯来文的《圣经》和希腊文的《新约》等。他无法相信基督教中任何神秘的部分，于是着力重塑一个剔除了神圣性的基督的学说……正如屠格涅夫指出的那样，哈姆雷特身上的否定因素也无不属于合理的、永恒的范畴，其怀疑主义并不邪恶，也非出于冷漠，而是对善的真实和真诚的怀疑，是对伪善的怀疑。这种怀疑是虚伪和谎言的敌人，因此哈姆雷特也从另一种角度成为真理的捍卫者。

与此同时，正如别尔嘉耶夫指出的，"托尔斯泰对文化和文化创造的正义性的道德上和宗教上的怀疑是典型的俄罗斯式的怀疑，是俄罗斯式的问题，其形式不同于西方。托尔斯泰追求的不是新文化，而是新生活。他想要终止完善的艺术作品的创作，而开始完善的生活的创造"[1]。托尔斯泰也像其他堂吉诃德式的知识分子那样，以宗教的热忱投入启迪大众、造福人类的行列，不惜牺牲自我的利益。他甘愿舍弃贵族的荣华和安逸，穿起农民的衣裳，亲自在田地中劳作，并走访贫民窟和农家村落，为受迫害的教徒四处周旋，自愿放弃著作的版权……当晚年的托尔斯泰为社会的不公平而呐喊、为世界被压迫民族而大声疾呼时，亚斯纳亚·波利亚纳也成为无数俄罗斯民众及外国友人所向往的"圣地"。

"托尔斯泰是个先知，除了真理和正义之外，他不承认任何其他尺度，其他观点和评价。"[2] 这个集哈姆雷特的怀疑主义与堂吉诃德的理想主义特质于一身的大文豪由于其对真理的无限追求和敏感的道德良心得到了全世界的尊重。

第三节　"鲜活的生命"与"memento mori"

对死亡的恐惧，是托尔斯泰精神危机的起点。

多部托尔斯泰传记的作者都曾指出，从生理层面看，托尔斯泰身强力壮，是一个生命力极为旺盛的人。他热爱生活，热爱肉体和感官的刺激与满足，尤其喜欢打猎，在垂暮之年也保持着骑马、游泳、打网球的习惯。他以超乎常人的生命力和异

---
[1] 转引自耿海英：《别尔嘉耶夫与俄罗斯文学》，上海书店出版社，2009，第258页。
[2] C.弗兰克：《悼念列夫·托尔斯泰》，张百春译，《俄罗斯文艺》2010年第3期，第82页。

常发达的感官纤维感受着生活,其对"肉"之描写的情有独钟与淋漓尽致令他被梅列日科夫斯基称为"肉体洞察者"。茨威格也为读者栩栩如生地描绘了一个拥有强大生命力的巨人:"他是把身体作为活跃的生命力的容器来热爱的,是把身体作为光明的有感觉的平面来热爱的,是把身体作为沸腾的热血的外壳来热爱的,他是以自己全部热浪翻滚的肉欲把身体作为生命的意义和灵魂来热爱的。"[1]卢那察尔斯基也曾提到:"各种感情带着巨大的力量从他的内心生发出来,他拥有宏浑无边的热忱,这就形成了他的强大的才情。……他之所以能把它们提升到那样的高度,他之所以能使这一切变得那么浑厚,则是因为他非常热爱生活的缘故。"[2]

因此,托尔斯泰总是能够调动他丰富的感官和经验去为读者呈现一个个充满生活真实感的文学画面。他是当之无愧的现实主义的大师,非凡的洞察力让他能够捕捉朝气蓬勃的生命的气息,描绘出与大自然的规律高度吻合的场景,再现人物最细微的心理活动,准确而清晰地反映人物内心的喜怒哀乐,反映他们的欲望与挣扎、理想与崇高。就连动物、植物,甚至是非生物世界在他的笔下也仿佛获得了绽放,如在《战争与和平》中罗斯托夫家的子辈们在圣诞节之夜乘雪橇出游的场景里,大自然仿佛也化身为了小说中的一个人物;在打猎的场景里,猎狗也成为叙事的主角;后期的《霍尔斯托梅尔》更是以马为主人公,以它的口吻道出了自己的身世。俄罗斯文学评论家魏烈萨耶夫在论托尔斯泰的文章《鲜活的生命》中曾如是评价作家的艺术世界:"放眼望去,处处充满了出人意料的、神秘而美好的生命,处处光彩夺目,洋溢着幸福、朝气,呈现出一种永远不会枯竭的美。好像你突然从昏暗的地下室来到春天的田野,可以尽情和自由地呼吸。"[3]

越是热爱生命的人,就越是害怕死亡。越是拥有旺盛的生命力的人,就越是无法接受在生命的尽头等待他的居然是死亡。难道死后就是腐烂,就是虚无,就如他本人的小说《哥萨克》中叶罗什卡大叔所说的"人死了,坟头上长长青草,再没别的"?死亡主题在作家的登坛之作《童年》直到死后发表的《哈吉穆拉特》等小说、戏剧、政论文等多种体裁中均有涉及,并在《三死》《战争与和平》《安娜·卡列尼娜》《伊万·伊利奇之死》《主人和雇工》等作品中得到了深入探讨。从作家的传记

---

[1] 斯蒂芬·茨威格:《托尔斯泰传》,申文林译,浙江文艺出版社,2009,第22页。
[2] 倪蕊琴主编《俄国作家批评家论列夫·托尔斯泰》,中国社会科学出版社,1982,第335页。
[3] 同上书,第225页。

材料中可以得知，他很早就经历了接踵而至的亲人的死亡——不到两岁的1830年母亲去世，1837年父亲去世，1838年奶奶去世，1841年姑母去世，1856年二哥去世……托尔斯泰在整个文学生涯中之所以那样执着地探讨死亡的主题，或许也是出于想克服身边接连不断的死亡引起的恐惧与对生的怀疑。

在托尔斯泰的登坛之作《童年》的开篇伊始，死亡的形象就让小主人公尼古连卡惶恐不安。从梦中惊醒的尼古连卡哭着想象妈妈死了，人们抬着她去下葬，仿佛预示着小说的结尾。在母亲的追悼会上，小主人公面对她的尸体发问："当我肯定这就是她的时候，我恐怖得颤抖了；但是，为什么那双紧闭着的眼睛是那么深陷？为什么这么苍白可怕，一边脸颊的透明皮肤下还有了黑斑呢？她整个的面部表情为什么那么严肃、那么冷冰冰的？为什么嘴唇那么苍白，嘴形那么美好、那么肃穆，露出那么一种非人间所有的宁静，使我凝视着它，就毛骨悚然呢？……"[1]农民孩子的哭号把面对死亡的极度恐惧和本能的排斥真切地传达给了尼古连卡。"死者的脸没有盖上，所有参加仪式的人，除了我们，都挨次到棺材前去吻她。在最后去向死者告别的人中有一个农妇，她怀中抱着一个五岁模样的漂亮女孩，天知道她为什么把这个女孩抱来。这时，我无意中把湿手帕掉在地上，正要去拾；但是我刚弯下腰去，一声充满恐怖的可怕惨叫使我大吃一惊，即使我活到一百岁，也忘不了这个喊声；我一想起来全身就不寒而栗。我抬起头，只见那个农妇站在棺材旁的一张凳子上，吃力地抱住那个女孩，女孩挥动着小手，吃惊的小脸向后仰着，睁着眼睛凝视着死人的脸，用一种可怕的、狂乱的声音哭号起来。我哇的一声哭出来，我想，我的声音比使我大吃一惊的那个声音还要可怕，于是，我就跑出屋去了。"[2]从那一刻起，那直面死亡的"可怕的、狂乱的声音"久久萦绕在托尔斯泰后续的作品当中，一直未曾沉寂。

在创作的早期，托尔斯泰作为志愿兵和军官在高加索和克里米亚的参战经历让他目睹了无数人的死亡，这种边缘性处境为他理解战争、理解生命提供了新的视角。在《五月的塞瓦斯托波尔》中，托尔斯泰出色地描写了普拉斯库欣中弹身亡前的内心活动，其面对死亡前的感情、思想、希望和回忆的全部世界，包括"欠米哈伊洛

---

[1] 托尔斯泰：《列夫·托尔斯泰文集》（第一卷），谢素台译，人民文学出版社，2013，第94-95页。除该系列的十七卷本文集外，本文对托尔斯泰作品的引用还使用了草婴译本，互为补充。

[2] 同上书，第97页。

夫的十二个卢布"。同时，作者通过精心设计的结局揭示了战争的疯狂性和非理性。在小说的结尾处，一个十岁的小男孩利用暂时休战的空隙来到尸体遍布的峡谷里采花。"当他捧着一大束花回家去时，他捂着鼻子避开随风吹来的臭味，在一堆被堆在一起的尸体旁站住，望着离他比较近的一具可怕的无头尸，望了很久。他站了好大一会儿，又走得更近些，用脚踢踢那具尸体的僵硬的胳膊。胳膊微微地晃动了一下。他又再一次使劲踢了他一下。胳膊晃了晃，又回到了原来的地方。孩子忽然大喊一声，把脸藏进花里，便拼命向要塞跑去。"[1] 这个看似简洁的描述却刻画出了一个令人战栗、触目惊心的画面，不能不让读者对战争与善恶的本质进行反思。

托尔斯泰曾在《忏悔录》中坦言，他在年轻时经历的两件事情极大地触动了他的内心世界，促成了他精神的觉醒：一是在巴黎目睹断头台上行刑的场面，令他全面否定之前所相信的历史的无条件进步的可能性。"当我看到一个人身首异处，分别掉落在棺材里，我就理解到——不是用理智，而是用整个身心理解到，任何一种关于存在的一切都是合理的理论和进步的理论，都不能为这一行为辩解，即使世界上所有的人，根据创世以来的任何一种理论，认为这是需要的，那么我也知道，这并不需要，这很不好。因此，能评判什么好、什么需要的不是人们的言论和行为，也不是进步，而是我自己的心。"[2] 二是亲历从童年起就深刻影响了他的世界观的长兄尼古拉·托尔斯泰之死。1860年10月，托尔斯泰在给诗人费特的信中谈到了这件事给他带来的震动："9月20日，他确确实实地是在我的怀抱中死去的。生活中任何事物也没有给我留下这样的印象。他说得对：没有比死亡更坏的事了；如果想到，归根结底，死亡是一切活物的不可避免之终结，那就不能不悟出这个道理，即没有比生命本身更坏的东西了。如果说归根结底尼古拉什么都没有留下，那么这种种操劳又有什么用？他从来没说过他感觉到死亡的临近，但是我知道，他是步步监视着死神的，而且明确知道自己还能活多少时间。死亡前几分钟他昏昏睡着。突然间他惊醒，惊骇地小声问：'这是什么？'他看到了自己正步入虚无。但是，如果连他也不知道应该抓住什么，那么我又能发现什么？当然更无能为力了。"[3] 人既已注定要死，又何必出生？无论为幸福的生活做何努力，或已通过努力而获得了幸福，

---

[1] 托尔斯泰：《列夫·托尔斯泰文集》（第二卷），潘安荣、芳信等译，人民文学出版社，2013，第150页。
[2] 托尔斯泰：《列夫·托尔斯泰文集》（第十五卷），冯增义、宋大图译，人民文学出版社，2013，第11页。
[3] 转引自梅列日科夫斯基：《托尔斯泰与陀思妥耶夫斯基》，杨德友译，华夏出版社，2016，第39页。

这一切都无法阻止死神夺去你的生命，这种对死亡的恐惧使生命之泉干涸，令托尔斯泰的理性所无法接受。对他而言，死亡的恐惧并非出自肉体的怯懦，而有着更为内在和深刻的形而上的意义。

19世纪60年代，幸福的婚姻、为生计的操劳和对史诗般的作品的创作曾在一段时间里分散了他的焦虑。然而在1869年，托尔斯泰在去奔萨省购买庄园的路上经历了"阿尔扎马斯的恐怖"，感受到了猝不及防的死神的降临。他在日后的《疯人日记》中描写了这个可怖的经历："'我多愚蠢啊？'我对自己说，'我愁什么？我害怕什么？'死神悄悄地回答说：'你害怕我，我就在这儿。'一阵寒战从我身上掠过。是的，我害怕死。它来了，它就在这儿，可它是不该来的呀！……我整个身心都在渴望，渴望生的权利，同时又觉得死神正在逼近。……生活中一无所有，只有一个死，而死是不该存在的。……生和死不知怎得竟合二为一，有什么东西在撕裂我的灵魂，但撕裂不开来。我再次走过去看看睡觉的人，再次试图入睡，可是，那红色的，白色的，正方形的恐惧又出现了。"[1]"阿尔扎马斯的恐怖"萦绕着托尔斯泰的灵魂，那"红色的，白色的，正方形的恐惧"让他全身心地渴望生的权利，使他不断追问人生的意义。

70年代，托尔斯泰又一次被笼罩在了死亡的阴影中，1873年11月他失去了四子彼得，1874年6月失去了一手把他带大的塔季亚娜姑母，1875年2月失去五子尼古拉，10月失去了女儿瓦尔瓦拉。托尔斯泰像他的小说主人公列文一样，受到了人生虚无的困扰，几乎濒临自我毁灭的边缘。他在《忏悔录》中坦白道："我这样活着，但是五年前我身上开始出现一种奇怪的现象。起先，我有些迷惑不解，生命停顿了，似乎我不知道我该怎样活着，该做什么，我惶惶不安，心情抑郁。但这种时候一过去，我还像原来一样活着。后来，迷惑不解的时刻越来越频繁，而且总是具有相同的形式。这种生命的停顿常常以相同的问题表现出来：为什么？那么以后会怎样？……这些问题越来越频繁地出现，越来越强烈地要求回答，这些缺乏答案的问题，就像一颗颗小点子落在一个地方，聚集成一个大的黑点。"[2]

托尔斯泰感到，自己仿佛在经历了漫长的人生道路之后，来到了深渊的边上，

---

[1] 托尔斯泰：《克鲁采奏鸣曲》，草婴译，现代出版社，2012，第139–140页。
[2] 托尔斯泰：《列夫·托尔斯泰文集》（第十五卷），第13页。

且清晰地看到，眼前除了彻底灭亡之外，什么都没有。他引入了佛教中岸树井藤的寓言，考察了苏格拉底、所罗门、释迦牟尼、叔本华等智者的死亡观，得出了"一切都是虚空"的结论。他把周围人摆脱死亡的方式归纳为四种：浑浑噩噩，不去理解生命的荒谬、虚空和罪恶；寻欢作乐，今朝有酒今朝醉，不去考虑未来；使用强力手段，停止生活，中断生命；无所作为，知道生命的无常却因意志薄弱而苟延残喘。然而这仅仅是他所属的那个"由学者、富人、有闲者构成的狭隘圈子"里的人所采取的方式。

于是，托尔斯泰试图在信仰中寻找生命之意义的终极答案。他开始通过书本和周围具体的人研究宗教，而他的圈子里那些信教的人，包括学者、东正教神学家、僧侣长老、新派东正教神学家、宣扬因信称义的新教徒都不能给出令其满意的答案。在他眼中，"他们的宗教信仰不是宗教信仰，而仅仅是生活中一种伊壁鸠鲁式的安慰"[1]。为了找到能够解答生命意义的真正的信仰，托尔斯泰最终把目光转向了亿万劳动人民的生活，这些贫穷、朴实、没有学问却有信仰的农民了解生和死的意义，安详地劳动，忍受贫困和痛苦，平静地甚至高高兴兴地接受死亡。在这些人当中生活了两年后，托尔斯泰的身上发生了早已在他的体内酝酿着的精神激变。

想要了解生命超越时空的意义，首先要明确生命是什么。在梳理了当时在自然科学中对生命的定义所熟知的东西后，托尔斯泰发现"机体""物质""能量守恒定律"等这些词和相关概念对智力而言是有用的，但在生命问题上，它们并没有提供答案。在唯物主义者和自然学家的理论中寻找答案未果后，他又转向了哲学，转向柏拉图、康德、谢林、黑格尔和叔本华等人的著作，但这种具有不确定概念的理性主义结构依然没有解决他的问题。继而他开始诉诸宗教，曾试图接受东正教的教义和仪式，也接触了霍米亚科夫等人的神学文献。起初，他同意斯拉夫派的意识形态，即实现"神圣的真理"不能通过一个人，而是由团结在教会中的全体人共同实现的。然而对不同教会历史的研究让他相信，教会彼此怀有敌意，每个教会都标榜自己的特殊性，只供奉自己的神灵。于是托尔斯泰便开始自主地研究一手材料，如希伯来文的《圣经》、希腊文的《新约》等，同时倾听成千上万的普通劳动人民对生命意义的看法。他发现，一个人除了常规理性之外，还有一些内在的、超理性的"生命

---

[1] 托尔斯泰：《列夫·托尔斯泰文集》（第十五卷），第43页。

意识",这种生命的力量在普通劳动人民那里尤其得以集中体现,因为这些人对生命意义的理解没有受到错误的知识、人为的文明和教会神学的影响。这种超理性的认知便是信仰,即"为灵魂而活""爱他人胜过爱自己"。

1886年8月,意外受伤的托尔斯泰卧床数月,经常思考生与死的问题,写下了名为《论生命与死亡》的初稿,经过七次修改后以《论生命》为题出版。他在结尾处写道:"死亡和痛苦只是人违背自己的生命规律的行为。对于遵照自己的规律生活的人来讲,既没有死亡,也没有痛苦。"[1] 他不再抗拒死亡的现存状态,不再沉醉于凭借诡辩而远离死亡的幻想,而是时刻提醒自己要记住死亡,即"memento mori"[2]。就这样,托尔斯泰试图像广大劳动人民那样,把死亡融入平凡的生存,在其中看到善与爱,而非虚无。

1906年,与托尔斯泰志同道合的女儿玛莎去世。他在日记中写道:"玛莎刚去世,是在深夜一时。真奇怪。我没有感到惊骇,没有感到畏惧,也没有意识到什么特殊事情发生了,甚至没有惋惜、悲伤之情。我似乎认为有必要在自己心里唤起一种被悲哀深深触动的特殊感情,而且也这样做了,但是在心灵深处我却比别人(更不用说自己)有不好的、不恰当的行为时更为平静。的确,这是肉身领域里的事,因此无所谓。我一直看着她,看她怎样渐渐死去,令人惊讶地平静。"[3] 1908年,托尔斯泰对自己的秘书古谢夫说道:"到了80岁,我才终于弄明白了 memento mori 在人生中有什么意义。如果记住人终将一死,那么就会明白人生的目的并不在于个人(личность)。"[4] 1909年3月,他在日记中写道:"Memento mori 是一个伟大的短语。如果我们能记得自己终有一死,那么我们的生活将会呈现出全然不同的景象。一个知道自己将会在半小时后死去的人在这半小时里不会做出任何无意义的、愚蠢的,尤其是不道德的举动。而将你和死亡分隔开来的半个世纪,又和这半个小时有什么

---

[1] 托尔斯泰:《列夫·托尔斯泰文集》(第十五卷),第278页。
[2] "Memento mori"(Помни о смерти)为拉丁语,意为"记住你终将一死"。在古罗马,在远征中凯旋的将军会让奴隶们在队伍的后面大喊"memento mori",意味着今天的胜利者也终有一死,以警示士兵们戒骄戒躁。
[3] 托尔斯泰:《列夫·托尔斯泰文集》(第十七卷),陈馥、郑揆译,人民文学出版社,2013,第286页。
[4] Гусев Н. Два года с Л.Н.Толстым. М.:Художественная литература, 1973. С. 268.

区别呢？"[1]

对死亡进行认真的思考后，作家发现死并非生的对立面，而是生命的延续，是从生命之梦中醒来的一种觉醒和体悟。对托尔斯泰来说，死亡的本质取决于生活的内容，死亡的意义取决于个人对生活的态度。大部分的人因为没有理解真正的生命而把死亡理解为黑暗与空虚。而对于那些真正理解了生命的人来说，死亡就如同光芒。

哲学、宗教的智慧正是来自如何理解和对待生与死的问题。柏拉图在《斐多篇》中提到，那些以正确的方式真正献身哲学的人，实际上就是在自愿地为死亡做准备。托尔斯泰对死亡的关注和思考是超乎寻常、贯穿其一生的。"由于他惊恐不安的钻研，由于他在幻想中上千次的假死亡，他这个最热情的生命论者就变成了最深知内情的死亡描绘者，变成了一切表现死亡的人中的大师。"[2] 在恐惧死亡方面，托尔斯泰是一个凡人；而直面来自死亡的恐惧，并为了从该恐惧中得到解放而将死亡当作存在论意义层面的探究对象，在作品中进行执着的探讨。从这一层面上讲，托尔斯泰着实是一位伟人，其作品《伊万·伊利奇之死》也影响了海德格尔"向死而生"这一观点的提出。也正是在对生命意义和死亡本质的孜孜不倦的追问中，托尔斯泰得以构筑自己的关于爱与善的学说。

第四节 "欲"与"律"

托尔斯泰毕生都在努力调和艺术的要求与生活的要求、本能判断与道德伦理之间的冲突。一方面，他憧憬个体自由，推崇富有张力的个体生命和顺应本能的自然生活；另一方面，他又苦苦求索无懈可击的真理，试图构建理想社会。托尔斯泰的早期作品形象地表现了个体的自由意志，描绘人物随心所欲的自然状态，尊重人物的选择和行为，认为这种个体的选择无法用时代的普遍道德和教义来限定。与此同时，他在创作中也表达了试图确立一种终极的法则、构建一个和谐的共同体的热望。

---

[1] Толстой Л. Путь жизни. [2024-04-25]. https://www.100bestbooks.ru/files/Tolstoy_Put_zhizni.pdf?ysclid=lvf258b1bi728859959.

[2] 斯蒂芬·茨威格：《托尔斯泰传》，第29页。

而在巨大的精神危机下写就《忏悔录》后，托尔斯泰则一头扎进了对能够使自己信服的最高法则的探索。

出身于名门望族的托尔斯泰自幼年起便对自己的身份有了强烈的意识。当小列夫五岁时，他的大哥尼古拉向托尔斯泰家的小孩子们宣布，有一个秘密一旦公开，人人都将变得幸福，再也不会有疾病、苦恼，人人相亲相爱，大家都会成为"蚂蚁兄弟"（尼古拉或许读过或听说过共济会的事，听到使人类幸福的共济会宗旨，听到吸收会员的神秘仪式，也听到摩拉维亚兄弟会[1]）。大哥说他把让人类永远幸福的秘密写在了一根小绿棍上，并埋在了亚斯纳亚·波利亚纳峡谷边的大路旁。托尔斯泰在1905年的《回忆录》中写道："关于'蚂蚁同胞'亲爱地彼此相依的这种理想，我一直没有改变过，不过现在不是在两把用围巾遮起的靠手椅下面，而是全人类互相依傍在广阔的苍穹之下。我当时相信有一根绿色的小木棍，上面写着毁灭人类一切的罪恶而给予他们普遍福利的方法，我现在同样地相信这种真理是存在的，并且会显示给人类，把它所允许的一切都给予他们。"[2] 小绿棍的故事在小列夫的心中埋下了向爱、向善的种子，激发了他对于全人类如兄弟一般相爱的愿望，直至生命的最后一刻。作家选择的最终长眠的地方也正是这个长满青草的"峡谷边的大路旁"。

青年时期的托尔斯泰曾像社交界的其他贵族子弟一样过着寻欢作乐的生活，沉迷于酒色与赌博，这在那个年代是极为常见和普遍的。托尔斯泰的症结在于，他在纵欲的同时又无法用理智合理化自己的行为，始终用严酷的目光审视着自己的放纵，带着恼怒谴责自己的作为，真诚地反思自己的道德水准，思考品行的完善和人类的福祉。其早年日记便记录着他不羁的身体和自律的精神之间的对话，他永无休止的自我分析和批判孕育着他日后立下的清规戒律的雏形。车尔尼雪夫斯基早在1856年的《〈童年〉和〈少年〉、〈列·尼·托尔斯泰伯爵战争小说集〉》中预言道："心理生活隐秘变化的深刻知识和天真未凿的道德感情的纯洁性将永远是托尔斯泰的本色。"[3] 1851年3月，托尔斯泰在日记中表达了对莫斯科上层社会的反感，以及

---

[1] 摩拉维亚兄弟会（моравские братья）发端于15世纪捷克的胡斯宗教改革，形成于16世纪中叶，是波希米亚胡斯教派分裂出来的新教一支，强调平等、友爱、互助、灵修，因最初主要活动于捷克中部的摩拉维亚地区而得名。该派名称与俄语中的蚂蚁兄弟（муравейные братья）发音相近。
[2] 艾尔默·莫德：《托尔斯泰传》，第21页。
[3] 倪蕊琴主编《俄国作家批评家论列夫·托尔斯泰》，第35页。

在思想上受到"反复出现的内心斗争"的困扰。次年9月，托尔斯泰开始写作《一个地主的早晨》的初稿，主人公涅赫柳多夫公爵多被认为是作家的分身。这样的同名主人公出现于作家60余年执笔生涯的起点和终点，分别是在根据自身经历而创作的早期作品《青年》《台球房记分员笔记》《一个地主的早晨》《卢塞恩——德·涅赫柳多夫公爵日记摘录》以及数十年后的最后一部长篇小说《复活》中。作家为这个表现了19世纪末期的思想和愿望的新主人公选择一个老名字并非出于偶然，青年托尔斯泰笔下的涅赫柳多夫已经拥有了道德改造的萌芽和内心复活的动力。

托尔斯泰虽然像一般的俄罗斯人一样，出生后经历了受洗，并在东正教的文化氛围中接受教育，但他早在青年时期便开始批判性地思考宗教和上帝的本质问题。如在1853年7月的日记中他对上帝的存在提出了质疑："我无法向自己证明上帝的存在，找不到任何有道理的证据。我发现，这个概念并不是不可或缺的。了解整个世界及其不可思议的完美秩序的永恒存在，比了解它的创造者更容易，更简单。人的肉体和灵魂对幸福的追求是了解生命奥秘的唯一途径。当灵魂的追求与肉体的追求发生冲突的时候，灵魂的追求应该占上风，因为灵魂是不朽的，正如灵魂获得的幸福不朽一样。取得幸福是灵魂发展的过程。灵魂的缺陷是被败坏了的高尚的追求。虚荣心是希望对自己感到满意。贪财心是希望多做一点好事。我不明白上帝存在的必要性，可是我信仰上帝，并且祈求上帝帮助我了解他。"[1]

1855年3月，托尔斯泰在日记中记下了一个指导自己毕生言行的宏大理念："昨天关于上帝和信仰的谈话使我产生了一个极其伟大的思想，我自信能够以毕生的精力去实现这个思想，即创立一种与人类的发展相适应的新宗教，是剔除了盲目的信仰和神秘性的基督的宗教，是不应许来生幸福却赐予现世幸福的实践的宗教。我明白，只有若干代人自觉地朝着这个目标去工作，才能使这个思想成为现实。一代人要把这个思想嘱托给下一代人。总有那么一天，狂热或者理性会使它成为现实。自觉地行动，使人们与宗教结合在一起，这就是我希望能使我全神贯注的那个思想的基本点。"[2] 1860年，在长兄尼古拉的葬礼上，托尔斯泰还想到了"要写一个唯物论者的福音书，一个作为唯物论者的基督的传"[3]。可见，托尔斯泰早在青年时期就明

---

[1] 托尔斯泰：《列夫·托尔斯泰文集》（第十七卷），第41页。
[2] 同上书，第60–61页。
[3] 艾尔默·莫德：《托尔斯泰传》，第257页。

确阐述了五十岁以后一直支配着他的主要信条。

然而，这种对最高法则的追求并没有削弱托尔斯泰对按照个体意志自由生活的憧憬。1851年至1854年，在高加索服役的托尔斯泰看到了自由奔放、随心所欲的哥萨克人的生活，他们完整、浑然天成的自然状态让他颇为着迷。这种毋庸置疑的生活状态不需要得到合理性的论证，因为它独立于需要进行此类论证的意识。托尔斯泰逐渐认识到，不被时代的道德教条所裹挟而充实于自我意志的自然生活也是人类的一项重要价值。他试图在对肉体冲动的有意迎合中、在伊壁鸠鲁式的生活方式以及他酷爱的打猎行为中发现这种自由，尔后又在前15年的婚姻生活中享受了更为安宁和持久的自然状态——家庭美满，儿女承欢，写作为他带来了极高的声望，财富也在源源不断地增加，这使他尘世的虚荣心得到了大大的满足。在成熟期的作品《战争与和平》《安娜·卡列尼娜》中，托尔斯泰依然在思考有关个体意志和最高法则的关系问题，赋予二者以等价的关注。在《战争与和平》中，托尔斯泰绘制了生活千姿百态的画卷，对人物的思想、行动、情感、欲望等进行了客观而细致的描写，塑造了众多生动而饱满的形象，安德烈、皮埃尔的理性思维和对终极真理的探索与娜塔莎、尼古拉·罗斯托夫、普拉东·卡拉塔耶夫乃至俄罗斯民众的顺其自然、随遇而安的生活都有各自的价值；在《安娜·卡列尼娜》中，忠于内心的本真欲望，如飞蛾扑火般扑向爱情，不惜付出生命的代价，追求个性解放的安娜与为人生真谛而苦恼的列文的生活虽然看似相差甚远，但其意义却不相上下，这也是为什么小说必须采用拱顶式双线结构的原因。

在人生的后30年，托尔斯泰对放之四海而皆准的最高法则的诉求最终占了上风。在《忏悔录》中，托尔斯泰以强有力的方式对之前的创作加以抨击，他认为从前的自己曾为了荣誉的虚荣而投身艺术创作，而他清楚地知道，在毁灭一切的死神面前，艺术只是生命的装饰品和诱惑。"当我没有独立的生命、而是别人的生命带着我随波逐流的时候，当我相信生命有意义的时候，任何一种生命在诗和艺术中的反映都给我以欢乐，看到这面艺术之镜中的生命我感到高兴。而当我开始探索生命的意义，当我感到自己必须独立活下去的时候，这面镜子对于我就是无用的、多余的、可笑的，或者是折磨人的了。"[1] 晚年的托尔斯泰迫使自己为所追求的目标服

---

[1] 托尔斯泰：《列夫·托尔斯泰文集》（第十五卷），第18页。

务，为拯救人类而生活，以思想家、导师、现代文明的批评者而闻名于世。他否定自己前期的作品，主张文学必须为严格的实用目的服务，突出了他所看重的道德力量的作用。在后期作品中，作家深刻的艺术感染力、娴熟的现实主义手法依然延续着，但已经很少能看到他前期作品中体现出的艺术家的从容不迫、细致入微的细节描写和饱满的心理分析。而当作为道德说教者的托尔斯泰完全投入自身世界，从一切道德束缚中得到解放的时候，他又为读者带来了展现生活之不同侧面的作品，在其最后一部小说《哈吉穆拉特》中，人们再次看到了鲜活而独特的生命和张扬的自由意志。

许多托尔斯泰研究者均指出了托尔斯泰在个体意志与最高法则这一问题上的思想矛盾，其中英国思想家以赛亚·伯林的《刺猬与狐狸》一文影响深远。这一标题出自古希腊诗人阿奇洛克思的一句诗："狐狸多知，而刺猬有一大知。"狐狸机巧万变，可以生出各种方法来对付复杂的情势，而刺猬永远以不变应万变。伯林把所有事物与一个核心的、明确的、一贯的体系联系到一起的人称为"刺猬"，认为这类人的认知世界完整、清晰、坚定且富有逻辑；把想法分散、追求多样化目标、否认用某种始终不变的终极法则去衡量人类的道德生活的人称为"狐狸"，认为这类人因为"无中心""无体系"而四处漂泊，思想零散。伯林认为，19世纪俄罗斯知识分子身上恰好表现出了这两种根本的人类冲动，即"他们渴望由反抗必然性而肯定自我之自主（autonomy of the self），一面又要求确定无疑之事（certainties），两者不断冲突，导致他们明锐感悟到二十世纪属于核心地位的道德、社会与美学问题"[1]。具体到托尔斯泰，伯林将托尔斯泰的艺术观与道德说教之间的关系解释为"狐狸"和"刺猬"的斗争，并得出了托尔斯泰实际上是想要成为"刺猬"的"狐狸"这一结论。

伯林的这一视角开启了国外托尔斯泰研究中经久不衰的对作家究竟是"狐狸"还是"刺猬"的探讨。如美国西北大学教授莫森在《平淡无奇的视角背后：〈战争与和平〉的叙述和创新潜力》一书中认同了伯林的观点，把托尔斯泰归入了"狐狸"的类型。在他看来，在《战争与和平》中，相比于人生的客观规律，托尔斯泰更加关注日常生活中个体的自由意志。小说主旨的关键信息往往隐藏在不起眼的角落里，人生和历史是由诸种琐碎的细节而非戏剧性的事件所主宰。作家所要展现的人生无法用任何宏观叙事学说或普遍规律所概括，而是由无数充满可能性的平凡的日

---

[1] 以赛亚·伯林：《俄国思想家》，导论第13页。

常片段所构成。[1] 另一些学者则把托尔斯泰划入"刺猬"的类型。加拿大学者华西奥莱克反对梅列日科夫斯基将托尔斯泰的灵与肉相互割裂的二律背反论，认为托尔斯泰从创作初期开始就一直追求灵与肉的统一，试图揭示终极法则。[2] 俄罗斯评论家博恰罗夫同样认为，《战争与和平》中看似分散和凌乱的事件和场景之间存在着一种潜在的、深层的联系，无论是在历史性事件还是在家庭生活的片段中，都能归纳出一种统一的人类生活的普遍真理。[3]

在这一脉络上，哥伦比亚大学教授理查德·古斯塔夫森则提出了"常住者"（resident）和"异乡人"（stranger）的两种概念，认为托尔斯泰渴望成为完整的从属于所在世界的"常住者"，追求人与神、自我与世界的完美结合，与此同时，他又被想要从生活和世界的法则脱离开来而追求个体自由的"异乡人"的意识所支配。前者表现为将分崩离析的世界整合为一的追求，后者令他观察和记录生活，并孜孜不倦地追求另一个世界。该学者认为，托尔斯泰笔下的主要人物，如《哥萨克》中的奥列宁、《战争与和平》中的安德烈和皮埃尔、《安娜·卡列尼娜》中的安娜和列文、《复活》中的涅赫柳多夫寻找生活真谛的过程便是克服内在的"异乡人"的欲望而走向"常住者"的旅程。[4]

上述颇具价值的学术争鸣敏锐地指出了托尔斯泰创作与人生中的困惑与矛盾：既体悟现实之复杂多样，又苦求一个浩大、一元的最高法则。托尔斯泰对本能的判断、对纷繁复杂的经验资料的笃信、对富有张力的个体生命的推崇是真诚的，对人类道德完善的焦虑、对无懈可击的最高法则的求索同样真实。在托尔斯泰前期至后期的思想脉络中，相比于表面的对立，固有和必然的因素更为深刻，对个体的自由意志和具有全人类意义的最高法则之间关系的思考如一条红线般贯穿托尔斯泰创作的始终，成为联结托尔斯泰的前后期创作和阐释其思想变化的内在合理性的关键，作家不同时期对二者侧重点的不同导致了人物形象不同的命运历程和思想内涵。

---

[1] See Gary Morson, *Hidden in Plain View: Narrative and Creative Potentials in "War and Peace"* (Stanford: Stanford University Press, 1987).

[2] See Edward Wasiolek, *Tolstoy's Major Fiction* (Chicago: University of Chicago Press, 1978).

[3] См.: Бочаров С. *Роман Л. Толстого «Война и мир»*. М.: Художественная литература, 1987.

[4] See Richard Gustafson, *Leo Tolstoy: Resident and Stranger* (Princeton: Princeton University Press, 1986).

第二章

对他者与自我的观察：
托尔斯泰的早期创作

　　1847年，未满二十岁的托尔斯泰从喀山大学退学，回到了自己的世袭领地亚斯纳亚·波利亚纳庄园。在踌躇满志地尝试庄园改革却遭遇挫败后，他到大城市里度过了两年花天酒地的贵族子弟生活，然而这样的生活方式并未让他得到内心的满足。1851年4月，对这种生活方式感到厌倦和失望的托尔斯泰跟着已在高加索服役的长兄尼古拉一同前往高加索，开始了作为志愿兵的戎马生活。与此同时，他也在高加索开启了自己的写作生涯，于1852年发表了登坛之作《童年》并引起强烈反响。1854年年底，托尔斯泰自愿调赴克里木战争正酣的塞瓦斯托波尔，在最危险的第四号棱堡担任炮兵连长，一直战斗到次年8月俄军撤出塞瓦斯托波尔为止。1855年11月，托尔斯泰以军人身份来到彼得堡，结识了冈察洛夫、屠格涅夫、奥斯特洛夫斯基、德鲁日宁等多位文学家与批评家。1857年，他开始了第一次欧洲旅行，先后游历了法国、瑞士、意大利、德国等国家，对资本主义制度倍感失望。回国后，他投身教育事业，在自己的庄园附近为农民的孩子们办学。为研究俄罗斯和欧洲的教育制度，他第二次出国，前往西欧考察学校。1862年7月，他的家遭到宪兵为期两天的搜查，不久后，他关闭了学校。

　　本章考察托尔斯泰写于1852年至1863年的作品，以《童年》为开端，以发表于1863年的《哥萨克》为止。在早期，他创作了数部中短篇小说，涵盖了成长题材、高加索题材、战争题材、乡村题材、城市题材、爱情题材等多种题材。对自我与他者、自身世界与外部世界、文明与自然的思考是其早期作品的显著特色，在对他者的观察和剖析中，在对孰优孰劣的思考中，托尔斯泰试图寻找生存的理想状态。

第一节　对传统文化价值的描绘

托尔斯泰从一开始就相信人追求改善和完善的必要性和可能性。在最初的自传三部曲《童年》《少年》《青年》中，托尔斯泰已然表现出在流动、变化的意识中塑造人物形象的出色能力。苏联时期《托尔斯泰传》的作者洛穆诺夫指出，早在创作初期，托尔斯泰就认识到，活生生的人的性格是各种不同的、有时甚至互相矛盾的特点和品质的复杂结合，"活生生的人的性格在托尔斯泰看来是一个分数。在它的分子那一项上作家放上了人的尊严和美德（他的'优点'），而在分母那一项上——则放上了他的缺点，在他看来其中主要的是自我怀疑。分母越大，分数自然就越小，相反：分母越小，表示人的真正'价码'和他精神价值的分数就会越大。为了提高人的自身的价值，人应该在自己的'分数'上努力一番——扩大分子，用尽一切方法缩小分母。为了实现自己性格的完善，托尔斯泰苦苦追求着，致力于自己的'分数'、自己的精神'指数'的提高。日记中的一个特殊类别——'弱点记录'就是服务于这样一个目的的"[1]。青年托尔斯泰的日记证明，他想从利己主义中得到解脱，他为自己的缺陷而鞭挞自己，痛苦地寻找道德净化的可能。

在《童年》中，小主人公尼古连卡观察着周围世界，以期从别人的身上汲取成长的养分，扩大精神价值的"分子"。作家塑造的三个带有神性光环的人物尤其值得关注，他们分别是苦行者格里沙、女管家纳塔利娅·萨维什娜及主人公的妈妈。

通常，托尔斯泰对人物的塑造是从以下四个方面进行的：一是对人物的外貌、语言、细节等的直观描写；二是人物的自我描述，即他是如何思考，如何考虑自己的问题的；三是他周围的以及他所接触的人们对他的评价；四是他究竟是怎样一个人——这一点或由作家直接下结论，或通过某一正面人物的言辞和思想做概括性的

---

[1] 洛穆诺夫：《托尔斯泰传》，李梳译，天津人民出版社，1981，第52页。

评价。《童年》中的大部分事件和形象都是通过一个小孩子的眼光来描述的，叙述口吻带有强烈的主观色彩。而在塑造这三位人物时，主观的叙述逐渐让步于客观的叙述，他们的形象不仅通过尼古连卡的感知和认识，还通过他们本人的行为和语言、小说中其他人物与他们的关系得到了刻画，并时常由一个成年的、客观的叙述者的口吻来描述。这个叙述者并非事件的参与者，而是一个全知全能的观察者。

  六十岁的格里沙从十五岁起就成了尽人皆知的苦行者，无论冬夏，他都光着脚行走，衣服下面总带着两普特（约为32.76千克）重的铁链，朝拜寺院，把小圣像赠给他喜爱的人，说些费解的话，再三拒绝人家提供给他的舒适生活。主人公的爸爸和妈妈在餐桌旁因对格里沙的看法不同而引发了争论。整场争论都是由父母的对话组成的，与尼古连卡的情绪和看法并无关联。争论包含着作家对妈妈、爸爸以及格里沙的客观看法，使读者得以客观地观察这场争论，分辨孰对孰错。因此，托尔斯泰对争论双方的语言、细节描写显得尤为重要。妈妈的语气平和，论据明确，条理分明，爸爸则十分激动，认为"这帮家伙"（苦行者）是群骗子，会"使一些女人本来就很脆弱的神经更乱"[1]，需要把他们送到警察局。在语言的使用上，妈妈始终都在用俄语，而爸爸转到了法语，联系托尔斯泰日后作品可以得知，使用法语的人在作家的笔下通常都有装腔作势的倾向。另外，在这场争论中有一处细节，当妈妈向爸爸要油炸包子时，他先是故意把它放到她够不到的地方，之后才递给她。显然，成为争论胜者且更能博得读者好感的是妈妈，以及妈妈所辩护的格里沙。

  小说的第十二章以《格里沙》命名，讲的是尼古连卡和伙伴们藏到贮藏室里偷看格里沙祈祷的场面。准备祈祷时，格里沙的脸上已经没有平时那种慌张而愚蠢的神情，而是镇静，若有所思，甚至显得很有威严，举动缓慢而稳重。"最初他轻轻地念着人所周知的祷文，只强调一下某些字句，随后他又反复背诵，但是更加响亮，更带劲。后来他开始用自己的话祷告，挖空心思地想用古斯拉夫语来表达自己的心情。他语无伦次，但是很令人感动。"[2] 苦行者格里沙对善行、对敌人的祈祷，对上帝祈求宽恕、与上帝进行对话的样子为主人公打开了一个崭新的宗教世界，并在他的心灵留下了不可磨灭的印记。叙述者真诚地讴歌道："从那时起，多少岁月流逝了，

---

[1] 托尔斯泰：《列夫·托尔斯泰文集》（第一卷），第22页。
[2] 同上书，第38页。

多少往事的回忆对我失去了意义，化作模糊的梦，就连巡礼者格里沙也早已完成了他的最后一次朝拜；但是，他给我的印象和他所引起的情绪，在我的脑海里却永远也不会消失。噢，伟大的基督徒格里沙！你的信心是那么坚定，使你感到了上帝的临近；你的爱是那么强烈，话语会自动地从你的嘴里流出来——你并不是用理智来检验它们……当你找不到言语来表达，倒在地上哭泣的时候，你献给至尊的又是多么崇高的颂词……" [1] 托尔斯泰成功刻画了一个富含艺术感染力的苦行者的形象。

纳塔利娅·萨维什娜是一位忠心为主的账房，把自己的一生献给了忘我、无私的爱，受到了所有人的爱戴与尊敬，是一个可以影响周围人向善的人物。她的一生是带有自我牺牲精神的对他人的服务，其始终如一的精神让这种丰功伟绩变得不易察觉。作者力图表现出她对主人的无限忠诚并不是由于盲目的、无意识的听从，而是源于东正教的自觉的顺从、忍耐与爱，这一点在她去世前的那些日子表现得尤为明显。文中写道："纳塔利娅·萨维什娜被病魔缠磨了两个月，她以真正基督徒的忍耐精神忍受着痛苦，既不抱怨，也不诉苦，仅仅按照她的习惯，不住地呼唤上帝。在临死前一个钟头，她怀着平静的喜悦心情做了忏悔，领了圣餐，举行了临终涂油礼。……当她想到没有给穷人留下什么的时候，她掏出十个卢布，请求神父在教区分给他们；随后她画了个十字，躺下来，最后又长叹了一声，带着愉快的笑容，呼唤了一声上帝。" [2] 在托尔斯泰的作品中，死亡往往能够检验和厘清主人公真正的内心本质，通过人物对死亡的态度可以评价他的人生。纳塔利娅·萨维什娜不仅对死亡不抱有恐惧，还战胜了死神的统治，她毫无悔恨地离开了人间，她不怕死，把死当作一种天惠。"纳塔利娅·萨维什娜能够不怕死，是因为她是怀着坚定不移的信念，完成了福音书上的训诫死去的。她一生都怀着纯洁、无私的爱和自我牺牲的精神。" [3] 托尔斯泰通过对纳塔利娅·萨维什娜之死的描写向读者展现了死亡在坚如磐石的信仰面前的渺小。

在小主人公眼里，妈妈不仅是柔弱而善良、亲切而带着一丝忧愁的，还是温顺、

---

[1] 托尔斯泰：《列夫·托尔斯泰文集》（第一卷），第39页。
[2] 同上书，第104–105页。
[3] 同上书，第105页。

仁慈而虔诚的。她对所有人一视同仁的爱使其他人物的精神境界得到了提高，不仅是善良的纳塔利娅·萨维什娜，就连让人生厌的、吹毛求疵的米米也把妈妈叫作"天使"，爸爸冰冷的理智和怀疑也被妈妈的顺从和爱所融化。妈妈的临终和去世也尤为值得关注。托尔斯泰刻画了她在死亡面前的平静和无畏，她在生命的最后一刻还在担心自己的丈夫和孩子。妈妈和纳塔利娅·萨维什娜一样，毫无怨言地承受着痛苦，感恩于别人给她带来的尘世的幸福。在去世前的最后一刻妈妈也没有忘记对亲人的祈祷："圣母呀，不要抛弃他们！……"[1]由纳塔利娅·萨维什娜向小说的主人公所讲述的妈妈之死饱含崇敬的基调。

在小说中，无论是格里沙的祈祷场面，还是纳塔利娅·萨维什娜和妈妈的离世，都是用崇高而充满诗意的笔调来描写的，他们身上具备了传统文化所崇尚的美德：信仰、驯顺、忍耐、温和、克制、善良、仁慈、虔诚、对上帝与他人的爱与牺牲，这些无不是托尔斯泰对传统东正教文化价值的客观表现。

另一部早期小说《伐林》也体现了青年托尔斯泰对传统价值的表达。《伐林》动笔于高加索，以一个士官生的口吻讲述了他参加高加索伐林纵队的见闻。在19世纪初战胜拿破仑后，沙皇亚历山大一世着手征伐高加索区域，通过广筑堡垒、对山民进行围攻、大片砍伐山民用于防卫的森林等方式发动攻势，为此，以沙米尔为首的高加索山民进行了长达25年的反抗战争。在小说中，作者力图刻画参与伐林的普通俄罗斯士兵的精神品质，将其与贵族军官的怯懦与虚荣进行对比。在该文的第二部分有一段颇为重要的关于士兵类型的议论，把俄罗斯士兵分为了三种类型——忠顺的、爱摆威风的和狂放的。作家显然是倾向于第一种类型——"最可爱、最给人好感、多半兼具温和、虔诚、有耐心、忠于上帝意志等基督教美德的一种类型"[2]，而这种形象在老炮兵日丹诺夫身上得到了集中表达。小说中描写的士兵形象大多都被托尔斯泰赋予了某些品质上的缺陷：诚实、恭顺、勤奋的韦连丘克智力低下、过于爱操心；温顺、安静的安东诺夫其实是个酒鬼和爱打架的人；可爱、乐观的奇金经常说谎和吹牛。而日丹诺夫不仅没有这些缺陷，还能靠其美德对周围人的精神世界产生影响："人都说他从来不喝酒，不抽烟，不打牌，不用

---

[1] 托尔斯泰：《列夫·托尔斯泰文集》（第一卷），第93-94页。
[2] 托尔斯泰：《列夫·托尔斯泰文集》（第二卷），第52页。

粗话骂人。所有空闲的时间，他都干做鞋的手艺，每逢假日，只要有可能便上教堂，或者在圣像前面点上一戈比一支的蜡烛，打开赞美诗来念，这是他所能念的唯一的一本书……他特别喜爱新兵和年轻的士兵：他总是照顾他们，教导他们，并且常常给以帮助。"[1]作家特别指出，日丹诺夫的眼睛在微笑的时候有一种非常温柔的"近乎稚气"的，即孩子般的神情，这一特征在托尔斯泰的艺术世界里是真善美的象征。

在小说的最后，当士兵们提到韦连丘克的死和他死之前的一系列征兆时，日丹诺夫坚定地喊道："废话！"并打断了人们迷信的谈话，使所有人都安静了下来。他第一个开始了祷告，其他人也纷纷跟他祷告了起来。所有士兵一起为死者祷告的场面可以说是《伐林》的高潮部分，托尔斯泰把在俄罗斯家喻户晓的主祷文逐字逐句地写了出来。从这一情节到故事的最后，日丹诺夫都处于叙述的中心位置，在故事的最后，他拜托安东诺夫唱起自己最爱的《小白桦》，凝视着篝火，默默流下了眼泪。小说的结局回荡着安东诺夫的歌声，饱含诗意和抒情："那树桩的下部已变成木炭，偶尔发出火光，照亮了安东诺夫的身影，他的花白的小胡子，红彤彤的脸膛，搭在身上的大衣上的勋章，还有不知是谁的靴子，脑袋或背。天上仍下着凄凉的微雨，空中仍然闻到潮气和烟味，四周仍然可见欲灭未灭的点点篝火，一片岑寂中还听得见安东诺夫的悲戚的歌声；在歌声中断的刹那间，营地上夜间轻微的响动——哨兵步枪哗啦一下、打鼾、低语的声音就应和了起来。"[2]和《童年》中的纳塔利娅·萨维什娜等人一样，日丹诺夫是东正教传统文化价值的承载者，是托尔斯泰笔下又一个正面人物形象。

潜移默化的东正教传统与民间宗教文化令托尔斯泰在初期创作中成功地塑造了深刻而有感染力的正面人物的形象。从托尔斯泰的成长经历看，他早年失去双亲，主要由姑母亚历山德拉·奥斯坚-萨肯和远方姑母亚·托尔斯泰娅庇护和抚养。身为作家的亚历山德拉姑母是一个十分虔诚的女人，她不仅严守斋戒，不停祈祷，同

---

[1] 托尔斯泰：《列夫·托尔斯泰文集》（第二卷），第57页。
[2] 同上书，第86-87页。

当时的宗教领袖，如奥普塔修道院[1]的长老列昂尼德等交流，且在生活上也贯彻着东正教的精神，努力避免一切奢华和他人的服侍，尽其所能地帮助别人。在托尔斯泰不到十三岁时，这位姑母在奥普塔修道院去世。在这位姑母的身上，幼年托尔斯泰看到了一个虔诚的宗教信徒该有的样子。给未来的文豪带来深远影响的还有他的远房姑母叶戈尔斯卡娅，这个笃信东正教的女人对身边的所有人关怀备至、无私奉献，受到了大家的敬爱。在她去世后，当她的出殡行列经过全村时，农民都从家里出来，为她祈祷。这位姑母用自己切实的言行让托尔斯泰从小体会到了善良和仁爱的美好。作家的二哥德米特里与众不同的宗教狂热也让少年托尔斯泰印象颇深。他严格遵守斋戒，潜心祈祷，热衷于拜访监狱里的修道院，喜欢结识穷苦的平民百姓。周围人的宗教生活在幼年托尔斯泰的心里深深埋下了种子，这在他早期文艺创作的发展过程中得到了一系列的体现，帮助他在作品中刻画出了传承东正教文化价值的人物形象。

然而，虽然托尔斯泰在早期作品中流露出了一层淡薄的宗教情绪，在对正面人物形象的描写中表现出了对宗教的朦胧憧憬和对民间朴素价值的客观再现，但从托尔斯泰同时期的日记可以得知，作家所接受的来自西方的启蒙主义教育和他本人的理性头脑让他很早就脱离了宗教，自觉地否定了官方东正教的神秘教义。作家在《忏悔录》中回忆道："我从十六岁开始不做祷告，自己主动不上教堂，不做斋戒祈祷。我不再相信小时候教给我的一切，但我总还有某种信仰。究竟我信仰什么，那我是怎么也讲不清楚的。我也相信上帝，或者更确切些说，我不否定上帝，究竟是怎样的一位上帝，我也讲不清楚。我也不否定基督和他的学说，而这些学说的实质是什么，我同样讲不清楚。"[2] 随着精神求索的深入，青年托尔斯泰在日后的作品中开始有意识地探索真正能够令他信服的最高法则。

---

[1] 该修道院在俄罗斯历史上颇负盛名。传说是公元14至15世纪由一位悔过的强盗奥普塔所建，17世纪从沙皇那里获得了领地和特权，18世纪走向衰落。18世纪末到19世纪，奥普塔修道院迎来了再次的复兴，在俄罗斯长老制的推行上发挥了重要的作用。修道院翻译了大量的宗教书籍，对外提供各种形式的精神训导，吸引了许多当时文化界的精英分子以及普通信徒。1878年陀思妥耶夫斯基和索洛维约夫拜访了奥普塔修道院，和阿姆夫罗西长老进行了两次谈话，这成为陀思妥耶夫斯基的长篇小说《卡拉马佐夫兄弟》的某些情节的基础。托尔斯泰的妹妹玛丽亚·尼古拉耶夫娜在1889年移居到了奥普塔修道院附近的沙莫尔季修道院，她经常给托尔斯泰讲述阿姆夫罗西长老的功绩。托尔斯泰最后离家出走时也曾路过此地。

[2] 托尔斯泰：《列夫·托尔斯泰文集》（第十五卷），第6页。

第二节　对进步与文明的反思

托尔斯泰在《忏悔录》中继续阐释了其青年时期生活的主要信念："现在，回忆那段时间，我看得很清楚，我的信仰，即除了动物本能之外推动我生活的力量，也即那时我的唯一的信仰，是信仰完善。但是完善的本质，它的目的，我讲不清楚。我努力在智力方面完善自己，我什么都学，只要我力所能及，只要生活促使我这样做。我努力完善自己的意志——制定我努力遵循的准则，体力上完善自己，做各式各样的体操，锻炼体力和灵活性，通过艰难困苦来培养自己的韧性和耐力。"[1]

追求完善，即追求进步。青年托尔斯泰在俄罗斯的传统文化中没有找到自己的信仰，他继而把目光转向了西方的进步与文明。自彼得大帝的西化改革以来，俄罗斯精英阶层对西方的文明与科学的进步顶礼膜拜，把它们看作人类社会不断上升发展的链条。然而，正如18世纪法国思想家卢梭一样，托尔斯泰也敏锐地看到了进步与文明带来的人类社会的各种矛盾和精神困境。卢梭在启蒙运动时代批判了以理性、科学和知识为核心话语的哲学与意识形态，认为对文明成果的滥用使人类更加堕落，破坏了人类的德性和信仰。作为卢梭思想的追随者，托尔斯泰对西方的文明、发展、进步等观念产生了怀疑并采取了批判性的态度。尤为难能可贵的是，作为上层社会的一员，托尔斯泰深刻意识到了贵族文化与俄罗斯普通民众的生活和朴素的道德风尚之间的冲突，并对这种贵族文化进行了真正的道德意义上的反省，怀疑和重估其在引领民众生活方面的价值，这在他的早期作品中皆有反映。

《台球房记分员笔记》以台球房记分员彼得的视角描写了贵族青年涅赫柳多夫的堕落与幻灭。这也是被命名为涅赫柳多夫的人物第一次以主人公的身份登上托尔斯泰的创作舞台。出身名门、继承了巨额遗产的涅赫柳多夫从乡下的领地来到彼得堡，企图开启崭新的生活，却由于沉迷赌博而倾家荡产，最终亲手结束了自己的生命。由彼得描述的涅赫柳多夫的登场颇具几分神秘色彩："我望了望那位老爷，见他静静地坐着，跟谁也不认得，全身衣服崭新；我揣摩，他要么是外国人，英国人，要么是外地来的伯爵。他尽管年轻，派头倒挺大。"[2] 彼得见证了涅赫柳多夫如何被

---
[1] 托尔斯泰：《列夫·托尔斯泰文集》（第十五卷），第6-7页。
[2] 托尔斯泰：《列夫·托尔斯泰文集》（第二卷），第28页。

周围人一步步地推向了堕落的深渊。涅赫柳多夫一开始只是一个台球房的旁观者，在周围贵族们的怂恿下加入了球局，成为台球房的常客，后被他们带到风花雪月之地，成为大家调侃的对象。"后来大家来到台球房，全都喜气洋洋，唯独涅赫柳多夫变了样：两眼浑浊无光，嘴唇微动着，老是打嗝儿，连话也说不利落了。当然，他没有见过世面，这会子可让他狼狈了。他走到台盘旁边，支上胳膊肘，就说：'你们都觉得好笑，我心里可难过。我为什么要做这种事呢！公爵，这件事我一辈子也不能原谅你，也不能原谅自己。'说着眼圈一红，放声哭起来。"[1] 然而他已然成为台球房的常客，并在狡猾的球友的引导下，开始沉迷赌博。周围人在小赌注上故意输给他，而在大赌注上又打赢他，激起他急切的求胜心理。就在如此的一来二去中，自尊心极强的涅赫柳多夫愈发深陷赌博的泥沼，几度试图脱离未果。不过数月，他便花光了父母留下的庞大遗产，到处赊账。就这样浑浑噩噩地过了两年后，他因为饭店老板不肯给他赊一瓶葡萄酒而丢尽了颜面，最终选择了开枪自杀。

托尔斯泰在涅赫柳多夫的遗书中以第一人称视角展示了他心中的痛苦：

"凡是人生在世所希望有的，上帝都给我了：财富，名声，智慧，抱负。但我想寻欢作乐，把我身上一切好的东西都糟蹋了。

"我并没有败坏名誉，没有倒运，没有犯任何罪，可我的所作所为比这更坏：我毁了自己的感情，自己的智慧，自己的青春。

"我被一张肮脏的网裹住了，挣脱不出来，可又无法适应。我不断地堕落，堕落，我感觉到自己在堕落，但是不能自拔。

"…………

"原来我清清楚楚，念念不忘对于生活、永恒和上帝的满心崇高的想法，都到哪儿去了呢？原来快慰地温暖着我的心的、没有目标的爱的热力，到哪儿去了呢？盼望成家立业，同情一切美好事物，热爱亲朋好友、劳动、荣誉的感情，都到哪儿去了呢？责任心到哪儿去了呢？"[2]

环境对一个涉世未深的年轻人的影响可见一斑。涅赫柳多夫本是有理想、有抱负、有前途的贵族青年，来到彼得堡后，却在上层社会圈编织的毒网中裹足不前，

---

[1] 托尔斯泰：《列夫·托尔斯泰文集》（第二卷），第35页。
[2] 同上书，第46—47页。

无限沉沦。上层社会的放荡生活极大地刺激了他的虚荣心和自尊心，同时又让生来具有道德敏感的他无比自责，自杀是他能想到的唯一可以从龌龊中解救自己的方法。

1855年发表的《台球房记分员笔记》正是托尔斯泰基于他本人1849—1851年在莫斯科、彼得堡的经历而写成的。这个从亚斯纳亚·波利亚纳的乡下进城的青年伯爵也曾在大城市的灯红酒绿中迷失过自己，沉迷于酒色与赌博无法自拔，甚至为了还债而抵押了自己的庄园。托尔斯泰和涅赫柳多夫一样，拥有极强的自尊心和虚荣心，他曾在日记中记述三个侵蚀他的魔鬼，并为它们排序：一是赌博欲，是可以战胜的；二是肉欲，是极难战胜的；三是虚荣欲，是一切欲望中最可怕的。托尔斯泰为涅赫柳多夫安排了自杀的结局，也等于是斩断了自己对赌博的欲望，并通过逃离城市、逃离所谓的文明世界来对自己进行拯救，毅然决然地跟着兄长前往危险的高加索战场。至于他笔下的后两个欲望，他一生都在尝试去克服。

在以爱情为主题的《家庭幸福》中，托尔斯泰同样描写了城市文明对纯洁情感的玷污。来自乡下的年轻女主人公在涉足彼得堡的上层社会后，逐渐迷失在舞会和社交带给她的极大的虚荣心的满足中。周围人的阿谀奉承、人们在舞会上投来的目光、社会名流献来的殷勤都让她无比骄傲，她早已忘记了当初和丈夫之间的真挚感情。他们之间再也没有了"孩子般的欢乐"。直到他们出国去巴登的温泉度假，她在某次郊游中偶然听到了男人们对社交界女性的评头论足，而又险些成为情欲的俘虏后，她才突然惊醒过来，认清了社交场的虚伪和迷误，并和丈夫一起回到了自己的家乡，获得了内心的安宁。

如果说《台球房记分员笔记》和《家庭幸福》均表现了文明社会不断滋生的不安与欲求对人的心灵的腐蚀，那么1856年发表的《一个地主的早晨》则是以乡村为背景，讲述了一个青年地主改善农庄经营的尝试。这是又一部反映作家亲身经历的小说，主人公依然姓涅赫柳多夫，名德米特里，与三十余年后《复活》的主人公同名同姓。涅赫柳多夫公爵在大学三年级暑假时，决定不再返校，而是留在乡下经营自己的庄园。

这个念头出现在他"在五月的强壮、鲜艳、然而平静的大自然中独自久久地徘徊的时刻"，他内心的崇高情感让他去求索，使他不安。他仰面躺在树下，举目向上，望着无边无际的蓝天上飘过的清晨的浮云。就是在这个与自然融为一体的寂静时刻，他的两眼毫无缘由地充满了泪水，脑海里出现了一个填满了他的心胸的明晰的思想："爱和善即是真实和幸福，而且是世上唯一的真实和唯一可能的幸福。"[1] 他意识到，想要获得幸福，就应当去爱，去牺牲，而这个获得幸福的途径正蕴藏于他现成的地主的生活方式中：去影响农民这个朴实、敏感、纯粹的阶级，帮助他们摆脱贫困，使他们富足，让他们受教育，提高他们的道德水平，促使他们也爱善。这种想法让他激动和狂喜，他开篇就在写给姑母的信中吐露了心声：

"我作出了一个将要支配我今生的命运的决定。我要离开学校到乡下去生活，因为我觉得我是为此而生的……您会说我幼稚，也许是这样，我的确还是个孩子，但这并不妨碍我感觉到自己的使命，向往行善，并且爱善……关心我在上帝面前必须为之负责的七百人的幸福难道不是我的神圣而又直接的义务？因为要享受、要面子而听任粗暴的村长和管事去处置他们难道不是罪过？既然我面前就有如此崇高、光辉而又最为紧迫的义务，何必到别的领域去寻找效劳和行善的机会啊？……"[2]

涅赫柳多夫毅然执行起了被姑母称为"荒唐可笑而又高尚慷慨的计划"，制定了管理田庄的行动准则，一心投身于这项事业，一干就是一年有余。小说重点描写了六月的一个星期日的早晨，涅赫柳多夫去村里依次看望四个农民家庭的过程。他抱着满腔的热忱想要去解决农民的诉求——有的要木桩，有的要卖马，有的想娶妻，有的想出去拉活。而每每涅赫柳多夫想用自己的方案来帮助这些农民的时候，他遇到的却不是心悦诚服的答应，而是不理解、不领情和不信任。因循守旧的农民不相信东家会设身处地地为他们着想，还在言辞和眼神中嘲笑他的一番好意。从这场失败的访问回家的路上，涅赫柳多夫反思起自己度过的这一年：

"我在这条路上寻找幸福已经一年有余，我找到了什么呢？不错，有时候我觉得，我可以满足了，然而这是一种索然无味的理性的满足。不，我简直是对自己不满！……我的农民富裕起来了吗？他们受到了教育，或者道德水平提高了吗？一点也没有。他们的情况并没有改善，而我的心情却一天比一天沉重。哪怕我能看到我的事业有一点成就，哪怕有人感谢我……可是我看到的却是错误的因循守旧、恶习、

---

[1] 托尔斯泰：《列夫·托尔斯泰文集》（第二卷），第389页。
[2] 同上书，第344-345页。

不信任、束手无策。我在浪费人生最好的岁月。"[1]

　　他想到曾经和自己大学的同窗彻夜阅读民法笔记、畅聊辉煌前程的样子，不禁心生疑惑：放弃和他们一样在上层社会中大展宏图、获得名望的事业，而是转向农民，一头扎进没有回报、无人理会的奉献事业，是否值得？显然，此时的托尔斯泰并没有一个清晰的答案。但这一次作家没有让主人公由于心灰意冷而毁灭自己，而是让他在钢琴声的陪伴下在想象的世界里驰骋，他回想起早上访问过的那些农民的脸，想起他们的善良、他们的柔情，想象十八岁的美少年伊柳什卡出门拉活的样子。伊柳什卡在雾蒙蒙的清晨驾着三套马车出发，一路奔波，来到车马店歇脚，在抬头可以望见星空的甘草堆上过夜。托尔斯泰对伊柳什卡梦境的描写充满了诗意和浪漫色彩：

　　"他走到干草堆前，先面向东方在他宽阔有力的胸膛上画三十来次十字，然后甩一甩他的金黄色鬈发，默念了《主祷文》，说了二十来次'求上帝宽恕'，这才用呢大衣连头一起盖好身子，进入一个年轻力壮的人的健康、无忧的梦乡。于是他梦见一座座城市，基辅与当地的圣徒和一群群的朝圣者，罗缅与当地的商人和货物，敖德斯特与浮着白帆船的蓝色大海，君士坦丁堡与金屋子、白胸脯黑眉毛的土耳其女人——他是插上看不见的翅膀飞到那里去的。他自由地、轻松地飞着，越飞越远，看见下面是洒满阳光的黄金城池、群星密布的蓝色天空、浮着白帆船的蓝色大海，越往前飞他越觉陶然……"[2] 想到这，涅赫柳多夫心生艳羡，感叹"为什么他不是伊柳什卡啊"。故事也在此戛然而止。可见，处处碰壁的涅赫柳多夫还会在这条路上继续探索下去。

　　《一个地主的早晨》虽发表于1856年，但托尔斯泰构思这篇小说的时间几乎与《童年》在同一时期。可以说，对人类的爱与自我牺牲的想法从一开始就占据了托尔斯泰的心灵和头脑，如果说他在城市文明中看到的是人性的堕落与败坏的道德，那么他在因循守旧、未受过良好教育的农民身上却看到了他尤为看重的自然与朴实。

　　离开硝烟纷飞的战场来到彼得堡后，托尔斯泰结识了许多文学圈的重要人物，

---

[1] 托尔斯泰：《列夫·托尔斯泰文集》（第二卷），第390–391页。
[2] 同上书，第395页。

在广为流传的摄于 1856 年的《现代人》作家合影中，托尔斯泰穿着制服，环抱双臂，一脸威严地站在几位身着西装的作家身边——他们分别是冈察洛夫、屠格涅夫、德鲁日宁、奥斯特洛夫斯基和格里戈罗维奇。托尔斯泰在这些响当当的人物身上依然没有找到自己艺术观和世界观的归宿，而是对这些知识分子的"空谈"能否真正引导人民这一问题产生了怀疑，于是他很快离开了这个圈子，甚至和西方派的代表屠格涅夫断交了 17 年之久。

那么作为进步与文明之样板的西欧又是怎样一番景象？1857 年，托尔斯泰踏上他的第一次出国之旅。在巴黎目睹断头台行刑的场面令他全面否定了西欧文明所代表的进步，他在西欧的绅士们身上看到了资本主义文明的虚伪和冷漠。这一时期，托尔斯泰根据自己在瑞士卢塞恩亲眼看到的一件事写下了短篇小说《卢塞恩——德·涅赫柳多夫公爵日记摘录》，表达了自己对西欧资本主义的看法。来卢塞恩旅游的游客以英国人居多，托尔斯泰开篇即对比了美丽庄严的大自然和人造的、庸俗的英式建筑物，对英国式合理主义进行声讨。在晚饭后返回住处的途中，涅赫柳多夫听到了异常奇妙而悦耳的音乐，原来是来自一个弹着吉他的流浪歌手。上百个身着艳服的男男女女三五成群地欣赏了他的音乐，却没有任何人在音乐结束后给他一个戈比，反而嘲笑、挖苦他。这种吝啬与无情、这种对待他人的不公让主人公无比愤慨，以至于自己掏钱邀请衣衫褴褛的流浪歌手到最好的饭店和他共同进餐。

涅赫柳多夫的这一举动，与其说是出于对流浪歌手的同情，不如说是出于对崇拜金钱和物质的资本主义社会的愤怒。他在内心独白中提到，既然人们愿意去听流浪歌手的歌唱，就说明每个人心里都有对"诗歌"的需求，这种对纯粹的需求是一种人的内在自然本性，然而他们却又嘲笑这种需求，认为它滑稽可笑。"可是孩子们却用健康的眼光来看生活，他们热爱，而且知道人应该爱的东西，以及能够给人带来幸福的东西。"[1] 托尔斯泰和卢梭一样，将未被文明所"污染"的孩子视作纯洁的象征。"人生而完美，这是卢梭说过的一句至理名言，这句话像钻石一样坚硬而真实。人呱呱坠地时，就具有和谐、真理、美和善的原型。"[2]

在涅赫柳多夫看来，在卢塞恩发生的流浪歌手的遭遇"比报章和史籍所记载的

---

[1] 托尔斯泰：《列夫·托尔斯泰文集》（第三卷），芳信、刘辽逸译，人民文学出版社，2013，第 22 页。
[2] 转引自什克洛夫斯基：《列夫·托尔斯泰传》，安国梁等译，海燕出版社，2005，第 276 页。

事实更重大、更严肃，并且具有深远的意义"[1]，让他思考起冠冕堂皇的进步与文明来。他质问这种事为何会在这个来自最文明的国家的最文明的旅行者云集的地方发生，为何这些有教养、关心世界大事的人在自己的心灵中却找不到单纯的、原始的、人对人的感情。在他看来，这些感情的位置已被社会中支配他们的虚荣心、名誉心和利欲心所占据。西欧的文明虽然带来了人在法律面前的平等，但本质上依然是以财富和身份来划分阶层的不平等社会。几个世纪以来，人们对善恶进行片面的衡量，最终形成了一种看法："文明是善，野蛮是恶；自由是善，束缚是恶。正是这种臆想的知识把人类天性中那种本能的、最幸福的、原始的对善的需要给消灭了。"[2] 主人公认为，自由与专制、文明与野蛮之间并没有明确的界限，善恶之间也没有人可以依赖的绝对的标准，人类拥有的是"一个永远不犯错误的指导者——主宰全世界的神明（Всемирный дух）……正是这个神明叫树木向着太阳生长，叫花卉在秋天里投下种子，并且叫我们本能地互相亲近"[3]。

对文明的虚伪进行这样一番声讨后，涅赫柳多夫在远远飘来的流浪歌手的歌声中又开始反思起自己的立场来，认为自己没有权利可怜那个流浪歌手，也没有权利因勋爵的富裕而生气。"允许和命令这一切矛盾所存在的神的慈悲和智慧是广大无边的。只有你，渺小的可怜虫，鲁莽而放肆地想要洞悉他的法则和他的意图的可怜虫，只有你，才觉得有矛盾。他从他那光辉超绝的高处，温存地俯视着而且欣赏着你们大家生活于其中的那充满矛盾而又永不止息地前进着的无限和谐。你居然骄傲自满地想摆脱这个普遍的法则。这是不行的……"[4] 可见，托尔斯泰认可"主宰全世界的神明"的存在，即最高法则的存在。意识到这一点后，涅赫柳多夫的思想达到了一个新的高度，他认为在最高法则的普照下，人没有权利去评判他人的善恶，他们实际的内在幸福是怎样的，旁观者无从得知。

西方的进步与文明是否能成为指引人类的良方？物质的进步是否可以引领道德的进步？青年托尔斯泰通过对自己所属的阶级文化、对西欧文明社会的敏锐观察，发现了当时被人们奉为圭臬的进步和文明背后的伪善与谎言，他试图从与文明对立

---

[1] 托尔斯泰：《列夫·托尔斯泰文集》（第三卷），第 23 页。
[2] 同上书，第 25 页。
[3] 同上书，第 25–26 页。
[4] 同上书，第 26 页。

的另一种状态——自然中寻求人类精神上的进步与完善。

第三节 对自然的多重理解

托尔斯泰所崇尚的自然，具有以下三个维度：一是实体上的自然，即由山川草木、鸟兽虫鱼构成的大自然、自然界；二是未被文明影响的民众所维持的自然、朴实的存在状态；三是人的内在自然，即人生来具有的纯粹的自然本性和自然情感。

首先，托尔斯泰热爱大自然，热爱它的庄严与宁静，它的灵动与生机。大自然是他的精神家园，是治愈城市的喧嚣与腐败的一剂良药。他笔下的主人公常在大自然的广阔天地中获得精神上的启示和新生，获得心灵的宁静与幸福。来到高加索后，连绵的群山、蔚蓝的天空、芬芳的空气令青年托尔斯泰无比沉醉，其早期作品对高加索旖旎的自然风光有着出色的描绘。他在《袭击》中如是描写高加索的清晨：

"太阳还没有出来，但山谷右边的顶上已被照亮了。灰色的、白刷刷的岩石，苍黄的苔藓，一丛丛缀满露珠的滨枣，石枣，叶榆，在明晃晃、金灿灿的朝阳辉映下，显得格外清晰明丽；另外一边，以及浓雾弥漫缭绕的凹地里，却依然那么潮湿，昏朦，泛着淡紫色，浅黑色，黛色，白色等等难以捉摸的错杂的颜色。纵目望去，在郁郁苍苍的地平线上，一带白皑皑、没有光泽的雪山赫然巍耸，山影和轮廓突兀险怪，连细微之处都极幽美。在高草丛中，蟋蟀、蜻蜓和数不清的其它昆虫醒过来了，空中充满了它们清凉的不绝的鸣声，有如无数小铃在耳际玎玲鸣响。空气中散发着水、雾和青草的气味。总之，是一个美丽的夏天的清晨。"[1]

这是一个半明半暗、万物苏醒的山间的早晨，读者似乎隔着纸张就可以闻到那沁人心脾的露水的味道。同样，在托尔斯泰笔下，高加索的夜也是迷人的、神秘的，一种猜不着、识不透、依稀可闻的大自然夜间活动的声音，谱成了一曲美妙的乐章。在这种美和庄严的感召下，作家在小说的叙事中插入了一段著名的关于自然界的议论：

"自然界有一种恬静的美和力。

---

[1] 托尔斯泰：《列夫·托尔斯泰文集》（第二卷），第6页。

"难道人们在这美丽的世界上，在这无垠的星空下生活，会感到挤得慌吗？难道在这迷人的大自然中，人的心里能够留存愤恨，复仇或者非把同胞灭绝不可的欲望吗？人的心里一切不善良的东西，在接触到大自然，这最直接地体现了美和善的大自然的时候，似乎都应该荡然无存啊。"[1]

托尔斯泰继承了卢梭对自然的观点，在大自然中看到了美和善，看到了上帝的秩序。卢梭认为，自然不是人活动的背景，也非人需要改造的对象，而是一个高于人的存在，人类可以通过认识自然和研究自然，去推演上帝的存在。"不管物质是无始无终的还是创造的，不管它的本原是不是消极的或是根本没有本原，总之整体是一个，而且表现了一种独特的智慧，因为我发现这个系统中的东西没有一个不是经过安排的，不是为了达到共同的目的：在既定的秩序中保存这个整体。这个有思想和能力的存在，这个能自行活动的存在，这个推动宇宙和安排万物的存在，不管它是谁，我都称之为'上帝'。"[2] 在卢梭看来，自然成了联结人与神的媒介，自然界的一草一木到万事万物无不体现着神的意志与力量。托尔斯泰同样在大自然中得到了宗教的启示，1859年5月，他在给自己的远方姑母亚·托尔斯泰娅的信中已表达了大自然给自己带来的启示："我的生活创造宗教，而不是宗教创造生活……您讥笑大自然和夜莺。它对于我却是宗教的向导。每个人都有自己的道路……"[3]

其次，托尔斯泰眼中的自然还是一种看待世界的方式和一种生活的方式，即一种与虚伪和矫揉造作所对应的状态，托尔斯泰多在与贵族阶层对立的俄罗斯广大民众身上看到这种自然、朴实、顺应内心的生活状态。不管是《童年》中的格里沙，还是《一个地主的早晨》中的伊柳什卡，都以其自然和真诚让主人公心生羡慕。

在短篇小说《三死》中，托尔斯泰描写了三种死亡——贵妇、马车夫和树的死亡。患有肺结核的贵族太太玛特廖莎惧怕死亡，无法面对自己病入膏肓的事实，不顾医生和周围人的劝阻执意要出国治病。她一听到死这个字眼就会感到毛骨悚然，抱怨丈夫没有尽早把她送到国外，甚至嫉妒自己健康的子女，不愿多看他们一眼。与只关心自己的贵族太太形成鲜明对比的是默默无闻的马车夫费多尔。他一个多月

---

[1] 托尔斯泰：《列夫·托尔斯泰文集》（第二卷），第16页。
[2] 卢梭：《爱弥儿：上卷》，李平沤译，商务印书馆，1978，第394–395页。
[3] 托尔斯泰娅等：《同时代人回忆托尔斯泰》（上），冯连驸等译，上海译文出版社，1984，第131页。

来蜷缩在又黑又闷的厨房一角，忍受着病痛的折磨和厨娘的数落，临终前把自己的靴子送给了年轻的马车夫，平静而顺从地接受了死亡。举目无亲的马车夫费多尔知道且尊重大自然的法则，将自己融入大自然的常在，因此他不惧怕死亡。年轻车夫为了给费多尔的墓前竖一个十字架而砍断了一棵白桦树，作家在尾声中极力渲染白桦树之死的安详和美丽，及其与新生命的联结：

"初升的太阳穿过半透明的乌云，在天空中亮了一亮，接着就照遍了大地和天空。朝雾开始像波浪似的在低谷中升腾飘忽。露水在青青的草木上闪烁、嬉戏，透明的白云在碧空中急速地向四面八方飞驰。鸟儿在树丛中忙乱着，而且，好像十分激动地在叽叽喳喳叙说自己的幸福；苍翠欲滴的树叶在树梢上快乐而平静地低语着，那些活着的树木的树枝也开始在那棵倒下的死树上面慢慢地、庄严地微微晃动起来。"[1]

托尔斯泰将底层人民对死亡的自然理解与贵族阶级的个人主义进行对照，同时在大自然中看到了生死轮回之诗意的自然性。在对树之生命的理解中，托尔斯泰已然彰显出了超越时代的生物平等主义思想，这种思想在其晚年以马的视角撰写的小说《霍尔斯托梅尔》以及为孩子们撰写的有关植物和动物的故事中得到了更为深入的阐释。

再次，托尔斯泰尤为看重的自然，还包括人的内在自然，即人生来具有的纯粹的自然本性和自然情感。那是一种单纯的、原始的、人对人的美好感情，是对爱与善的天然向往，这也是为什么作家会尤为看重人物身上"孩子般"的特质。在托尔斯泰看来，这是十分宝贵的、根本的、需要得到呵护和传承的人类的情感，不应被时代潮流或时代精神所裹挟，正是庄严美丽的大自然和底层人民自然、朴实、真诚的生活态度能够激起人类内在的自然本性。可以看到，作家晚年建构的"托尔斯泰主义"的内容——"道德自我完善""不以暴力抗恶""博爱""宽恕""简朴化"并非某种抽象的理论，而是紧紧围绕人对爱与善的合乎本性的追求而得到阐释的。可以说，对这三个维度的自然的推崇贯穿了托尔斯泰的一生。

---

[1] 托尔斯泰：《列夫·托尔斯泰文集》（第三卷），第72页。

第四节　何去何从的迷茫

那么，具有理性意识的人类是否应该完全投入自然的怀抱，放弃进步和文明社会的一切？在高加索，托尔斯泰在哥萨克人那里看到了一种更为奔放、原始的自然生命力。哥萨克是生活在俄罗斯南部和乌克兰的游牧社群，在突厥语中是"自由人"的意思。酝酿了十年之久的小说《哥萨克》是托尔斯泰早期创作的结晶，突显了作家对文明与自然之关系的思考。

小说以二十四岁的贵族青年德米特里·奥列宁与朋友们道别，从莫斯科踏上前往高加索的征途拉开序幕。从十八岁起，奥列宁和当时的其他贵族子弟一样，过着无拘无束的特权阶级的生活，"他可以为所欲为，他什么也不需要，什么也不能把他束缚住。他既没有家庭，也没有祖国，也没有信仰，也没有需要。他什么也不相信，什么也不承认"[1]。他参加社交，经营产业，曾对年轻美丽的女人动过心，也曾醉心于音乐，但无不是浅尝辄止、蜻蜓点水，没有在其中找到值得为之献身的事业。与此同时，他又意识到了每个人的一生中仅有一次的青春的力量，希冀把这种"可以把全世界塑造得像自己所希望的那样"的力量倾注于有意义的领域。因此，为了能够"好好地生活"，他离开了禁锢身心的文明社会，以士官生的身份前往另一个充满未知的世界。

在旅途中，越接近高加索，奥列宁的心情就越发畅快，周围人身上文明的标志越少，他就越发觉得自由，在他看来，"所有的哥萨克、车夫、驿站长，他都觉得是朴实的人，他和他们可以随便开玩笑，谈话，不必考虑谁是属于什么等级。大家都属于人类，他们全都不自觉地使奥列宁觉得可亲可爱，他们也友好地对待他"[2]。19世纪上半叶，在普希金、马尔林斯基、莱蒙托夫等前辈作家的笔下，高加索经常成为文学主人公逃离现实、追求诗意和浪漫的远方，主人公通常将"自我"与"他者"严格区分，带着文明人的优越感和骄傲去看待尚未开化的部族。而在托尔斯泰这里，在主人公尚未深入哥萨克人的生活前，作家便定下了"大家都属于人类"的基调，也道出了奥列宁此行的目的并非去教导和开化别人，而是寻求自己精神上的

---

[1] 托尔斯泰：《列夫·托尔斯泰文集》（第三卷），第164页。
[2] 同上书，第170页。

成长，甚至准备向他们学习。

在到达目的地以前，奥列宁的精神已然在大自然中得到了极大的振奋。托尔斯泰用先抑后扬的手法，着力刻画了高加索的山对主人公的影响。起初，奥列宁一直满怀期待地想要看看大名鼎鼎的高加索的雪山，却因为云雾的影响迟迟未能如愿。有一次在车夫的指引下，他贪婪望去，却"看见的是一些灰白色的卷曲着的东西，他无论怎样用力看，在这个他曾在书上读到和听人讲到无数次的雪山景物中也找不到什么好看的。他想，这里山和云的形状完全一样，人们向他谈论的雪山的特别优美，也像巴赫的音乐和他所不相信的爱情同样是虚构，——于是他不再期待看见雪山了"[1]。然而事实证明，大自然并非虚构，而是真实，第二天清晨，他终于看到了雪山的真面目："乍一看去，仿佛是一群轮廓柔和的雪白的巨大的东西，它们的顶端衬着远方的天空显出奇异的、分明的、轻巧的边缘。当他弄清楚他和山与天空之间离得那么远，群山是那么庞大的时候，当他感觉到这种美是怎样的无限的时候，他惊呆了：这怕是幻景、是梦境吧。"他甚至因为怀疑这是一场梦而摇晃了一下身子。"但是那些山仍然是那样。"[2]

在这里，作家将山与天空、与无限联系到了一起，预示着奥列宁将带着一种来自高处的庄严情感投入接下来的新生活。壮丽的山色首先给他带来了惊奇，而后是喜悦，在飞驰的马车上看着这些绵延不断地奔向远方的雪山，他渐渐开始深入地体会这种美，"从这一刻起，只要是他所见的，所想的，所感的，他觉得都获得一种新的特性，像山那样严峻庄严的特性"[3]。他随之感受到，一切在文明世界中的回忆，包括羞愧和悔恨，以及曾经希望在高加索立下战功、遇到异族的女奴并教育她的可鄙的幻想都统统消失了，仿佛有一个庄严的声音对奥列宁说："现在才是开始。"[4]

托尔斯泰通过强有力的排比和叙事人称的变化描写了山对主人公内在意识的影响："他望了望天空——心里想起山。他看看自己，看看瓦纽沙——心里想的还是山。有两个骑马的哥萨克走过去，装在布套里的枪在他们背后有节奏地摇动着，他们的马奔跑时枣红的和灰色的蹄子交错着；可是那些山啊……捷列克河对岸可以看见村

---

[1] 托尔斯泰：《列夫·托尔斯泰文集》（第三卷），第 170–171 页。
[2] 同上书，第 171 页。
[3] 同上。
[4] 同上。

中的炊烟；可是那些山啊……太阳升起了，芦苇丛中的捷列克河闪闪发光；可是那些山啊……从村里驶出一辆车子，走出一些女人，又漂亮又年轻的女人；可是那些山啊……'阿布列克在草原上来回奔驰，而我坐着车在赶路，我不怕他们，我有枪，有力量，有青春；可是那些山啊……'"[1]主人公的视线由近到远，由远到近，观察着周围的人和物，而壮丽的雪山已然和他的意识合为一体，反映着他对世界的新的认识，小说的叙述也从第三人称转变为第一人称。带着这样的全新的认识，奥列宁开始了在高加索的生活。

托尔斯泰笔下的格列宾哥萨克，指的是几百年前逃离俄罗斯的旧教徒的后代，他们来到捷列克河南岸的格列宾山脉旁，与山民共同生活、通婚，但依然保持着俄罗斯的语言和信仰。他们热爱自由，骁勇善战，在历史上曾多次成为俄罗斯的雇佣兵。19世纪上半叶，沙皇亚历山大一世派兵开发高加索，奥列宁正是在这个时间节点以志愿兵的身份来到了高加索。三个月后，他在哥萨克村庄中安顿了下来，依然体会着山和天空给他带来的庄严的感情，"山啊，山啊，山啊，他所想所感的一切，都含有它的气息"[2]。

在这里，奥列宁遇到了《哥萨克》中的核心人物——老哥萨克叶罗什卡。叶罗什卡大叔是一个酷爱打猎的彪形大汉，生性欢乐、豪放，勇敢无畏，充分享受着随心所欲的生活。这个饱经沧桑的老哥萨克有着儿童般的眼睛和青年人般的肌肉，自诩为真正的骑手、醉汉、小偷和猎人，与持有不同信仰的人来往，他与奥列宁结交，是因为奥列宁虽然属于哥萨克所讨厌的俄罗斯军队，但"仍然是人，也有一颗人心"[3]。叶罗什卡认为，持有不同信仰的人在上帝面前实际上并无区别："那就是说，各有各的规矩。可是我看都是一样。都是上帝创造出来为人享乐的。什么罪恶都没有。就拿野兽来说吧，它生活在鞑靼人的芦苇丛里，也生活在我们的芦苇丛里。它走到哪里，哪里就是家，上帝给他什么，它就吃什么。可是我们的人都说，为了这我们要到地狱里舔烙铁。我想这都是假的。"[4]对于死亡，叶罗什卡认为，人死了，不过是"坟头上长长青草"罢了。叶罗什卡虽是个猎人，但他也对生命饱含敬畏："你

---

[1] 托尔斯泰：《列夫·托尔斯泰文集》（第三卷），第171-172页。
[2] 同上书，第203页。
[3] 同上书，第206页。
[4] 同上书，第218页。

以为野兽是傻瓜？不，它比人还聪明呢，尽管你叫他猪。它啥都懂……你有你的法律，它有它的法律。它是猪，可是它并不比你差；它也是上帝造的。哎呀！人是愚蠢的，人愚蠢啊，愚蠢啊！"[1] 在他眼里，野兽也是上帝的造物，拥有和人类平等的地位，他会小心翼翼地放生飞蛾。可以说，这是一个和自然界高度融合的人物，他把人类当作自然界的一部分，顺从自然的法则而生活。

奥列宁在和叶罗什卡打猎时发现鹿窝后，第二天独自一人前往，在人迹罕至的鹿窝边躺了下来，再次得到了大自然的启示："他觉得又凉快又舒适；他什么也不想，什么也不希望。忽然，他心头涌现一种奇怪的感情——无缘无故的幸福和对一切的爱，于是他按照童年的老习惯画十字，并且对某人表示感谢。"[2] 在这个与世隔绝的大自然中，他首先感受到了自己的独一无二，又在无数蚊子的嗡嗡叫声中，逐渐意识到自己只是无边无际的自然界的一员，感受到了自己和自然融为一体的幸福："他这时明白了，他并不是什么俄国贵族，莫斯科交际场中的人，某人某人的朋友和亲戚。而不过是一个蚊子，或者是一个野鸡，或者是一只鹿，就像现在活在他周围的一切生物一样。'就像他们一样，像叶罗什卡大叔一样，活些时候就死去。他说得对：不过坟头上长长青草罢了。'"[3] 他像叶罗什卡大叔一样，把自己视作这个浑然无边的自然中的一员。

然而在接下来的问题，即该如何过好这样的生活的问题上，他却和叶罗什卡得出了不同的答案，他认为幸福不在于满足自己的欲望，而在于爱与自我牺牲，在于为别人而活。一方面，哥萨克们自然的生活状态让奥列宁神往，让他愈发看清了从前文明世界的虚伪；另一方面，他又无论如何也不能让自己变成和哥萨克一样的人。他观察着、分析着他们的世界观："人们像大自然一样地生活着：死，生，结合，再生，战斗，喝酒，吃饭，欢乐，然后又死，除了受自然加之于太阳、青草、野兽、树木的那些条件限制之外，不受任何条件的限制。他们没有其他的法则……"[4] 而幸福在于自觉的自我牺牲这一模糊的思想又阻止他去过如同叶罗什卡式的跟随自己本能的生活。为了自己的这一思想，奥列宁曾经想过把自己心爱的哥萨克姑娘玛丽亚

---

[1] 托尔斯泰：《列夫·托尔斯泰文集》（第三卷），第 220–221 页。
[2] 同上书，第 241–242 页。
[3] 同上书，第 242 页。
[4] 同上书，第 270 页。

娜让给另一个哥萨克卢卡什卡，成全他们的爱情。

然而在莫斯科来的老熟人的影响下，奥列宁的文明习性重现，占有欲也日益增强，从大自然中得到的博爱的宗教情感也转瞬即逝，他在那封未寄出的信中吐露了自己矛盾的心声。如果他可以成为像卢卡什卡那样随意偷马、喝酒、杀人、和有夫之妇过夜的哥萨克，那么他和玛丽亚娜的结合是自然的，然而，"在我的处境中最可怕和最甜蜜的是：我觉得我很了解她，而她永远不了解我。她不了解我并不是因为她低于我，相反，她不应当了解我。她是幸福的；她像大自然一样平稳宁静，不外露她的内心生活"[1]。对于奥列宁来说，大自然在他的心中唤起的宗教感情是模糊而朦胧的，但玛丽亚娜所代表的自然之美却是实实在在的，以至于对她的爱情令他抛弃了自己的利他主义信念："自我牺牲——这都是胡扯和荒谬。这一切都是骄傲，是逃脱应得的不幸的避难所，是对他人幸福的嫉妒的逃避。为他人而生活，做善事！为了什么呢？在我的心灵里只有对自己的爱和只有一个愿望——爱她，和她住在一起，以她的生活为生活。……我在生活中失去了主宰，仿佛有一种比我更强的东西引导着我。我很痛苦，但以前我是死的，只有现在我才活着。"[2]

《哥萨克》从写作到发表，作家花了十年的时间，且几度易稿，足见其思考的变化与深入。在初期的构思中，奥列宁最终会与自然之子玛丽亚娜结合，并重新获得鲜活的生命，然而在最终版本中，奥列宁并没有在顺从个体意志的生活中获得新生，而是又一次迷失了方向。大自然的美是真实的，而哥萨克们那种没有任何道德约束的随心所欲的生活，果真是生存的理想状态吗？最终，奥列宁也未能融入哥萨克的生活，而是重新踏上了寻找的征程。

托尔斯泰的早期作品大多批判文明的虚妄，致力于刻画自然的人较之于有思想、有教养的文明人及其各种人为需求的优越，正如别尔嘉耶夫指出的，托尔斯泰总是描写"接近自然的真实的生活和真实的劳动，与所谓'历史的'文明生活的虚伪性和不真实性相比较描写生与死的深刻性。对于他来说，真实就在于自然和无意识，而虚伪则在于文明和有意识"[3]。作家洞察了进步与文明的虚伪，以一种更原始

---

[1] 托尔斯泰：《列夫·托尔斯泰文集》（第三卷），第294-295页。

[2] 同上书，第296页。

[3] 尼·别尔嘉耶夫：《俄罗斯思想：19世纪末至20世纪初俄罗斯思想的主要问题》，雷永生、邱守娟译，三联书店，2004，第2版，第138页。

的自然来反对文明的不自然，然而他发现彻底返回自然的拥抱、追随本能、放弃任何束缚也并非一条理想的人类出路。那么放之四海而皆准的最高法则究竟在哪里？托尔斯泰在中年时期的巨作《战争与和平》和《安娜·卡列尼娜》中继续着他的精神求索。

第三章

从和谐到危机：
托尔斯泰的中期创作

  1862年，托尔斯泰迎娶宫廷医生别尔斯的女儿索菲娅·别尔斯，定居在自己的庄园亚斯纳亚·波利亚纳。稳定的家庭生活和宁静的田园环境为作家创造了良好的写作条件，他开始了新一轮的成熟期的创作。毫无疑问，这一时期写就的《战争与和平》和《安娜·卡列尼娜》是托尔斯泰最负盛名的作品，是世界文学史上无可替代的经典。如果说在《哥萨克》中奥列宁的思考还显得稚嫩、含混和模糊，并在迷茫、彷徨中离开了高加索，那么作家在这一时期的主人公——安德烈·博尔孔斯基、皮埃尔·别祖霍夫以及康斯坦丁·列文身上则着重刻画了他们对终极真理的执着探索，呈现了一个追求人的全面发展和自我完善的非凡人物与虚伪、偏见及错误观念进行斗争的过程。与此同时，作家也没有压抑个体的自由意志和蓬勃的生命气息，两部作品都对人的真实的欲望、追求乃至堕落与幻灭进行了细致入微的描绘。然而，仔细比对《战争与和平》及《安娜·卡列尼娜》的基调可以发现，这两部分别创作于19世纪60年代和70年代的作品蕴含着托尔斯泰在个体意志与最高法则之关系上的思考的变化，《战争与和平》中从容不迫的口吻、饱满和谐的艺术世界被《安娜·卡列尼娜》中紧张的求索、尖锐的冲突所替代，在一定程度上预示了19世纪70年代后期作家精神面貌的改变。

第一节　善的重新定义

　　《战争与和平》着实是一部鸿篇巨制，以 19 世纪前 20 年俄罗斯社会为广阔背景，反映了以 1812 年卫国战争为中心的一系列重大历史事件。在对战争与和平的交替描写中，在四个家族起起伏伏的经历中，在无数人群从东到西、从西到东迁徙的史诗般的恢宏画卷中，形形色色的人物在作者笔下凝结成了一个统一而又和谐的整体。作家的现实主义手法在小说中达到了崭新的高度，正如文艺批评家斯特拉霍夫所评论："作家就是如此明确、清晰地熟知自己主人公的所有动作、感情和思想。他一旦把他们引上舞台，就不再干预他们的事情，不再扶持他们，赋予他们中的每个人按照自己的禀性行动的自由。"[1]

　　小说人物繁多，关系复杂，有的是举足轻重的大人物，有的是不值一提的小人物，有的过得好一些，有的过得差一些，但无论如何，托尔斯泰赋予每个人活生生的血肉之躯，让他们按照自己的方式生活、行动和思考，没有以作家的主观意愿去为自己的人物"定性"。人物是否过着合乎道德的生活，并没有成为作家评价人物的标准。每一个鲜活的生命都得到了托尔斯泰的尊重，无论他曾经过着怎样的生活，作家都没有因善恶之故而给人以奖惩。为此，白银时代哲学家舍斯托夫曾夸赞《战争与和平》为"善的哲学"。

　　托尔斯泰尊重人物从自我的视角理解世界的现象、能动地对诸种现象进行定义并自主地决定行动的自由。在描写尼古拉·罗斯托夫沉迷于赌博、娜塔莎被阿纳托利诱惑、多洛霍夫与海伦闹出绯闻等行为时，作家并没有给出主观的道德评判，而是细致地描写出了本能带给他们的快乐和心动。多洛霍夫在决斗中中了皮埃尔的子弹奄奄一息，似乎是对其恶行的惩罚，而托尔斯泰在这里却又特别补充说明，这样的恶棍原来还是一个孝子：

　　"多洛霍夫躺在雪橇里，闭住眼睛不言不语，不管问他什么，他都一声不吭；但是进入莫斯科后，他忽然苏醒了，吃力地抬起头来，握住坐在他身旁的罗斯托夫的手。多洛霍夫的表情完全变了，出人意外地庄重而温柔。

　　"'唉，怎么样？你自我感觉怎么样？'罗斯托夫问。

---

[1] 倪蕊琴主编《俄国作家批评家论列夫·托尔斯泰》，第 105 页。

"'不好！不过，这倒没啥。我的朋友，'多洛霍夫断断续续地说，'我们在哪儿？我知道是在莫斯科。我倒没啥，可是我把她害死了……她受不了这个。她受不了……'

"'谁？'罗斯托夫问。

"'我母亲。我母亲。我的天使，我所崇拜的天使，母亲。'多洛霍夫握住罗斯托夫的手，哭了。等他稍微安静一些，他告诉罗斯托夫，他和母亲住在一起，如果母亲看见他行将死去，她是受不了的。他央求罗斯托夫先到她那里，使她有所准备。

"罗斯托夫先去执行他的嘱托，使他大为惊异的是，多洛霍夫，这个暴徒，专好找人决斗的多洛霍夫，在莫斯科跟老母亲和一个驼背的姐姐住在一起，竟是一个十分柔顺的儿子和弟弟。"[1]

小说中，主人公安德烈·博尔孔斯基公爵死在了未婚妻娜塔莎的怀里，没过几个月后，娜塔莎便嫁给了安德烈的挚友皮埃尔，并过上了相夫教子的幸福生活。如果细细琢磨，这里似乎存在微妙的道德问题，即皮埃尔迎娶的是自己好友的未婚妻。而在托尔斯泰笔下，这样的结合又显得是那么自然和合情合理。当皮埃尔从曾经做过俘虏的前线回到莫斯科后，他去拜访安德烈的妹妹玛丽亚公爵小姐，在那里看到了娜塔莎。起初他没有认出来，因为她的变化太大了，在几周前经历安德烈的死后，她变得严肃、瘦削、苍白，脸上连一丝笑意也没有，只有一双专注的、善良的、悲哀和有所问询的眼睛。然而当玛丽亚公爵小姐叫了她的名字后，"那张眼神专注的面庞，困难地、吃力地、好像一扇生锈的门打开了似的，露出了笑容，突然从这扇敞开的门里散出一阵芳香，使皮埃尔感觉到那久已忘却的、特别是这时意想不到的幸福。芬芳四溢，香气袭人，把他整个人吞没了。当她莞尔一笑时，已经不再有什么怀疑了：这就是娜塔莎，他爱她"[2]。娜塔莎和皮埃尔促膝长谈，分别讲述了自己的经历，吐露了彼此经历中最细微的情节和内心最深处的秘密，直至深夜。当娜塔莎对皮埃尔说，她只愿从头体验一切，即安德烈公爵的死，除此之外别无他求时，皮埃尔说服她要向前看，要好好活下去。

"'人们都在说：不幸，苦难，'皮埃尔说，'假如这时，就在此刻有人问我：您

---

[1] 托尔斯泰：《列夫·托尔斯泰文集》（第六卷），刘辽逸译，人民文学出版社，2013，第394–395页。
[2] 托尔斯泰：《列夫·托尔斯泰文集》（第八卷），刘辽逸译，人民文学出版社，2013，第1376页。

愿意还像被俘之前那样呢，还是愿意把那一切再经历一番？我的上帝，千万别让我再当俘虏和吃马肉了。我们总以为，我们一旦被抛出我们走熟了的道儿，就一切都完了；其实，美好的、新的东西才刚在开始。只要有生活，就有幸福。前面还有很多、很多东西等着我们呢。我这是对您说的。'他转身对娜塔莎说。

"'是的，是的，'她回答了一句完全不同的话，她说，'我什么都不希望，就希望重新把那一切再经历一次。'

"皮埃尔定神望着她。

"'是的，我再不希望别的。'娜塔莎肯定地说。

"'不对，不对，'皮埃尔喊道，'我活下来，而且还要活下去，这不是罪过；您也是一样。'

"娜塔莎忽然低下头，两手捂着脸哭起来。"[1]

舍斯托夫认为，"我活下来，而且还要活下去"就是当时的托尔斯泰对这一道德问题做出的解答。作家对个体意志的尊重凌驾于维护道德生活之上，他不想去评判和教导任何人，因为每个人都在生活中学习和成长，并各有所得。托尔斯泰如是描写主人公皮埃尔的心绪："皮埃尔在对维拉尔斯基、对公爵小姐、对医生、对他所遇到的一切人的关系上，有一种新的特点博得人们对他的好感：这就是承认每个人都能以各自的观点思想、感觉和观察事物；承认不能用语言改变一个人的想法。每个人这种合乎情理的特点以前使皮埃尔激动和恼怒，而现在却成为他在待人接物时激发兴趣和同情心的基础。人们的观点和生活之间的不同，以及人们彼此之间的不同，有时完全相反，使皮埃尔高兴，引起他温和的讥笑。"[2]

那么，在小说中笃信宗教、为人奉献的人物形象，是否就像在托尔斯泰早期作品中那样，是作家赞美和推崇的理想人物？并非如此。如安德烈的妹妹、公爵小姐玛丽亚·博尔孔斯卡娅，她常年与香客、苦行僧做伴，在哥哥安德烈上战场前送他圣像，为他祈福。然而玛丽亚的善行在小说中又与一系列低级的、日常的，有时还有些喜剧性的场景联系在了一起，她在与阿纳托利见面前的做作与扭捏令人发笑，她身边的苦行僧并非无可指摘。这些都形成了对公爵小姐的信仰的解构，同时也体

---

[1] 托尔斯泰：《列夫·托尔斯泰文集》（第八卷），第 1384 页。
[2] 同上书，第 1370 页。

现了一位成熟作家对人性的明辨和洞察。苏联批评家加拉甘在《列·尼·托尔斯泰——艺术伦理探索》一书中写到，托尔斯泰在《战争与和平》中的任务是对既定道德准则的解构，从而进行"对善的重新定义"，这一点在玛丽亚·博尔孔斯卡娅这一形象中表现得尤为明显。[1]

小说中还有一些无欲无求的"善人"，他们是无私地奉献自我、任劳任怨地牺牲自我、献身于行善事业的人物，如索尼娅。索尼娅是寄人篱下的少女，真诚地爱着表哥罗斯托夫，而当罗斯托夫迎娶玛丽亚公爵小姐时，她全身而退，心安理得地接受了这个可悲的结果。在二人结婚后，她依然和他们住在一起，照料老公爵夫人，爱抚、娇惯孩子们，总希望为别人做些力所能及的小事，别人竟也不知不觉地接受着她的关照，却并不怎么感激她……托尔斯泰并没有因为索尼娅这样的自我牺牲而给予她"真正的人"的荣耀，反而在结尾中借娜塔莎之口称她为一朵不结果实的花：

"'听我说，'娜塔莎说，'《福音书》你很熟；里面有一节正好讲到索尼娅。'

"'哪一节？'玛丽亚伯爵夫人惊讶地问。

"'凡有的，还要加给他，没有的，连他所有的，也要夺过来。'你记得吗？她是那个没有的；为什么？我不知道；也许因为她没有私心，所有她所有的，全被夺走了。我有时候非常可怜她；早先我很希望尼古拉跟她结婚。可我总有一种预感，认为不可能实现。她就像草莓上开的一朵谎花，不结果子，你知道吗？我有时候可怜她，可有时候又觉得她不会像我们一样感觉到。"[2]

可见，在这一时期的托尔斯泰看来，有意识的利他主义、积德行善、一心履行义务、放弃个人的利益都不是生命的全部意义，用这种形式的善来取代生命是不自然的、空虚的。同样不自然的人物，一类是像海伦那样，戴着假面具，过着一种矫揉造作、自欺欺人的生活的人物，另一类是像拿破仑一样的所谓"超人"。比起拿破仑的行为给他国和他人带来的灾难性后果，托尔斯泰更为反对的是这个"超人"的野心以及他的自命不凡。在托尔斯泰看来，在主宰一切的命运面前，人应当是渺小的、谦卑的，不应当把自己看作支配人类命运的那个人。正因为如此，作为不可

---

[1] См.: Галаган Г. *Л.Н. Толстой. Художественно-этические искания*. Л.: Наука (Ленинградское отделение), 1981.
[2] 托尔斯泰：《列夫·托尔斯泰文集》（第八卷），第1420页。

一世的拿破仑的对立面的库图佐夫，这位战斗的前一刻还在打瞌睡的将军却顺应了战争中的人民的意志，带领俄罗斯走向了胜利。可以说，库图佐夫是为人民的自由而战斗的民族真理的代表者，他能够准确、敏锐和客观地把握当下的历史进程以及整个历史发展过程的源头和机制，是托尔斯泰历史观的忠实体现者。

在小说尾声的第二部中，托尔斯泰在通篇的议论中正面提出了如何将人的自由意识与他所从属的必然性法则相结合的问题。作者反对当代科学家的极端决定论，认为人和青蛙、兔子、猴子不同。这种不同并非全部由神经系统决定的，人还具有意识所代表的自由的主观能动性。像拿破仑这样只相信理智的人变成了必然性的俘虏，而库图佐夫、图申或一个普通士兵，由于在接受必然性时不把自己的意志强加于它，因此他们是自由的。托尔斯泰认为，人们关于自由和必然性的观念，根据人与外部世界联系的大小和时间距离的远近、对原因依赖的大小而增减。但是无论怎样，完全的自由或完全的必然性并不存在，只有把它们结合起来，才能得出关于人类生活的明确观念。可以说，在《战争与和平》中，托尔斯泰试图对等地理解个体意志与最高法则，不愿用一个极端去消解另一个极端，做出舍此即彼的选择，而是在对二者的思考中达到了一定程度的平衡。

第二节　朴素真理的呈现

俄罗斯学者奥普利斯卡娅在《托尔斯泰的创作之路》一文中对《战争与和平》的人物形象体系做出了如下的总结："小说中的人物不能以正面形象和负面形象、好人与坏人来区分，而是分为处在变化中的和一成不变的。"[1]"处在变化中的"人物，如安德烈、皮埃尔的身上体现了人物对终极真理的探索，而"一成不变的"人物，如库拉金、斯佩兰斯基、拿破仑等却沉浸在自我的世界里，停滞不前。这里的变化或停滞并不是指心理活动或生活方式层面，而是指世界观层面。安德烈与皮埃尔是《战争与和平》中典型的"成长型"或"探索型"主人公，他们积极寻求思想层面的进步与完善，其寻求真理之路总是伴随着心灵的搏斗、道德的探索和苦恼。

---

[1] Опульская Л. Творческий путь Л.Н.Толстого // Толстой Л. *Собрание сочинений в 12 томах*: Т. 1. М.: Правда, 1984. С. 19.

安德烈对真理的探索经历了几个不同的阶段。小说伊始，他以学识渊博、冷峻刚毅、胸怀大志的青年贵族形象出现在读者面前，他厌倦了上层社会的庸俗与虚荣，渴望在惊心动魄的战场中建立丰功伟业。然而当他受到重伤，躺在奥斯特里茨的战场上看到头顶的天空时，托尔斯泰又一次令神秘浩瀚的大自然为人物带来了启示和顿悟。安德烈的灵魂映照出整个天空，映照出战争及他本人的英雄梦的荒谬，映照出人世间纷纷扰扰的荣与辱、胜利与失败的无谓。在这种超自然的肃穆与安宁面前，即在永恒面前，不管是曾经追逐功名的自己，还是野心勃勃、家喻户晓的拿破仑，都显得那么渺小，犹如转瞬即逝的尘埃。于是，安德烈的精神求索从年轻人对英雄的盲目崇拜转向了更加深思熟虑的阶段。在经历妻子难产死去后，他一度陷入悲观主义情绪，直到遇到纯真美好的少女娜塔莎，才恢复了对新生活的希冀和期待。在娜塔莎没能抵挡别人的诱惑时，安德烈毅然选择和她决裂，再次将自己投入战场，献身于保家卫国的战争。在病榻上奄奄一息的安德烈与充满负罪感的娜塔莎相遇，他在临死前终于体悟到了永恒的爱的启示：

"当他在受伤后醒过来，在他心灵中，仿佛从生活的重压中解放出来一般，那朵永恒的、自由的、不受现实生活影响的爱之花，一瞬间怒放了的时候，他已经不怕死了，也不去想死了。"[1] 在他受伤后的孤独时刻，他反复思考永恒的爱的新原则——"爱一切东西，爱一切人，永远为了爱而牺牲自我。"[2] 在遇到娜塔莎并得到她充满爱意的照料后，他继续着自己对爱、对生与死的思考："爱？爱是什么？……爱干扰死。爱是生。只是因为我爱，我才明白一切，一切。只是由于我爱，才有一切，才存在一切。只有爱把一切结合在一起。爱是上帝，而死，意味着我这个爱的小粒子回到万有的、永恒的本源。"[3]

这时的安德烈终于可以把娜塔莎作为一个完整的人去理解，而不仅仅看到她作为异性的魅力。他第一次想到了娜塔莎的灵魂，于是他便明白了她的感情，她的痛苦、耻辱和悔恨，对她的心路历程产生了共鸣。这也让他懂得了自己的拒绝是多么地残忍和无情，让他意识到从前的自己竟然是一个利己主义者，是一个不会真正爱别人的人。对于安德烈来说，死亡带来了新生，带来了对爱的真正理解，那是一种

---

[1] 托尔斯泰：《列夫·托尔斯泰文集》（第八卷），第1219页。
[2] 同上。
[3] 同上书，第1221页。

超越物质、脱离凡俗、升华为神性的大爱。

"'是的,这是死。我死了,于是我醒了。是的,死就是醒。'他心里忽然亮了,那张至今遮着未知世界的帷幔在他的灵魂视线前面揭开了。他觉得,先前束缚他内心的力量仿佛解放了,那种奇异的轻松感从此不再离开他了……自那天开始,安德烈公爵在睡醒的同时,也从人的一生中醒来。他觉得人生的觉醒对人的一生来说,并不比一觉醒来对睡梦来说,来得更漫长。"[1]

另一主人公皮埃尔在精神气质上与安德烈截然不同,他虽出身贵族,且继承了庞大的遗产,但他宽厚、天真、纯朴、力大无比的特点让人联想起俄罗斯的棕熊。皮埃尔也和他的挚友安德烈一样,在对生命意义的思考中展开了自己的苦苦求索。他曾加入过共济会,曾投身慈善事业,曾想做一名刺杀拿破仑的民族英雄,但这些都没能帮助他建构起真正的人生哲学。皮埃尔的觉醒是通过在法军的俘虏营里遇到的农民普拉东·卡拉塔耶夫完成的。在法国人占领下的莫斯科,皮埃尔被当作纵火犯被法军逮捕。五个像他一样完全无辜的人在他面前被枪决,他几乎奇迹般地逃脱了这一厄运,重新被监禁。正当他坐在阴暗的板棚里,筋疲力尽,困苦不堪,没有力量去摆脱可怖的回忆的时候,他遇到了他的精神导师卡拉塔耶夫。

卡拉塔耶夫是同样被法军俘虏的俄罗斯士兵,这个五十开外的小个子农民一开始就给了皮埃尔愉快的、令人安心和从容不迫的感觉。卡拉塔耶夫用俄罗斯乡下人的亲切口吻安慰着皮埃尔,给他分享自己的烧土豆,对迎面扑来的流浪狗也充满怜惜。入睡前,他振振有词地念起并不准确的祷告词:"主耶稣基督,圣徒尼古拉!弗洛拉和拉夫拉,主耶稣基督,怜悯我们,保佑我们!……主啊,把我像石头一样放下,像面包一样举起。"[2] 弗罗拉斯和劳拉斯是古罗马帝国戴克里先朝(284—305年)的殉道者,被列为东正教的圣徒,而在俄罗斯,农民把他们奉为马神,且把他们二人的名字读走了音。因此,当皮埃尔问道,为什么要念"弗洛拉和拉夫拉",卡拉塔耶夫回答道,他们是马神,"对牲畜也要怜悯"[3],说罢,就和缩在身边取暖的小狗一起进入了梦乡。在卡拉塔耶夫对动物的情感中,延续着《哥萨克》中的叶罗什卡大叔把动物当作"上帝的造物",把它们看作具有与人类平等地位的生灵的态

---

[1] 托尔斯泰:《列夫·托尔斯泰文集》(第八卷),第 1222 页。
[2] 同上书,第 1205 页。
[3] 同上。

度。他也和叶罗什卡大叔一样，具有"一派天真稚气的表情"[1]。然而，与无拘无束的"自然人"叶罗什卡大叔不同，中年托尔斯泰笔下的卡拉塔耶夫是作家尝试去塑造的一个终极真理的承载者，虽然他只出现在皇皇四部作品中的最后一部，但该人物在思想上的重要性显而易见。

听着卡拉塔耶夫均匀的鼾声，皮埃尔感到原先那个支离破碎的世界又以崭新的美和不可动摇的基础，在他的灵魂中得到建构。第二天一早，他看到了卡拉塔耶夫的外貌，他的外套、帽子和脚上的树皮鞋，"全是圆的"，"脑袋滚圆滚圆的，背、胸、肩，甚至那两只经常要拥抱什么的手，都是圆圆的；愉快的笑脸和柔和的栗色的大眼睛也是圆的"[2]。托尔斯泰处处强调卡拉塔耶夫身上的"圆形"特征，"他像工匠那样，用菩提树皮把头发箍起来，他的脸显得更圆更喜人了"[3]，"他一笑脸更圆了"[4]。作家有意没有赋予卡拉塔耶夫栩栩如生的面孔，而是把他塑造成了一个看似脱离生活实际的"圆形"人物，因为这一人物正是作家所要传递的精神价值的承载者，托尔斯泰对此也直言不讳、毫无遮掩："……普拉东·卡拉塔耶夫却作为最深刻、最宝贵的记忆和作为一切俄罗斯的、善良的、圆满的东西的化身，永远铭记在皮埃尔的心中"[5]，"在皮埃尔看来，第一夜对他的印象——一个不可思议的、圆满的、永恒的朴素和真理的精神化身，永远也忘不了"[6]。

卡拉塔耶夫被俘后，不知不觉间恢复了先前农民的生活习惯，经常回忆他过去的、为他所珍贵的农民生活，满口民间的格言、谚语，显示出了民间的智慧。而他身上最主要的品质在于他的博爱——他爱一切东西、一切眼前的人，其中包括流浪狗，也包括令他成为俘虏的法国人。卡拉塔耶夫逢人便说的那个关于无辜受难的故事蕴含着托尔斯泰关于普遍的爱、关于不以暴力抗恶的后期思想的萌芽：一个无辜的老商人在客栈中被强盗栽赃为杀人犯，过了十多年服苦役的生活，他服服帖帖，不做一点非分的事。一天夜里，苦役犯们聚在一起，谈起他们的罪名。那个真正的凶手也在其中，听到商人为他的罪过而吃苦且无怨无悔，便受到感化，求商人原谅

---

[1] 托尔斯泰：《列夫·托尔斯泰文集》（第八卷），第 1206 页。
[2] 同上。
[3] 同上书，第 1252 页。
[4] 同上书，第 1253 页。
[5] 同上书，第 1206 页。
[6] 同上书，第 1208 页。

他并向官府自首了。无辜受难的商人终于沉冤大白，但当赦令下达时，他已死在狱中。这个故事淋漓尽致地体现了托尔斯泰所看重的爱和宽恕的感化力量。

有俄罗斯学者曾将这个故事与托尔斯泰在 1872 年创作的儿童故事《上帝知道真情，但不立即道出》进行比较，认为二者均反映了托尔斯泰的世界观。[1] 的确，《上帝知道真情，但不立即道出》可谓是卡拉塔耶夫所讲故事的详细版本，故事中对商人阿克肖诺夫的心理变化进行了细致的刻画。当凶手向他忏悔时，商人回答道："上帝宽恕你，也许我比你坏一百倍！"[2] 这里体现了作家对善恶的辩证理解。托尔斯泰一直相信好的文学作品对人的感化作用，尤其是对儿童的潜移默化的教育作用。作家通过阿克肖诺夫的故事所要宣扬的正是不以暴力，而是用爱与宽恕去战胜恶的力量。

托尔斯泰向读者展现出，皮埃尔曾苦苦追寻但未曾收获的宁静和内心的和谐，是通过死的恐怖、通过苦难和通过他在卡拉塔耶夫身上懂得的东西才得到的。昔日皮埃尔曾珍视的思想，包括俄罗斯、战争、政治以及拿破仑，都变得与他无关，曾经令他的名誉受损的放荡妻子也变得无关紧要。和卡拉塔耶夫相处的这一个月的俘房生活，令皮埃尔获得了精神上的重生和看待世界的"第二视力"："开头的一天，他一早起来，迎着朝霞走出棚子，头一眼就看见新圣母修道院的圆屋顶和十字架，看见落满尘土的草上的寒露，看见麻雀山的丘陵，看见河上蜿蜒着隐没在淡紫色的远方的长满树林的河岸，他觉得新鲜空气沁人肺腑，听见莫斯科飞越田野的寒鸦啼叫，一会儿，东方突然喷洒出金光，太阳的边缘庄严地从云层里露了出来，于是，圆屋顶、十字架、露水、远方、河流——一切都在欢乐的阳光中嬉戏，当时，皮埃尔感到一种从未体验过的新的生活的喜悦和浓厚的兴味。"[3]

小说中，皮埃尔的精神探索以卡拉塔耶夫带领下的道德重生结束。用娜塔莎的话说，皮埃尔好比从净化道德的澡堂中走出来。他意识到，卡拉塔耶夫心目中的上帝远比共济会会员们所承认的造物主更伟大、更高深，那不是靠语言、推理，而是需要靠直觉去感受的永恒与无限："现在他已经学会在一切东西中看见伟大、永

---

[1] См.: Меркин Б. Детский рассказ «Бог правду видит, да не скоро скажет» в художественной системе Л. Н. Толстого // *Мировая словесность для детей и о детях*, вып. 12. М., 2007. С. 243-244.

[2] 托尔斯泰：《列夫·托尔斯泰文集》（第十二卷），陈馥译，人民文学出版社，2013，第 147 页。

[3] 托尔斯泰：《列夫·托尔斯泰文集》（第八卷），第 1256 页。

恒和无限了，因此，为了看见它，为了享受对它的观察，他自然就抛弃那副他一直用来从人们头顶上看东西的望远镜，而欢欢喜喜地观察他周围那永远变化着的、永远伟大的、不可思议的、无限的人生。他越是近看，就越觉得心平气和，觉得幸福……"[1] 在皮埃尔眼里，卡拉塔耶夫身上的一切似乎都是圆的，呈现出没有特点和棱角的"圆形特征"，卡拉塔耶夫正是作为一个"圆形"的分子融入了万有的一部分，即全民、全人类、全宇宙的生命的一部分。

早在20世纪第二个十年，我国学者郑振铎就在《俄国文学史略》中独具慧眼地指出："《战争与和平》的主人翁，并不是历史上的大人物，如拿破仑或科托莎夫（库图佐夫——作者注）之流，乃是一个朴讷的农人白拉顿（普拉东——作者注）。托尔斯泰把白拉顿当作一个具有他理想中的基督教徒的一切条件的人；以无限的爱，爱全世界，以绝对博爱的无抵抗主义，对待一切恶。柏勒（皮埃尔——作者注）遇见他后，深受他的高尚精神的感化，终其生不违背这些基督教义；由柏勒生活的变化，我们可以看出托尔斯泰自身的变化。"[2] 的确，正是普拉东·卡拉塔耶夫揭示了这一时期作家对真理的思考——生活的充实和和谐，来自个体的个性与人民生活的总体法则相融合，与无限和永恒相融合。

第三节　真实欲望的写照

旧家庭的危机常被认为是社会变更最明显的特征之一。两种社会制度的更替必然会促使旧家庭基础的解体和新型家庭关系的出现。在1861年农奴制改革后的俄罗斯，家庭关系问题、各代人之间的关系问题、青年一代和女性自我意识的增长问题受到了屠格涅夫、奥斯特洛夫斯基、冈察洛夫、陀思妥耶夫斯基等文学大师的密切关注，他们纷纷在自己的作品中探讨家庭题材，以阐明变革前后的生活过程，揭示其内容和意义。托尔斯泰在其1859年的小说《家庭幸福》中已经关注到了婚姻和家庭问题，但故事的男女主人公谢尔盖和玛莎更多地沉浸在自我心理感受中，作

---

[1] 托尔斯泰：《列夫·托尔斯泰文集》（第八卷），第1366页。
[2] 转引自陈建华主编《文学的影响力——托尔斯泰在中国》，第41页。

家本人在给鲍特金的信中表达了自己对这篇小说"深感不满"[1]。在之后的年代里，对这些问题的思考一直萦绕在托尔斯泰的脑海中。在完成了恢宏的史诗《战争与和平》的创作后，作家再次着手反映现代生活的家庭题材。

1870年3月底，托尔斯泰夫人索菲娅·安德烈耶夫娜在日记中写道："昨天晚上他告诉我，他想象出一个妇女的典型：出了嫁的、出身上流社会、但又不安于自己的处境……他刚一想象出这个典型，所有人物和业经构思出来的一些男人的典型立刻找到自己的位置，聚拢在这位妇女的周围。"[2]《安娜·卡列尼娜》是1873年3月正式动笔的，从1875年1月至1877年4月陆续刊登在《俄国导报》上，首版单行本于1878年发行。小说曾几度易稿，其构思和内部结构也发生了很大的变化，从最初命名为《两段婚姻》《两对夫妻》的描写一个"不忠实的妻子"的小说，变成了大部头的社会长篇小说，先后描写了150余个人物，描绘了彼得堡与莫斯科两大城市乃至外省乡村广阔而丰富的图景。

小说的一条主要线索是关于女主人公安娜在自由的爱情和符合伦理的家庭生活之间的选择。她在婚后爱上了别人，继而抛弃家庭和孩子，和情夫私奔出国，回国后愈发困于情感之中，最终走向卧轨自杀。然而托尔斯泰笔下的安娜和当时俄罗斯的上层社会贵妇有着本质的区别，即在于她的本能欲望之真挚与诚实。如果读者能够注意到小说中那个上层社会的生存状况和"潜规则"，注意到19世纪70年代俄罗斯社会严重道德滑坡的更为广阔的社会背景，就不会急于将女主人公钉到耻辱柱上，急于给她贴上"不守妇道""罪有应得"的标签。

在那一时期，俄罗斯上层社会的多数男女普遍奉行的社交原则的基础是：允许对配偶和家庭的欺骗、在道德问题上的极端自私以及对社交界"名声"的虚伪理解。对家庭的责任以及人与人之间诚挚、纯洁和高尚的关系都为他们所嗤之以鼻。他们在遵守着某些"必不可少"的礼节的前提下轻松地对待无数"桃色事件"，把这样的生活方式和贯穿于其家庭生活中的欺骗视为自然，甚至当作真正贵族派头的不容置疑的特征。

因此，当伏伦斯基和安娜的恋爱关系公然挑战上层社会的"潜规则"时，多数

---

[1] 乌斯宾斯基：《论〈安娜·卡列尼娜〉》，载贝奇科夫等著《论托尔斯泰创作》，高植等译，上海文艺出版社，1958，第246页。

[2] 《索菲娅·安德烈耶夫娜·托尔斯泰娅日记，1860–1891》，载洛穆诺夫《托尔斯泰传》，第192页。

妒忌安娜的年轻妇女"巴不得把轻蔑的情绪尽量往她身上发泄",她们"已在准备大量泥块,一旦时机成熟,就好向她身上扔去。多数上了年纪的人和大人物,对于这种正在酝酿中的社会丑闻,感到不满"[1]。

安娜的表嫂,即伏伦斯基的堂姐培特西·特维尔斯卡娅公爵夫人正是这类年轻贵族妇女的代表。她是托尔斯泰笔下的贵族社交界"交际花"的典型代表,是"真正的社交界"的领袖。

培特西宣扬骄奢淫逸,腐化堕落,公开会见自己的情人而丝毫不会感到脸红。剧院素来是社交界人士集中的地方。伏伦斯基从莫斯科回来后,在彼得堡的剧院见到了堂姐。"'啊,祝您成功!'她用法语补了一句,把不握扇子的那个手指伸给伏伦斯基亲吻,耸耸肩膀,让缩上来的衣服滑下一点。这样,当她接近脚灯时,在煤气灯光和众人的目光下,她的肩膀和胸部就会充分袒露出来。"[2]这一细节描写令一个热衷于招蜂引蝶的"交际花"的形象跃然纸上。而对于当时的贵族阶层来说,法语是身份和学识的象征,他们以善于在俄语中夹杂法国话,用法国腔讲俄语而自鸣得意。

离开剧院后,培特西在家中招待宾客。"茶炊和女主人周围的谈话,同样在三个无法避免的题目之间兜来兜去:最近的社会新闻、剧院和对人的挖苦,但最后也集中到说人家的坏话上。"[3]为了排遣这种空虚无聊的生活,大多数社交界妇女都保持着昭然若揭的"秘密关系"。培特西在和丈夫遵守着互相纵容的原则基础上与土施凯维奇保持着情人关系;同时,在她和安娜的哥哥奥勃朗斯基之间也"早就存在一种古怪的关系"。为了替夫妻之间的不忠实辩护,培特西扬言在通奸者的角色中有着某种"美妙、庄严"的东西。

在培特西等人的心目中,一个追求姑娘或寡妇而失败的男人会成为笑柄,但是一个追求已婚女人,并且冒着生命危险,不顾一切地去把她勾引到手的男人,绝不会成为笑话的对象,相反,倒让人刮目相看。因此,她有意促成伏伦斯基和安娜的关系,充当他们二者的牵线人。她极力拉拢安娜参加自己的聚会和活动,并试图"教育"安娜:"您也明白,同样一件事可以用悲剧的眼光去看,因此感到痛苦;但也

---

[1] 托尔斯泰:《安娜·卡列尼娜》,草婴译,上海文艺出版社,2007,第172页。
[2] 同上书,第130页。
[3] 同上书,第133页。

可以把它看得无所谓，甚至觉得快乐。也许您看事太悲观了。"[1]

按照培特西的设想，对待生活过分严肃正经的安娜应该通过与自己所在的社交圈的交往而"习得"上层社会生活的经验和诀窍。但安娜没有接受，也不可能接受。凡是让培特西和上层社会里其他与之相似的女人们感到轻松愉快的事，对于安娜却是难以忍受的。她对轻佻的调情和用伪善遮掩的恋爱关系毫无兴趣，她的真挚感情不带任何玩弄的因素。因此当安娜爱上了伏伦斯基之后，她不怕破坏已经形成的生活关系，主动向丈夫承认自己的"外遇"，进而不得不经历一系列的考验。然而正是这些考验，向她揭开了社交圈人士之间的关系的真面目。对从国外回来的安娜，社交界的大门是紧闭的。正是最初热衷于撮合伏伦斯基和安娜，并向安娜保证了对友谊的忠诚的培特西公爵夫人第一个拒绝公开接待这个被上层社会所唾弃的女人。

伏伦斯基的母亲"年轻时是个社交界红极一时的人物，婚后，特别是在丈夫去世后的孀居生活中，有过许多风流韵事，在社交界闹得沸沸扬扬"[2]。当她得知儿子与卡列宁夫人的私情后，起初感到高兴，"因为在她看来，没有什么比上流社会中的风流韵事更能使一个公子哥儿增色了"[3]。而当她听说儿子为了安娜拒绝了前程远大的职务，且他们的私情并非她所赞许的那种前途辉煌的风流韵事，而是她听说的那种"可能使他遭殃的不顾死活的维特式的狂恋"[4]时，她便极力反对起来。

"仁慈虔敬"的李迪雅伯爵夫人也是作家重点刻画的次要人物之一。和丈夫分居后，她从没有停止过同人家谈情说爱，"朝三暮四的爱情并不妨碍她同宫廷和社交界保持广泛而错综的联系"[5]。安娜起初通过丈夫和李迪雅伯爵夫人的圈子保持着密切的关系，对她颇有好感。然而从莫斯科回来后，对生活的看法有所改观的安娜感到这个圈子里的人个个装腔作势，令人厌恶。宗教和神秘主义成了掩蔽李迪雅伯爵夫人的生活阴暗面的虚伪帷幕。在卡列宁处于极度孤独和绝望的情况下，她以宗教的假仁假义为名而走进了他的生活。李迪雅帮助卡列宁料理家务，用眼泪和宗教

---

[1] 托尔斯泰：《安娜·卡列尼娜》，第 289 页。

[2] 同上书，第 58 页。

[3] 同上书，第 172 页。

[4] 同上。

[5] 同上书，第 490 页。

教义开导他，进而控制了他。她在安娜的儿子心中制造他的母亲已经死了的阴影，并在信中以"崇高"的宗教口吻断然拒绝了安娜与自己的儿子见上一面的请求。她把卡列宁带入彼得堡社交圈中新兴的宗教狂热中，用招魂术假借上帝的名义使得卡列宁拒绝安娜离婚的要求，从而将安娜置于"抛夫弃子"的坏女人的境地。

当然，贵族社交界中也不尽是水性杨花、伪善做作的妇女。安娜的嫂子陶丽·奥勃朗斯卡娅忘我地献身于孩子们和他们的教育，对丈夫的朝三暮四一再忍耐和顺从。对于她而言，孩子就是一切，除了教育孩子，她的生活别无其他目的，甚至与周围人的关系，她都是以母爱的情感来衡量的。然而她的内心也不免痛苦。

当彼得堡社交界的大多数人都不再理睬安娜时，陶丽仍到农村去拜访她。在四个小时的旅途中，陶丽以压抑的心情回想着自己的家庭和孩子。"'总而言之，'陶丽回顾她婚后十五年来的生活，'怀孕，呕吐，脑子迟钝，无所作为，主要是模样丑恶……生产，痛苦，说不出的痛苦，最后关头……然后就是喂奶，通宵不眠，这种可怕的痛苦……'"[1] 她想起了孩子们生病的情况，想起了无穷无尽地为他们担惊受怕的心情，想起了他们的种种坏习惯，以及为他们的教育所操的心。"这一切都是为了什么？这一切会有什么结果？结果只是：我得不到片刻安宁，一会儿怀孕，一会儿喂奶，老是闹脾气，发牢骚，苦了自己，也苦了别人，使丈夫讨厌，就这样过上一辈子，抚养出一批缺乏教养的不幸的小叫化子。"[2]

陶丽在回想她个人的生活和家庭的同时，自然想到了安娜的命运。陶丽不仅为安娜辩护，甚至对她心生羡慕之情。"'安娜的行为了不起，我说什么也不能责备她。她自己幸福，也使别人幸福，不像我这样逆来顺受。她一定还是像以往那样鲜艳、聪明和开朗。'陶丽心里这样想，嘴上浮起狡猾的微笑，特别是想到安娜的风流韵事。陶丽同时幻想自己也有了这样的风流韵事……"[3]

然而，当陶丽深入了解安娜的生活方式和她内心的不安，了解她同伏伦斯基、同上层社会的复杂关系时，她的看法发生了根本的变化。安娜对待自己第二个孩子的漠不关心的态度，她为了激起伏伦斯基的醋意而对别的男子卖弄风情的样子，还有她整个不正常的生活方式都令陶丽浑身不自在。原来她所向往的东西失去了诱惑

---

[1] 托尔斯泰：《安娜·卡列尼娜》，第579页。
[2] 同上书，第580页。
[3] 同上书，第581页。

力，而那些她本以为是痛苦和不幸的根源的东西令她无比怀念。"对家庭和孩子的思念，特别迷人、特别鲜明地在她心头翻腾。这会儿，她觉得她的小天地是那么宝贵那么可爱，她在外面简直一天也待不下去了，她决定明天回家。"[1]

陶丽那种对待各种事情的顺从态度，与安娜的大胆果敢、精神上的独立和内心的高傲形成对立。虽然陶丽的小天地和她一贯的牺牲精神比起安娜所处的错综复杂的关系来更合乎道德伦理的要求，但无疑，陶丽的精神世界是有局限性的，相比之下，女主人公安娜被描写得更加丰满，更加富有魅力。在陶丽身上，我们似乎可以预见另一位女主人公吉娣未来的样子。

托尔斯泰在《忏悔录》中如是回忆自己的青年时期："当我追求美好的东西时，我茕茕一身，十分孤单。每当我企图表现出构成我最真诚的希望的那一切，即成为一个道德高尚的人，我遇到的是轻蔑和嘲笑；而只要我迷恋于卑劣的情欲，别人便来称赞我，鼓励我。虚荣、权欲、自私、淫欲、骄傲、愤怒、报复——所有这一切都受到尊敬……那位抚养过我的善良的姑妈，一个非常纯洁的人，老是对我说，她最希望我与有夫之妇发生关系：'没有什么能比与一个体面的妇女发生关系更能使年轻人有教养的了。'"[2]

在当时的俄罗斯，上层社会在"神圣"的婚姻外表下容许男子毫无顾忌地沉溺于情欲，也可以容忍妇女毫不忸怩地苟且偷情，唯一的前提就是要维持表面的体统。然而若一个无法在虚伪和欺骗面前坦然的已婚妇女希望将自己的"出轨"公布于众，公然挑战上层社会的秩序，表现自己的情感自由和独立人格，并谋取幸福的生活，那必然是大逆不道的。

在以培特西·特维尔斯卡娅公爵夫人、李迪雅·伊凡诺夫娜伯爵夫人为首的一系列上层社会人士的虚伪和伪善的对比下，女主人公安娜真挚、坦率的形象显得尤为可贵，她精神上的优越性尤为令人瞩目。在贵族环境和贵族教育中长大的安娜曾经也是社交界的一员，这些在她的性格和思想上不可能没有烙下某些印记。然而她看清了社交界的虚伪和卑鄙，拒绝谨小慎微地屈从于庸俗的"道德"，并勇敢地向它提出了挑战。正如乌斯宾斯基所说："我们在看到她的某些不正确的偏见时，应

---

[1] 托尔斯泰：《安娜·卡列尼娜》，第612页。
[2] 托尔斯泰：《列夫·托尔斯泰文集》（第十五卷），第7页。

当惊讶的,并不是她有着这些偏见,而相反的,应当惊讶:她的偏见是那么少,它们不曾损害她的心灵,虽然她和社交界里各种各样的冷酷、残忍、傲慢、愚钝和堕落的傀儡们生活在一起,但是却保存了卓越的品格——智慧的独特与杰出,思想、精神活动和行动的勇敢与果断。"[1] 安娜的冲突,首先在于她对充斥于社会的虚伪与谎言的厌弃和对人与人之间真正和纯洁的相互关系的追求。"一切都是虚假,一切都是谎言,一切都是欺骗,一切都是罪恶!……"[2] 安娜临死之前的思绪为她解开了她所身处的那个世界里人与人之间的关系以及生活的虚无和无意义。

关于安娜悲剧的根源,有一种观点认为,是虚伪的社交界和堕落的社会环境把女主人公逼上了绝路,如苏联学者洛穆诺夫认为:"不是那种半间接的上天的力量,不是上帝,而是物质的力量、环境的力量、现有世界建筑在对抗和不道德的准则基础之上的人与人之间相互关系的力量——这才是造成安娜悲剧性死亡的真正原因,这才是康士坦丁·列文奔波忙碌、谢廖沙·卡列宁不幸成为孤儿的真正原因,这才是托尔斯泰小说中的人物之所以分离隔绝的真正原因,这种分离隔绝使小说笼罩上一种不安的气氛,一种等待着痛苦和不幸的气氛。"[3] 另有一种观点从宗教的角度为女主人公辩护,如俄罗斯学者格罗杰次卡娅在《古代俄罗斯使徒行传在托尔斯泰19世纪70至90年代创作中的体现》中为女主人公的形象赋予了东正教的光环,和圣徒传中"忏悔的失足女人"相提并论。[4] 在这一脉络上,也有我国学者通过对小说题词的解读,认为托尔斯泰赋予安娜圣徒式的死亡,安娜要通过死亡赎回她的清白,因为正是死亡能够显现出生命的全部意义和价值。[5]

然而,从托尔斯泰这一时期精神求索的脉络来看,上述两种观点似乎都不能成为对作家这番结局设置的合理解释。托尔斯泰令安娜在离开了家庭后渐渐变成了盲目爱情的俘虏,安娜视伏伦斯基对她的爱为生活的全部。她为了留住他的欢心而不停地梳妆打扮,卖弄风情,对随后出生的小女儿漠不关心,为保持身材而选择避孕,且变得越来越神经质和疑神疑鬼,对伏伦斯基的外出生活处处妒忌和猜忌。与此同

---

[1] 乌斯宾斯基:《论〈安娜·卡列尼娜〉》,载贝奇科夫等著《论托尔斯泰创作》,第259页。
[2] 托尔斯泰:《安娜·卡列尼娜》,第729页。
[3] 洛穆诺夫:《托尔斯泰传》,第210页。
[4] См.: Гродецкая А. *Древнерусские жития в творчестве Л.Н.Толстого 1870-1890-х годов: Дис. ...канд. филол. наук. СПб.*, 1993.
[5] 参见金亚娜:《"伸冤在我,我必报应"的重新解读》,《外国文学评论》2008年第3期。

时，周围的议论和非难，对抛弃家庭和儿子的道德上、宗教上的自责感和罪恶感将安娜团团包围，以致在小说的后部她不得不以吃药来麻痹自己，换取精神上片刻的安宁。可见，在托尔斯泰看来，女主人公本人并不是清白无辜、圣洁高尚的，其悲剧的原因是复杂的、多方面的。

小说题记"伸冤在我，我必报应"来自《圣经》，原本的意思为对于有罪者，凡人没有权利去惩罚他，这个权利属于上帝。结合托尔斯泰创作上的演变以及他写小说的整个过程，有理由认为，作家借"伸冤在我，我必报应"这一题记所要强调的正是最高法则的约束力。在托尔斯泰看来，这里的"我"可能是上帝意志的体现，也可能是人类社会发展中的至高无上的力量，即构成真正的生活条件的善和人道的要求。承认最高法则，即意味着承认两种审判之间的差别：一种是人的审判，它经常是表面的、虚假的；另一种是良心、善、正义的审判，那才是最高的审判。

培特西和李迪雅等人谴责了安娜，给安娜带来了痛苦，而她们自己却没有受到惩罚，这并不代表她们就是道德的、崇高的。按照托尔斯泰的观点，安娜是有罪的，但她的"善与恶""对与错"却不是外人能够评价的，对她的"罪与罚"也非芸芸众生有权实施的，无论是小说中的上层社会，还是作家本身，抑或是读者。托尔斯泰通过对比安娜与其周围的众多人物形象，引导着每一个不同背景的读者扪心自问：那么，所谓正确的生活又应该是怎样的？

将《安娜·卡列尼娜》与法国小说《包法利夫人》相比较，则更能看出托尔斯泰的意图。爱玛与安娜这两个天生丽质的年轻女子在懵懂时期都嫁给了毫无生气的丈夫，并都生育了一个孩子，当生活中出现迷人的第三者时均选择了红杏出墙，为爱沉沦，最后走向了不归之路。在细读两部作品时可以发现，二者在艺术手法层面也有着诸多显在或潜在的相似之处，它们在小说脉络中起到的关键作用令人难以称其为巧合。《包法利夫人》写于19世纪50年代，《安娜·卡列尼娜》写于19世纪70年代。1857年初，当福楼拜因这部刊登于《巴黎杂志》、被指控伤风败俗的小说而站在法庭上并打赢了这场"整个当代文学的官司"时，刚刚在俄罗斯文坛声名鹊起的托尔斯泰则踏上了他的欧洲之旅。在巴黎，他与屠格涅夫等人走访剧院、关注法国文学。同年四月，《包法利夫人》的单行本得以出版，两个月内销量高达一万五千册。当然，我们无法据此推论说托尔斯泰一定在第一时间读到了这部小说，但他位于图拉故居的图书馆则一直保存着1858年出版的俄语版《包法利夫人》，且与莎士比亚的《奥赛罗》捆在一起[1]，想必托尔斯泰在斟酌婚外情题材的作品时曾仔细研读过这部小说。在1904年与法国记者的访谈中，托尔斯泰还曾公开表达他对福楼拜的欣赏，称其为他最爱的作家之一。[2]

然而，如果说福楼拜突出表现了爱玛的虚荣和欲望，那么托尔斯泰则着力刻画了安娜在爱情面前的负罪感。爱玛把自己想成无辜者，甚至受害者，在虚荣心的海洋里坦荡无阻，甘于成为欲望的奴隶，而安娜一直是带着负罪感去面对这段感情，且无法容忍虚伪。可以认为，在创作《安娜·卡列尼娜》时，托尔斯泰在艺术手法层面有意识地模仿了福楼拜的《包法利夫人》，具体表现在舞会、骑马（或观看赛马）、观看歌剧等关键情节的设置，变化的人物心理的描写以及对女主人公命运的隐喻与象征的使用上。如此互文的意图在于，托尔斯泰欲将安娜刻画成崇高版的爱玛，为小说赋予与《包法利夫人》相迥异的主题思想与伦理世界，以在对人性和道德问题上与福楼拜进行对话与论争。

然而，比较均以妻子对婚姻的不忠问题为素材的《安娜·卡列尼娜》与托尔斯泰的后期作品《克鲁采奏鸣曲》可以得知，无论是在艺术技巧，认识生活、描写生活的创作原则上，还是在所反映的作家思想上，两部小说都不是一脉相承的。在《安娜·卡列尼娜》中作为重要因素之一展现的，正是人的情感的诱人之处，它的充实和力量。安娜是真挚情感和本真欲望的代名词，在她身上体现了托尔斯泰所赞许的"鲜活的生命"，而缺乏强烈的感情、消极和冷漠地认识世界的卡列宁、柯兹尼雪夫和华仑加等人被描写成了具有明显的缺陷和局限性的存在。即使是与忍耐、顺从的贤妻良母陶丽和吉娣相比，安娜的形象也显得更为生动和丰满，读者能够走进她的内心，对她的苦闷和痛苦感同身受。因此可以说，在个体意志与最高法则的关系问题上，写作《安娜·卡列尼娜》时期的托尔斯泰依然没有否定个体意志的鲜活与真实，还未形成其后期道德哲学中的禁欲主义思想。

---

[1] Priscilla Meyer, "Anna Karenina: Tolstoy's Polemic with Madame Bovary," *Russian Review* Vol. 54 Iss. 2 (1995): 244.

[2] Там же.

第四节　存在意义的探索

《安娜·卡列尼娜》的叙事明显集中在几个中心人物——安娜、伏伦斯基、卡列宁、列文等的生活史上，家庭关系占有主要地位。但与此同时，在小说的情节发展中表现出了一种"前景不断扩大的原则"[1]：随着叙事的展开，作品网罗了越来越多的人物、生活现象和社会问题，聚集在主人公身边的一大群次要人物纷纷"通过"主人公进入了小说。小说的外延得到了极大的扩大，诸多表现时代发展与社会进程的事件和史料均得到了反映。人物的生活历史被纳入了时代的框架，他们之间的冲突反映了时代的冲突。托尔斯泰在19世纪80年代末的一封信里谈到新的创作构想时说道，他想写一部"像《安娜·卡列尼娜》那样内容广泛的、自由的小说，把我觉得是新的、不寻常的并且对人们有益的方面所理解的一切都不费力地包括到这部小说里来"[2]。作家强调了该小说创作构思的规模宏大，带有百科全书的性质。陀思妥耶夫斯基在1877年写道，在《安娜·卡列尼娜》里，"所有我们俄国现有的一切政治的和社会的问题都集中在一个焦点上了"[3]。托马斯·曼更是把小说称作"全部世界文学中最伟大的社会小说"[4]。

小说的社会性主要在另一主人公列文的求索中得到了体现。在《安娜·卡列尼娜》中，托尔斯泰通过拱顶式双线结构，一方面描写安娜对爱情的追求，一方面有力刻画了列文对存在意义的不倦探索。如果说安娜情感之真实是在与周围女性的对比中凸显的，那么，列文的追求与志向也在与他所接触的社会各个阶层，包括贵族阶层、平民阶层和农民阶层的比较中变得逐渐明朗。托尔斯泰借男主人公列文之口说出了被列宁认为是说明当时社会特征的最恰当的一句话："现在在我们这里，一切都颠倒过来，而且刚刚开始形成。"[5]1861年改革后，新的生产关系渗透到了俄罗斯社会生活的方方面面，而旧的封建农奴制度的基础仍然相当强大。

---

[1] 赫拉普钦科：《艺术家托尔斯泰》，刘逢祺、张捷译，上海译文出版社，1987，第228页。
[2] 同上书，第231页。
[3] 《陀思妥耶夫斯基全集》，载洛穆诺夫《托尔斯泰传》，第198页。
[4] 《托马斯·曼全集》（十卷本），载洛穆诺夫《托尔斯泰传》，第199页。
[5] 列宁：《列·尼·托尔斯泰和他的时代》，载中国作家协会、中央编译局主编《马克思恩格斯列宁斯大林论文艺》，作家出版社，2010，第200页。

上层贵族的政治、思想立场也各不相同，既有固守俄罗斯封建专制政权和宗法制社会体系的保守分子，也有对西方资产阶级制度极力推崇和效仿的自由主义者。在小说中，读者通过积极参与社会生活、擅长观察和分析事物的列文之所见、所思，可对这一时期贵族们的思想立场有一定的了解。

在卡辛省的省首席贵族选举会上，列文结识了一批贵族活动家，目睹了保守派和自由派之间的激烈争吵。

"表面上看来，贵族分为两派，老派和新派。老派多半穿着老式的紧身贵族军服……式样很老，带着高耸的肩章，衣服又短又小，肩膀很窄，仿佛穿的人身子长得高大了。新派穿着低腰身、阔肩膀的宽大贵族制服……或者……司法官制服。穿宫廷制服的也属于新派，在人群中很显眼。不过，年龄上老与少的区别并不完全符合政治上的派别。据列文观察，有些年轻人属于老派；反过来，有些年纪很老的贵族却在同史维亚日斯基低声说话，显然是热烈赞同新派的。"[1] 这里的老派指的是保守分子，而新派，即自由主义者。

文中的卡列宁和他的政敌斯特列莫夫、伏伦斯基的老相识谢普霍夫斯科依以及列文身边的一些地主是作为保守分子出现的。这些官僚信赖公文的效力，认为生活的规律可以从办公厅里创造出来。然而他们的官僚主义政治活动只有在自己和社交界的心目中才是有益的，在客观上仅为腐朽的沙皇政治机构披上了某些改良的外衣。

列文在史维亚日斯基家所接触的两个地主正属于保守分子的阵营。

"文静"的地主米哈伊尔·彼得罗维奇用变相的农奴制和家长制的方式来增加自己的收入。"我的经营方式很简单……就是到秋天付税以前把钱准备好。农民们跑来：'啊呀，老爷，爸爸，救救命吧！'唉，都是自己的邻居居民，可怜哪。唉，我就给他们垫付了三分之一，同时对他们说：'记住，孩子们，我帮了你们忙，以后如果有需要，你们也得帮我的忙：种燕麦也好，割草也好，收麦子也好，'同时讲定每户出多少劳役……"[2] 这种经营方式的实质就是放高利贷，这和把土地租给农民平分收获或是收取租金一样，不仅是对农民的劫掠，同时也是国家总财富的损失：

---

[1] 托尔斯泰：《安娜·卡列尼娜》，第619页。
[2] 同上书，第319页。

本可以产生九分收成的土地，用收获平分制就只有三分。

在改革以后的俄罗斯，这种地主最为普遍。俄罗斯农民在农奴制被取消后的很长时间内依然生活在其残垣断壁之上，并未能完全摆脱国家和集体的奴役，这样便影响了农民的积极性，阻碍了他们的社会和地理流动，限制了资本主义关系向农村的渗透。地主利用了农民对土地的需求、对村社的依附，农业人口过剩及赋税负担过重等因素，依然采用非经济强制手段，并在某种程度上恢复了改革前的制度，只是改换了形式而已，即把代役制变为劳役制。所谓劳役制，是指解放后的农民为了租赁土地或森林、为了借贷粮食或金钱而用自己的工具替地主耕种。在分成制的情况下，农民按合同上规定的比例交给地主一定数量的粮食，而在对分制的情况下，交给地主的粮食是收成的一半。俄罗斯大多数农民都卷入了这种半农奴制之中，他们自己的生产也具有半农奴制的性质。[1]

与米哈伊尔·彼得罗维奇同来的那个留灰白胡子的地主（斯吉邦·华西里奇，他的名字到第七部贵族选举时才出现）更是"顽固的暗藏的农奴制拥护者"，认为"解放农奴把俄罗斯给毁了"，认为由于农奴制废除后强制推行的一系列政策不但使得地主的权力被剥夺，也使得俄罗斯的农业水平回到了最野蛮、最原始的状态。他觉得想要令"懒猪"般的俄罗斯农民摆脱懒散的生活，需要权力，但是改革却令用了一千年的大棒被律师和监狱所代替。这个"离群索居、独自思考的人"坚决否定雇主和劳动者之间可以建立一种能够提高劳动生产率的新关系。在贵族选举中，他毫不掩饰其借选举来安排私人事务——为女婿弄个终身官职的企图，并发表了自己对农奴制的看法："这是一种没落的制度，完全靠惯性活动……好也罢，歹也罢，我们毕竟有一千年历史了。譬如说，我们要在房子前面造个花园，要设计一下，可是这地方长着一棵百年老树……它尽管长得节节疤疤，老态龙钟，但我们可不会因为造花坛而把老树砍掉，我们将利用这棵树重新布置花坛……"[2]

小说中自由派的典型代表有奥勃朗斯基、史维亚日斯基和柯兹尼雪夫。托尔斯泰对夸夸其谈和根本不了解人民需要的自由派的否定态度，反映在他描写这类人物所用的讽刺语调中。

---

[1] 参见鲍里斯·尼古拉耶维奇·米罗诺夫：《俄国社会史》，张广翔等译，山东大学出版社，2006，第 423 页。
[2] 托尔斯泰：《安娜·卡列尼娜》，第 625 页。

小说是从描写安娜的哥哥奥勃朗斯基以"轻松"的态度对待因自己的不忠而引发的家庭危机开场的。奥勃朗斯基具有直爽、温厚、乐观的性格，这一点令他在公众生活中成了一个招人喜欢的、有几分可爱的人。但是他只顾讲究吃喝，寻求肉体的快乐，信奉"爬行式的"享乐至上主义，对于日常生活范围以外的一切事情都漠不关心，并没有深刻的爱好和思想。"奥勃朗斯基订阅的是一张自由主义的报纸，——不是极端自由主义，而是多数人赞成的那种自由主义。说实话，他对科学、艺术、政治都不感兴趣，但却始终支持大多数人和他们的报纸对各种问题的观点……"[1]对于没有任何固定见解、只追求放荡和无忧无虑的生活的奥勃朗斯基来说，政治派别和观点就与帽子和上装的式样一样。他选中自由派并不是因为他觉得自由主义比保守主义更有道理，而是因为自由主义更适合他的生活。奥勃朗斯基只是消极地接受已被别人确定的东西，不努力设法去独立地理解和评价各种生活现象。他缺少的正是那种托尔斯泰认为对一个人来说非常重要的东西——独立的思想和发自内心的对生活的热情。在作家看来，相比于那些领会世界的丰富多彩的人和那些具有崇高使命感的人，奥勃朗斯基所过的必定是一种较为低级的生活。

史维亚日斯基是一个欧化的地主自由主义者的典型。他是县首席贵族，地方自治会活动家，"极端的自由派"，而他的行为和思想是极其矛盾和表里不一的。他蔑视贵族，认为多数贵族是秘密的农奴主，而在表面上却与他所轻视的那些农奴制度的拥护者融洽相处；他反对俄罗斯政府，认为俄罗斯是个衰亡中的国家，而他又"是个模范的首席贵族，出门总是戴缀有帽徽的红帽圈制帽"[2]，极力表现出忠仆的样子；他崇洋媚外，同时又兴致勃勃地注意和了解俄罗斯发生的一切；他认为俄罗斯农民是处在从猿到人的过渡阶段，而在地方自治会里又极其热情地同农民握手，听取他们的意见；他不信神，不信鬼，没有信仰，又关心村里的牧师和教堂；在妇女问题上是个激进派，主张妇女的绝对自由，尤其认为妇女应该有劳动权，但他是这样安排自己和妻子的生活的：他"使她除了同丈夫一起关心怎样使时间消磨得更如意更快乐以外，什么也不做，什么也不能做"[3]。

托尔斯泰借列文的思考，以微妙的讽刺笔调引导读者：像这种有教养的、欧化

---

[1] 托尔斯泰：《安娜·卡列尼娜》，第8页。
[2] 同上书，第315页。
[3] 同上书，第316页。

的自由主义者的典型人物究竟是智力障碍者还是坏蛋?"但他不能说他是'傻瓜',因为史维亚日斯基无疑是个聪明人,而且很有教养,平易近人。没有什么问题他不知道,但他非万不得已,不轻易显露自己的知识。列文更不能说他是个坏蛋,因为史维亚日斯基无疑是个正直、善良、聪明的人,工作积极热情,一向得到周围人们的赞扬。"[1]史维亚日斯基对列文来说是一个谜。无论列文怎样努力了解他的内心,探究其人生观的根源,总是徒劳。"每当列文试图闯入史维亚日斯基内心世界的秘密时,他就发现史维亚日斯基总有点狼狈,他的眼睛里总会现出隐约的恐惧,好像生怕列文看透他,他总是婉转地加以拒绝。"[2]托尔斯泰不止一次地渲染他的"恐惧"的神色,可见史维亚日斯基和奥勃朗斯基以及自由派的其他活动家一样,既空虚又无聊,在实质上是没有任何信念、原则和人生观的,他们总是迁就那些他们表面上所反对的事物。

"头号的自由主义者"谢尔盖·伊凡诺维奇·柯兹尼雪夫是列文异父同母的哥哥,两人的感情并不亲近,只是礼貌地相处。柯兹尼雪夫聪明、理智、学识渊博、好高谈阔论。在首次出场中,他正在和一位著名的哲学教授辩论一个时髦问题:在人类活动中,心理现象和生理现象之间有没有界限?如果有,又在哪里?他在迎接弟弟时,"露出他那种对任何人一视同仁的亲切而冷淡的微笑"[3]。这两位辩手在每每触及列文认为最重要的精神问题时,总是立刻避而不谈,又转入琐碎的分类、印证论据、暗示和引用权威意见等方面来进行逻辑的、抽象的争辩,使得列文很难听懂他们的讨论,也不感兴趣。

在第三部伊始,柯兹尼雪夫来到乡下的弟弟家里消夏。列文虽然敬爱哥哥,但与他一起在乡下生活却觉得无聊,而且对哥哥对乡村和老百姓的态度并不认同,甚至不满。对于列文来说,乡村是生活的地方,是欢乐、痛苦和劳动的地方;而对柯兹尼雪夫来说,乡村是在乌烟瘴气的城市从事了大量脑力劳动之后过来享受休闲的地方。对于列文来说,老百姓是共同劳动的主要参加者,列文长期与他们保持着密切联系,并不把他们当作一群特殊的人物来对待。他对他们的看法不是固定的,而是不断改变和形成的,就像对其他一切人的看法一样。而柯兹尼雪夫则把老百姓当

---

[1] 托尔斯泰:《安娜·卡列尼娜》,第316页。
[2] 同上。
[3] 同上书,第25页。

作上层社会的某种对立物而恰如其分地对待他们。他在头脑里对他们的生活形成了一种明确的、根深蒂固的观念和同情。柯兹尼雪夫深信自己是了解并热爱他们的，而实际上却十分疏远。

与其他自由主义者不同的是，柯兹尼雪夫相信地方议会的效用，相信教育农民的必要，认为识字的农民像工人一样在农务中更为有用和更有价值。他对列文退出了地方自治会感到不满，试图用严密的论据和论证以及哲学和历史的种种观点来纠正弟弟的错误，认为他不从事公益事业是由于俄罗斯人的懒惰和贵族老爷的习气。他津津有味地谈论社会需要进行的各种改革。在卡辛省的贵族选举会上，他扮演了那些坚持必须考虑时代要求的"贵族进步人士"之首领的角色。

这里有必要引用一段列文对柯兹尼雪夫的看法："列文认为哥哥是个才智卓越、教养有素的人，道德高尚，办公益事业有特殊才干。但是，列文年纪越大，对哥哥的了解越深，在他的内心深处就越发经常想，这种他自己完全缺乏的办公益事业的能力，也许不是什么特长，相反，倒是由于身上缺乏一种什么东西——不是缺乏善良、正直、高尚的愿望和趣味，而是缺乏活力，缺乏所谓良心这种东西，缺乏志向，缺乏那种促使一个人从无数生活道路中选择一条并且为之奋斗终生的志向。他对哥哥了解越深，越发现哥哥和其他许多办公益事业的人其实并不真正关心公益，而只是理智地认为这项工作是正当的，因此才认真去做罢了。使列文增强这种信念的是，他发现哥哥对公共福利和灵魂不朽的问题，一点也不比对棋局或者一架灵巧的新机器更感兴趣。"[1] 托尔斯泰借男主人公的思考清晰地表达了他本人对这类人物的态度。

即使是在爱情问题上，这个具有纯理性主义思想体系的人同样免不了头脑中的一番推导和论证。文中描写了他与华伦加的感情。柯兹尼雪夫很喜欢这个姑娘，打算向她求婚。他逐条地为自己列举了她的优点，但是却没能够克服自己在理智上的惰性，主动向前跨出一步。而这个差点成为他未婚妻的华伦加，是吉娣在德国温泉疗养时认识的俄罗斯姑娘，过着看似完美的宗教精神生活，曾一度让吉娣迷恋和追崇，然而实际上却和柯兹尼雪夫一样，是一个缺乏激情和生命力的存在。

柯兹尼雪夫倾注了大量的精力和心血在《试论欧洲和俄国国家基础和形式》一

---

[1] 托尔斯泰：《安娜·卡列尼娜》，第234–235页。

书的写作上。该书经过仔细修订后得到了出版,却没有在社会上引起任何反响,甚至没有多少读者。只有一个年轻作家在他的小品文中,认为整部著作只是辞藻的堆砌,文字很不恰当,批评作家是个不学无术的人。除此之外就再也没有对该著作的任何文字或口头的反馈。柯兹尼雪夫的六年心血付诸东流,可见,他的活动是徒劳无益、毫无意义的。小说的最后,他全心全意地投入了斯拉夫问题当中,"忙得不可开交",而读者已不难预见到其结果。

托尔斯泰安排男主人公在莫斯科和彼得堡参加了知识界关于社会问题和哲学问题的争论,让他清楚地看到了贵族知识分子们同现实生活的脱离。作家通过对柯兹尼雪夫的塑造,表现了他对纯逻辑的、形式主义的知识分子的不认同和不赞成的态度。柯兹尼雪夫"缺乏活力,缺乏所谓良心这种东西",对自己的任何感情和愿望都要在理性的天平上进行衡量。他对改革的向往和对老百姓的喜爱,也带有这种纯理性主义的、宣言式的性质,他对公益的自由主义热情更是徒劳无益。

在后来的《那么我们应该怎么办?》这篇论文中,托尔斯泰对像柯兹尼雪夫一样欲在田园生活中享受消遣的城市人进行了猛烈的批判:

"城里的冬天过去,复活节到来了。城里财主们的狂欢照样继续着。林荫道上,花园里,公园里,河面上,到处在奏乐,演戏,兜风,散步,到处张灯结彩,礼花纷飞。但农村更好,空气更好,树木、草地、花朵也更新鲜。应该到那里去,那里的一切都绽出了新芽,开出了花朵,蓬蓬勃勃地生长着。于是,大多数享受别人劳动的有钱人纷纷到农村去呼吸更好的空气,观赏更好的草地和森林。于是在农村,在那些靠面包和葱头填肚子,一天干十八个小时的活儿因此睡眠不足的穿粗布衣服的灰头土脑的庄稼汉中间住下一些阔人。这里……不但没有闲散人口,相反,有数不清的财富由于人手不够而白白糟蹋了,数不清的人——儿童、老人和拖儿带女的女人因为劳累过度而丧生。"[1]

托尔斯泰有意把有教养的柯兹尼雪夫安排成列文异父同母的哥哥,两人感情并不亲近,只是礼貌地相处,这与列文和堕落的亲哥哥的关系形成了鲜明的对比,可见作家对"以理性为导向"和"以良心为导向"的两种人的态度。这一点在主人公卡列宁的名字上也可见一斑。据证实,"卡列宁"是作家从希腊词汇"кареном"音

---

[1] 托尔斯泰:《列夫·托尔斯泰文集》(第十五卷),第 195 页。

译过来的,意思是"头脑"[1]。卡列宁和柯兹尼雪夫一样,首先是一个理智的、"有头脑"的、处处讲求"原则"的人,同时也是枯燥乏味和消极冷漠的存在。在安娜去看望儿子的场景中,只有卡列宁家的司阍和保姆等普通人对安娜的痛苦表示了深深的怜悯和同情。

在对贵族思想立场的描绘中,柯兹尼雪夫异父同母的弟弟,即列文的亲哥哥——尼古拉·德米特里奇·列文的形象显得尤为引人注目。他公开表示对柯兹尼雪夫的反感,与他势不两立。在思想立场上,他既不是保守派,也不属于自由派。他曾笃信宗教,后而转向无神论,并表现出某些进步的民主主义者的思想。

尼古拉·列文在大学和毕业后的一年里,不顾周围嘲笑,过着修士一般的生活,严格遵守一切宗教仪式、礼拜、斋戒,放弃各种享乐,后来结交了一批狐朋狗友,从此沉湎于酒色之中。他自甘堕落,荡光了大部分家产,在最荒唐的下层社会里混日子,和兄弟们都闹翻了。然而列文在去找尼古拉的路上快乐地回想着他:"他说世界上一切都是卑鄙龌龊的,这话不是很对吗?我们对尼古拉哥哥的评价未必公平吧?普罗科斐看见他一身破烂,酒喝得烂醉,当然把他看成一个堕落的人,但我知道他不是这样的人。我了解他的心,知道我们俩很像……"[2]列文并不像那些不了解尼古拉、不了解他的全部经历、不了解他的心路历程的人那样,把他看得十分可恶,他觉得不管尼古拉的生活多么堕落,他的灵魂深处并不比那些蔑视他的人更坏。

尼古拉是个肺痨病人,消瘦、病态、粗野、暴躁。麻脸女人玛丽雅和尼古拉生活在一起。尼古拉把她从窑子里领了出来,爱她,尊重她。当尼古拉来到弟弟家时,"列文一看见他这种朴实谦卑的微笑,觉得喉咙里有样东西哽住了"[3]。显然,这与柯兹尼雪夫居高临下的、冷淡的微笑形成了鲜明的对比。

尼古拉虽然是一个过着荒唐粗俗的生活、荡尽了财产的贵族,他却鄙视自己以前的,以及柯兹尼雪夫和列文现在的贵族生活,不能容忍谎言和虚伪,有着非凡的勇气、清醒的理智与世界观。他跟弟弟一样,企图探求苦恼着自己的许多问题的根源,并得到了较有远见的结论,在对现实的批判中大大超越了弟弟。

尼古拉对弟弟谈道:"……资本家压迫工人,我们这里的工人和农民承受着全

---

[1] 参见洛穆诺夫:《托尔斯泰传》,第229页。
[2] 托尔斯泰:《安娜·卡列尼娜》,第86页。
[3] 同上书,第333页。

部劳动的重负，可是不管怎样卖力干，他们都不能摆脱牛马一般的处境。劳动的全部利润原可以用来改善他们的境况，使他们获得空闲的时间，并因此得到受教育的机会，可是现在，全部剩余价值都被资本家剥夺了。社会就是这样构成的：他们活儿做得越多，商人和地主的利润就越多，他们也就只好永远做牛马。这种制度非改进不可！"[1]于是尼古拉和克里茨基（这个人物因创办穷学生救济会和星期日学校而被基辅大学开除，后来进入民众学校当教师，又被赶了出来）讨论着新的事业，即钳工生产合作社，社里的全部生产，包括利润、生产工具，都是共有的。在他们的经历和活动中我们不难联想到俄罗斯现实生活中平民知识分子的身影。

尼古拉无情地嘲讽了列文欲把农民变成股东、变成农业企业合伙人的新设想。他故意将其与共产主义混为一谈，认为弟弟要标新立异，满足自己的自尊心，却又从思想上剥削农民。尼古拉表达了对现实的民主主义的批评，而男主人公列文的探索和小说的思想内容的总体发展过程都证实了这种批评的正确性。

尼古拉身上闪耀着的，正是柯兹尼雪夫所缺乏的、托尔斯泰所看重的"所谓良心这种东西"。整部小说唯一有标题的一章，第五部第二十章，名为"死"，正描绘了尼古拉之死。哥哥之死令列文第一次清醒地意识到死亡问题，导致他在之后的日子里陷入了对不可思议的死亡之谜乃至生之意义的苦苦追寻。

在表面上，保守派和自由派似乎势不两立，而在本质上他们却属于同一阵营，过着脱离人民的寄生生活。托尔斯泰显然是不赞同任何一方的观点，拒绝任何一方所鼓吹的生活方式的。作家始终以讽刺的笔调刻画这两派人，男主人公列文也没能从任何一派那里获得值得借鉴的东西，只能独自探求理解生活的其他途径。在情感上，托尔斯泰是倾向于尼古拉的，这个人物无疑具有独特的智慧。但他的这种智慧以及他对自己阶级的痛恨给人一种模糊的、不成体系的印象，加之其荒唐堕落的生活状态与种种性格局限，令尼古拉·列文不足以在小说中成为一个光彩照人的正面楷模。

托尔斯泰在刻画贵族和资本家等精神上的匮乏的同时，也以真诚的笔调描绘了平民艺术家的才华。上层社会贵族有充分的外部条件来发展自身的才能，然而他们之中没有一个是以真正的巨大才能见称的。托尔斯泰曾讽刺性地提到了所谓"音乐

---

[1] 托尔斯泰：《安娜·卡列尼娜》，第89页。

世家",卡列宁是这家长女的教父。柯兹尼雪夫之于写作、伏伦斯基之于绘画方面的炫耀自负和徒劳无益的尝试也被作家嘲讽,在文中被戏谑地称为"艺术上的半瓶子醋"。这些"老爷"把艺术当作一种消遣,或受虚荣心驱使,或为消磨时光才去"把玩",这种态度的结果必然是软弱无力、难有成就的。在这种背景下,安娜和伏伦斯基旅居国外时遇到的俄罗斯平民画家米哈伊洛夫就显得独树一帜。虽然他只是一个过场人物,仅出现在第五章的五个小节里,但其形象的意义却十分深远。

我们可以通过伏伦斯基的老相识——"自命不凡的自由派"高列尼歇夫的话了解到米哈伊洛夫的身世:"他是一位杰出的肖像画家……是一个怪物。一点教养也没有。说实在的,他是时下常见的那种野蛮的新派人,就是在没有信仰、否定一切和唯物主义的思想直接影响下培养出来的自由思想家……他大概是莫斯科宫廷总管的儿子,没有受过任何教育。后来进了美术学院,有了名气,他也不是傻子,就想再受点教育。他开始阅读他认为是知识源泉的杂志……"[1]

安娜等人对米哈伊洛夫的第一印象是不愉快的,在相处过程中也发现他拘谨而内敛,对他抱有几乎近于敌意的态度。而通过托尔斯泰的行文措辞,我们可以得知米哈伊洛夫是一位独立、自由的思想者和艺术家,他和尼古拉·列文一样,是充满内心力量的人物。欧化的自由主义者高列尼歇夫把米哈伊洛夫"天生的自由思想"看作否定一切权威和传统观点的表现。在他看来,米哈伊洛夫的自由思想是"野蛮"的,正如包括奥勃朗斯基在内的上层社会把男主人公列文的独特个性视为"粗野"一样。然而这种"野蛮",却正体现了这个画家才华的卓尔不群、对生活的正直率真和对艺术的大胆革新。

作为革新派现实主义画家,米哈伊洛夫从生活本身去寻求艺术的题材和形象,追求独创性和真实性。"关于画架上的那幅画,他只想到这样的画还从来没有人画过。他并不认为他的画比拉斐尔的画还好,但他知道那幅画里所表现的内容至今没有人表现过。"[2]他十分重视自己的画给观众造成的印象,重视观众对自己创作的评价。"任何评语,哪怕是最微不足道的,哪怕评论的人只看到极微小的一点,都使他感激不尽。"[3]可见,画家非常关注创作的情感是否已经传达给了观众,并为他们

---

[1] 托尔斯泰:《安娜·卡列尼娜》,第449–450页。
[2] 同上书,第452页。
[3] 同上。

所理解。

米哈伊洛夫具有敏锐的感觉和惊人的记忆力,"记得他见过的一切人的面孔",能够敏捷细致地通过一些不易察觉的特征把握人的个性和本质。在他看来,高列尼歇夫属于高傲自大和缺乏表情的那类面孔,伏伦斯基和安娜,像一切有钱有势的俄罗斯人那样,是艺术的门外汉,却装作艺术的行家里手,反对现代美术,推崇古典作品。但是即使是这样,米哈伊洛夫却"很喜欢伏伦斯基,尤其是安娜"。

米哈伊洛夫为安娜所做的画像令大家惊叹不已,它不仅十分逼真,而且具有一种特殊的美。尤其是伏伦斯基,诧异于米哈伊洛夫怎么能在区区几面后就发现安娜那种特有的美,就连他本人也是通过这幅画才真正领略"她最可爱的灵魂的表现的"[1]。托尔斯泰在塑造安娜的形象时始终强调她那生命的火焰和内心的光辉。米哈伊洛夫正是透过现象看到了本质,在她的外表中捕捉到了最主要的东西——"内心的美",这就是她之所以动人之处。

托尔斯泰对这个平民艺术家的最后一笔是用出色的类比完成的:"他虽然热衷于替安娜画像,但当写生完毕,可以不再听高列尼歇夫有关艺术问题的谬论,可以把伏伦斯基的绘画忘记时,他就显得比他们更高兴。他知道不能禁止伏伦斯基对绘画喋喋不休,也知道这些艺术上的半瓶子醋享有要画什么就画什么的权利,但他总觉得嫌恶。一个人用蜡塑造了一个大玩偶,并且去亲吻她,你也不能禁止他呀!但要是这个人带了玩偶过来,坐在一个正在谈恋爱的人面前,并且动手抚爱这玩偶,就像谈恋爱的人抚爱他的情人那样,那就会使谈恋爱的人觉得嫌恶了。米哈伊洛夫看见伏伦斯基的画,他所感到的就是这种嫌恶。他觉得又好笑又好气,又可怜又可恨。"[2]

托尔斯泰用为数不多的笔墨为我们清晰和完整地刻画了一个独立思考、勇于探索的现实主义画家的形象。他的绘画之所以能够达到栩栩如生的境界,不在于技巧的炉火纯青,不在于外貌的惟妙惟肖,而是由于内心的真实,由于他对人的观察并非浮于表面,而是去深入思考人物语言和行为的动因,以把握他们矛盾着的感情的全部复杂性的缘故。米哈伊洛夫觉得艺术中最主要的不是技巧,而是思想和内容。

---

[1] 托尔斯泰:《安娜·卡列尼娜》,第458页。
[2] 同上书,第459页。

生活的困窘、心灵的悸动和内心情感斗争的加剧常常激发起他创作的热情和真正的创作力量，使他全神贯注到艺术中去，通过画幅表达出自己的理想和对生活的评价。他对古典绘画抱有尊敬的态度，但反对盲目模仿，充满了对新事物探求的热望，想要发现表达绘画艺术的新途径。虽然他在与伏伦斯基和高列尼歇夫的初次见面时以表面的恭顺来敷衍对话，但实际上，他对于那些应贵族和资产阶级的需要而在西方艺术中产生的时髦趋向、对于上层社会的艺术见解都抱有鄙视和敌对的态度。他认为"现代画家、德国江湖骗子、英国拉斐尔前派傻子的画室"都是亵渎真正艺术的流派，只能唤起他的憎恶感觉。

托尔斯泰在米哈伊洛夫的形象里反映了当时进步的俄罗斯民主主义艺术家的优良品质。俄罗斯画家列宾在米哈伊洛夫的形象中发现了另一位"巡回展览派"画家伊·尼·克拉姆斯科依的特征。他在1878年4月12日给斯塔索夫的信中写道："您是否知道，他笔下的米哈伊洛夫极其像克拉姆斯科依！不对吗？"[1]

克拉姆斯科依曾在1873年为托尔斯泰画过像，二人曾有过长谈。托尔斯泰对他十分感兴趣，在1873年9月给斯特拉霍夫的一封有关克拉姆斯科依的信中曾经这样写道："我感兴趣的是，他是一个彼得堡最新流派的最纯粹的典型，像这个流派能够影响优秀的艺术家的性格那样……"[2]

托尔斯泰认为，只有发自内心的真挚的情感和冲动才能创造真正伟大和有益的艺术。平民艺术家之所以可以获得创造性的辉煌成就，就在于他们对生活的真实的热爱是可以在自己的画面中表现出来的，而那些玩世不恭的、对生活冷漠的、抱有享乐主义态度的贵族涉猎者却无法在画幅中表现任何充实的内容。同时代人对托尔斯泰的回忆也印证了他的这种美学观念。俄罗斯著名作曲家柴可夫斯基曾在1876年12月会见托尔斯泰。对柴可夫斯基而言，和托尔斯泰的谈话成了他理解艺术家的真正使命的启示。1877年8月，作曲家在给梅克夫人的信中写道："他使我相信，一个不是根据内心的冲动，而是精心考虑到效果去进行创作的人，强迫自己的才华去取悦公众，强迫自己去迎合公众的人，不是真正的艺术家，他的作品经不起时间的考验，他的成功犹如昙花一现。我完全相信这一真理。"[3] 托尔斯泰在与另一位友

---

[1]《伊·叶·列宾和弗·瓦·斯塔索夫通信集》，载《同时代人回忆托尔斯泰》（上），第329页。
[2] 同上书，第328页。
[3]《彼·伊·柴可夫斯基全集》（第六卷），载《同时代人回忆托尔斯泰》（上），第333页。

人的谈话中更是表示过，自己最爱的音乐便是朴素的民间音乐，而最优秀的作曲家是人民。[1]

小说中的农民阶层大多以穿插性的团体角色出现，他们往往不是主动的叙述者，而是被观察的对象。托尔斯泰并没有详细描写他们的生活和身世，也没有说明他们往后的遭遇和命运。然而不论是在思想内容上，还是在情节的推动上，这类人物都起着不可忽视的作用。

求婚失败后的列文从莫斯科回到了自己的乡下农庄。他对农事很热心，在写一本有关农业的书，企图证明劳动力在农业中也像气候和土壤一样，是一种绝对因素。于是，列文周围的广大劳动人民便通过男主人公的观察和思考进入了读者的视野。托尔斯泰在描写农民劳动的时候，经常使用"веселый（快乐的、愉快的、高兴的）"这个形容词，所描写的劳动场面也多是生机勃勃、充满活力的。在春光明媚的日子里，列文见到"牧人兴高采烈地准备到田野上去。放牛的农妇都撩起裙子，迈开还没有被太阳晒黑的白嫩的脚，啪哒啪哒地踏着泥浆，手拿树枝追逐着因春天到来而欢乐地哞叫的小牛，把它们赶进围场"[2]。陶丽在拜访安娜的路上遇见"一群快乐的农妇，她们肩上挂着一圈圈草绳，叽里呱啦地有说有笑，十分热闹……陶丽觉得她们的脸张张都是健康快乐的，都在用生的欢乐挑逗她。'人人都在生活，人人都在享受生的欢乐。'陶丽……心里这样想"[3]。

小说中恢宏的割草场面是以往的艺术作品中所罕见的对劳动的赞歌。叶米尔老头、小伙子华西卡和米施卡、列文的割草师傅基特等列文雇来的四十二个农民个个都是割草能手。米施卡"那青春焕发的可爱脸庞因为使劲而牵动着，他的头发用新鲜的草扎住。不论谁向他瞧瞧，他总是露出微笑。看样子，他是死也不肯承认，干这活是很累的"[4]。这无疑是一个可爱的、令人产生好感的形象，通过这段外貌描写我们也可以看出，在农民的心目中，人的力量和勇敢的概念总是和劳动不可分割地联结着的。

割草时，大家"争先恐后地割着草"，"沉浸在劳动的狂热中"，"活儿干得热火

---

[1] 《彼·伊·柴可夫斯基全集》（第六卷），载《同时代人回忆托尔斯泰》（上），第 368 页。
[2] 托尔斯泰：《安娜·卡列尼娜》，第 152 页。
[3] 同上书，第 580 页。
[4] 同上书，第 247 页。

朝天","一会儿是镰刀的碰击声,一会儿是磨刀声,一会儿又是欢乐的喧闹声,大家都你追我赶地割着"。列文被他们愉快的、忘我的劳动所深深感染。"劳动使他起了变化,给他带来很大的快乐。在劳动中,有时他忘乎所以,只觉得轻松愉快……列文割得越久,越频繁地处在忘我的陶醉状态中,仿佛不是他的双手在挥动镰刀,而是镰刀本身充满生命和思想,自己在运动,而且仿佛着了魔似的,根本不用思索,就有条不紊地割下去。这实在是最幸福的时刻呀。"[1]

当列文到姐姐地产所在地去分配干草时,他"欣赏着人声鼎沸的草地"和"一群穿得花花绿绿、快乐地高声谈笑的农妇",看到小两口伊凡·巴孟诺夫和他年轻美丽的妻子相亲相爱地一起劳动:她"干得轻松、利落、愉快",伊凡"指点她怎样把绳子系在横木上,听她说了句什么话,哈哈大笑着"。[2] 这种"刚刚觉醒的强烈的青春的爱情"更是渲染了劳动生活的甜蜜和幸福。

托尔斯泰描绘这一幅幅充满生机和诗意的劳动场面,旨在阐明人民的创造性劳动是人类生活的基础,阐明劳动人民阶层的事业的价值与意义。相形之下,那些贵族老爷们,如卡列宁、奥勃朗斯基之流的生活就显得矫揉造作和苍白无力。作为地主的列文也无法摆脱那种空虚和惆怅感,也由此得到了新的觉悟:"列文一向很欣赏这种生活,一向很羡慕过这种生活的人,可是今天头一次,在他看见伊凡·巴孟诺夫对待年轻妻子的景象以后,他头一次清楚地意识到,要把他如此乏味、空虚、不自然的独身生活变成这种勤劳、纯洁、集体的美好生活,关键全在他自己。"[3]

在列文生活最幸福的时候,对存在意义的怀疑开始不断地折磨他。人为什么活着?从那逐渐走向衰亡的生命中能否产生任何真正的、不灭的东西?人这个有限的存在在无限的世界中是否有存在的意义?若找不到问题的答案,就找不到评价自己的行为和别人的行为的标准,找不到自己活下去的意义,这让他甚至有了自杀的念头。写作《安娜·卡列尼娜》的日子里,困扰列文的哲学问题也苦苦折磨着托尔斯泰。

在焦急不安地、痛苦地探求生活本质的过程中,托尔斯泰令列文碰到了正直的农民费多尔。他在农场里教费多尔怎样使用一部新的脱粒机。然而在后来的闲谈过程中,费多尔却成了他的老师,为他解释生活的意义。

---

[1] 托尔斯泰:《安娜·卡列尼娜》,第246–247页。
[2] 同上书,第267页。
[3] 同上书,第268页。

"嘿,天下各种各样的人都有:有人活着就是为了满足自己的欲望,比如米久哈就是为了填饱他的大肚子,可是普拉东是个规矩的老头儿。他活着是为了灵魂,他记得上帝。"[1]一听到费多尔说普拉东活着是为了灵魂,并且服从真理、服从上帝的意志,一些模糊不清但意义重大的思想就涌上了列文的心头,"好像冲破闸门,奔向一个目标,弄得他晕头转向,眼花缭乱"[2]。费多尔的这些话给了列文醍醐灌顶的启示。

"活着不是为了欲望,是为了上帝。为了什么样的上帝?……费多尔说看院子人基里洛夫活着为了填饱肚子。这是当然的事。我们人是有理性的生物,要活命不能不吃饱肚子。可是费多尔说,为吃饱肚子活着是不对的,活着应该为真理,为上帝。经他一提示,我才恍然大悟!我和千百万古人和千百万活着的人,心灵贫乏的农民和思想丰富、著作等身的贤人,都含糊其词地谈论这个问题,但我们大家都同意一点:活着为了什么、什么是善。我和大家都只有一个坚定不移的信念,这个信念无法用理智解释,它超越理智,超越因果关系。"[3]

列文走向觉悟的过程与早些时候他与农民一起割草类似,他忘记了自己的阶级身份,和民众结合,接受了他们朴素的信仰,即应该"为了灵魂""服从真理,服从上帝的意志"而生活。真理的概念和善与爱的概念紧密地连到了一起。这样,与先前的皮埃尔、后来的涅赫柳多夫一样,列文也最终转向了对善、对爱的信仰,在这个信仰中认识了人生的意义并找到了自己的慰藉,得到了"为行善而活""为别人而活"的答案。小说以列文的自白落幕:"现在我的生活,我的整个生活,不管遇到什么情况,每分钟不但不会像以前那样空虚,而且我有权使生活具有明确的善的含义!"[4]托尔斯泰安排男主人公列文在未受资产阶级文明影响的农民的朴素的生活哲学和信仰之中,重新获得了对自己和对生活的信心。乔治·斯坦纳认为:"这本小说在田园牧歌的氛围中结束,使人茅塞顿开,初见启示。但是,这仅仅是开始而已,其原因在于,对列文在凝视平静的夜色过程中给自己提出的问题,列文或者

---

[1] 托尔斯泰:《安娜·卡列尼娜》,第755页。
[2] 同上。
[3] 同上书,第755–756页。
[4] 同上书,第776页。

托尔斯泰那时都不知道适当的答案。"[1]

诚然,托尔斯泰的精神转向不是一天、一个月或一年里可能形成的蜕变,而是在动荡的社会中重新检视自己的种种旧的行为和信仰,同时修正和确定新的思想立场的长期过程。在托尔斯泰的中期创作中,我们见证了小说的基调从《战争与和平》中的从容、和谐转变为《安娜·卡列尼娜》中的紧张与危机,揭露与批判的成分不断增加,预示着托尔斯泰思想矛盾的加剧,预示着其世界观的激变即将发生。

---

[1] 乔治·斯坦纳:《托尔斯泰或陀思妥耶夫斯基》,第 90 页。

第四章

"精神的人"之觉醒：
托尔斯泰的晚期创作

19世纪七八十年代之交，托尔斯泰经历了深刻的精神危机，他毫不客气地否定自己过去的信念和态度，这些曾把作家牢牢束缚在贵族阶级和其幸福所在的家庭生活上。他在《忏悔录》中否定了自己从前的生活与创作，开始积极阐发和建构能够令自己的理性大脑所信服的"托尔斯泰主义"，并投身启迪大众的工作。"托尔斯泰主义"与其说是一种宗教思想，不如说是一种指导人生的准则，是托尔斯泰为每一个希望认真度过一生的人所下的净化精神的药方。这种精神求索也带来了托尔斯泰艺术观的深刻转变。"托尔斯泰在青年时代和成年时代把生活描写得像迷人的舞会，到老年时期则把生活描写得像折磨人的列队鞭笞"[1]，作家晚期创作的着眼点从对非真理的揭露越来越趋向于对真理的揭示，尤其着重表现从非真理到真理的过渡过程，因此在作家的创作中描写主人公遇到精神危机、精神激变，并转而忏悔、救赎，获得精神上的顿悟、重生、复活的情节越发多了起来。

如果说托尔斯泰在前期和中期创作中一直在思考个体意志与最高法则的关系问题，将二者置于天平的两端去掂量、去比较，那么在生命的晚年，作家则在二者中做出了明确的选择，无论是在创作中还是在现实中都呼吁人们过克制欲望、服从于最高法则的生活。

---

[1] 列夫·舍斯托夫：《在约伯的天平上》，董友、徐荣庆、刘继岳译，上海人民出版社，2004，第86页。

第一节　兽性生命的摒弃

　　托尔斯泰在晚年所著的《论生命》中写道："要知道对死亡的恐惧只是由于害怕生命的幸福从他的肉体死亡中消失才发生的。如果人能够把自己的幸福置放到他人的幸福中，就是说爱他人胜过爱自己，那么死亡就不再是生命和幸福的终结，像只为了自己而活着的人所觉得的那样。"[1] 托尔斯泰指出，人之所以为人，不在于他动物性的躯体，不在于感官乐趣的享受，而在于他具有神性，即能够"爱他人胜过爱自己"，能够实践爱与善的法则。生命的意义就在于抛弃动物性生命而获得真正的神性生命。"必须死去而且正在不停地死去的东西是不可能保存的；只有抛弃了将要死亡、应当死亡的东西，抛弃我们的动物性的躯体，我们才能获得真正的生命，它是不会死亡的，也不可能死亡……我们真正的生命只有当我们不再认为那些从来就不是我们的生命的东西，即动物性存在是生命的时候才开始。"[2]

　　托尔斯泰晚期小说的主人公，无论是《伊万·伊利奇之死》前半部中无比重视官职和名誉的伊万·伊利奇，还是《主人和雇工》前半部中只关心财富积累的精明商人瓦西里·安德烈伊奇，抑或是《复活》前半部中沉迷于肉欲生活的涅赫柳多夫公爵，他们都经历了从只为满足动物性躯体的欲望而活转变为获得神性生命、向善与爱不断靠近的过程，如伊万·伊利奇在死亡之前领悟上帝之光、瓦西里·布列胡诺夫为仆人尼基塔献出生命、涅赫柳多夫为挽救曾经被他玷污的少女而甘愿奔赴西伯利亚受苦。

　　《伊万·伊利奇之死》描绘了一个过了一辈子追求功名的虚伪世俗生活的人在身患绝症后对世界、对人生的看法的彻底改变以及对真理的体悟。小说分为十二章，采取了倒叙的方式，一开篇读者便被告知主人公已死，并得以"领略"其生前社交圈的庸俗、虚伪、自私与麻木不仁。听闻伊万·伊利奇的死讯后，他的公务员同僚们纷纷考虑起他的死会如何影响自己和熟人的仕途。从第二章起，托尔斯泰为我们复盘了主人公伊万·伊利奇生前的经历，其中第二、三章是描写他在患病前的成长、婚姻和工作，余下的九章详细描写了他患病、投医、治疗、反思、临终的整个

---

[1] 托尔斯泰：《天国在你们心中》，李正荣、王佳平译，三联书店上海分店，1997，第 2 版，第 72 页。
[2] 同上书，第 66 页。

过程及其心路历程。

伊万·伊利奇生前是高等审判庭委员，终年四十五岁。青年时期，他成绩优异、和蔼可亲、交游广阔、兢兢业业、在职场上平步青云，形成了自己的一套"轻松愉快的处世之道"。他沉溺于上层社会的体面与虚荣，其婚姻、工作、生活的目的无不是迎合他所投身的上层社会的眼光与标准。当伊万·伊利奇的生活迎来了所谓的"幸福的高潮"或"人生的巅峰"，即得到了一个政府部门的肥缺，给自己和家人置办了一套梦寐以求的住宅并结交了"最优秀的"达官显贵后，他却发现自己生病了，而且是患上了"致死的疾病"。他四处求医，却连病灶到底在哪里也没有搞清楚，在始终没有得到满意的答复和治疗的情况下，眼看着病情一天天地恶化。

在病痛带来的绝望中，伊万·伊利奇开始反思自己的人生："陡地，他感到一阵原有的熟悉的疼痛，一种隐隐约约的酸痛，而且疼个没完，疼痛虽微，但是很严重。嘴里又是那股熟悉的叫人恶心的怪味。他的心开始作痛，头脑一阵发晕。'我的上帝，我的上帝！'他说道，'又来了，又来了，永远也不肯停止了。'"[1] 他顿悟到，这其实并不是盲肠或肾，或是身体某一部位的问题，而是一个生与死的问题。伊万·伊利奇尝试转移注意力，极力寻找各种"挡箭牌"来躲避"它"——死神的造访，然而这些尝试都是暂时且徒然的，只要他独自一人时，"他与它四目对视，但却拿它无可奈何。他只能望着它，不寒而栗。"[2]

死神的紧逼让伊万·伊利奇获得了"第二视力"，他看到周围所有人对他的最大兴趣仅仅在于他是否能够很快地、最终地让位，让活着的人摆脱因他的存在而产生的麻烦。被大家默认的那种虚伪让他难受，没有一个人可怜他，没有一个人愿意了解一下他的处境。他曾经所着迷的世俗生活，那些得体、庄重、优雅的特质，以及繁缛的礼节，到这番境地竟一无是处。

在小说过半的第七章，托尔斯泰引入了肤浅、虚伪的"文明生活"的对立面——"自然的生活"，后者是以一个穿着整洁、面色红润、永远乐呵呵的农民格拉西姆的身份出现的。只有这个打杂的农民让垂死的伊万·伊利奇得到了安慰。格拉西姆毫无怨言地为伊万·伊利奇拿走便盆、听他差遣，还把他的双腿扛在自己的肩膀上，

---

[1] 托尔斯泰：《列夫·托尔斯泰文集》（第四卷），藏仲伦、刘辽逸等译，人民文学出版社，2013，第78页。
[2] 同上书，第83页。

以便让他舒服一些，有时甚至接连几夜整宿整宿地扛着他的两腿。这个农民轻快、乐意、纯朴、任劳任怨地做着这些，这让伊万·伊利奇深受感动。让伊万·伊利奇感到最痛苦的是，没有一个人像他所希望的那样来可怜他。在经过长久的痛苦之后，他十分希望能有人像可怜一个有病的孩子那样来可怜他，能像爱抚和安慰孩子们那样来爱抚他，吻他，为他哭泣。存在于他周围以及存在于他自身之中的虚伪让他无法得到这样的爱，相比之下，他切实感受到，只有格拉西姆对他的关心是真诚而自然的。

不甘示弱的病痛进而让伊万·伊利奇否认了上帝的存在："等格拉西姆走到隔壁房间去了，他便再也忍耐不住，像个孩子似的哭了起来。他哭的是自己的孤苦无告、自己的可怕的孤独、人们的残酷、上帝的残酷，以及上帝的不存在。"[1] 他开始认真地回顾自己的一生。他一生奉公守法、循规蹈矩、兢兢业业，却过的是"不对头的生活"，曾经引以为豪的生活原来是那么无聊和丑恶。

那么，什么才是"对头的生活"？伊万·伊利奇发现，越是追溯回去，生活的情趣就越多。生活中的善越多，生活本身的情趣也越多。二者水乳交融，相辅相成。格拉西姆那善良的脸让他意识到，他的工作、他的生活安排、他的家以及这些社会与公务的利益——这些他过去赖以生存的一切统统错了，是一个掩盖了生与死的可怕的大骗局。在弥留之际、在跌进死亡洞穴的那一刻，伊万·伊利奇终于"看到了光明"，这时他才恍然大悟，他的一生都错了，但这事还是可以纠正的。

"'可是死呢？它在哪儿？'

"他在寻找他过去对于死的习惯的恐惧，可是没有找到它。它在哪儿？死是怎样的？任何恐惧都没有，因为死也没有。

"取代死的是一片光明。

"'原来是这么回事儿！'他突然说出声来，'多么快乐啊！'

"对于他，这一切都是在一瞬间发生的，而这一瞬间的意义已经固定不变。

"…………

"'死——完了，'他对自己说，'再也没有死了。'"[2]

---

[1] 托尔斯泰：《列夫·托尔斯泰文集》（第四卷），第96页。
[2] 同上书，第105页。

可见，《伊万·伊利奇之死》实际上诠释的是伊万·伊利奇之生，是他结束了行尸走肉般的兽性生活而获得的对真理的体悟和灵魂的重生。在这部小说中，否定传统上帝的伊万·伊利奇在农民格拉西姆的帮助下看到了自己先前生活的虚伪，领悟到了人生的最高真谛，即充满对他人的善与爱的生活才是真正的生活。在农民格拉西姆的形象中虽然没有强调任何教会意义上的虔诚，却体现了作家所秉承的宗教哲学层面的人生真理，即对周围人的毫无保留的爱与自我牺牲以及面对死亡的坦然无畏。

小说《主人和雇工》的主人公瓦西里·安德烈伊奇·布列胡诺夫是个家境殷实的二等商人，靠自己的能力白手起家，并引以为豪。为了积累财富，他随意欺骗雇工，克扣工资，认为这是精明能干的表现。为了以便宜的价格买到邻村的一片林子，他在隆冬季节的下午带上仆人尼基塔上了路，却在暴风雪中迷了路，雪橇也陷进了洼地，只好在寒风呼啸的原野上过夜。布列胡诺夫躺在雪橇里，想的不外乎是构成他的生活的唯一目的、意义、快乐和骄傲的事情，即他赚了多少钱，还能赚多少钱；他知道的那些人怎样赚钱以及他怎样才能像他们那样再赚一大笔钱。不甘心白白等死的他试图撇下尼基塔而自谋生路，但最终还是没有找到出路而回到了原地。看到被白雪覆盖的、冻僵了的尼基塔，他忽然善心大发，决定趴到尼基塔的身上，用自己的体温温暖他的身体。

"瓦西里·安德烈伊奇沉默地、一动不动地站了片刻，随后他忽然怀着在成交一笔赚钱的买卖时与人击掌为定的那种决心倒退一步，挽起皮袄袖子，动手清除尼基塔身上的和雪橇里的积雪。清除掉积雪以后，瓦西里·安德烈伊奇连忙解开腰带，把皮袄拉平，推了推尼基塔，然后躺在他身上，不仅用自己的皮袄，同时也用自己的整个热乎乎的身体覆盖着他。瓦西里·安德烈伊奇皮袄的衣襟塞在雪橇壁和尼基塔的身体之间，又用自己的两个膝盖压住皮袄的下摆，就这样趴在尼基塔的身上，头顶着前车壁。现在他已经听不见公马的动静和狂风的呼啸了，只倾听着尼基塔的呼吸……叫他自己万分吃惊的是，往下他说不出话来了，因为眼泪夺眶而出，下颚抖得厉害……他不再说话，只把升上喉头的东西咽下去。'我显然是吓着了，浑身无力。'他想。不过这种浑身无力的感觉非但没有令他不快，反而给予他一种特殊的、他从未体验过的欢乐。"[1]

---

[1] 托尔斯泰：《列夫·托尔斯泰文集》（第四卷），第290-291页。

小说主要是在暴风雪这一大自然的极端天气背景下展开的。托尔斯泰在 19 世纪 50 年代也曾写过一篇名为《暴风雪》的短篇小说，相较于青年时期对受暴风雪摆布的路人体验的细致描绘，在其晚年的《主人和雇工》中，暴风雪已不仅仅是客观的自然环境描写的对象，而是具有了高于人类意志力量的考验和道德净化的象征意义。在茫茫雪海中，布列胡诺夫得以忘记一切曾经让他迷恋的尘世价值，与赤裸的自我相对，并获得了突然而至的神性。就这样在尼基塔的身上过了数小时后，"忽然，令他高兴的事实现了：他等候的人来了……这个人来了，而且呼唤他的名字，呼唤他的名字的这个人就是命令他躺在尼基塔身上的人……他明白，这是死亡，却一点也不因此难过。他想起，尼基塔躺在他下面，已经暖和过来，还活着。于是他觉得他就是尼基塔，而尼基塔就是他。他觉得他的生命不在自己的身体里面，而在尼基塔的身体里面"[1]。这个命令他躺在尼基塔身上的人便是布列胡诺夫心中的善与爱，是潜藏在他心中的上帝。当他抛开世间的一切诱惑，欣然响应心中上帝的号召时，他便彻底自由，感到由衷的快乐。"'过去我不懂，那么现在我懂了。现在不会错了。现在我懂。'他又听见刚才呼唤过他的那个人在喊他。'我来了，我来了！'他的整个身心都在快乐地、感动地说。"[2]

对于布列胡诺夫那看似毫无征兆的善行，有观点认为，是作者刻意把自己的学说强加到人物身上，违背了人物性格发展的逻辑[3]，也有把该小说全盘基督教化的解读，即通过布列胡诺夫趴在尼基塔身上的四肢的姿势来证明前者身上体现了基督受难的主题[4]。然而需指出，在布列胡诺夫身上依然延续着伊万·伊利奇获得顿悟以前对传统意义上的上帝的质疑和否定。危难之中，他试着祈祷，希望那位创造过奇迹的圣徒尼古拉保佑自己："'圣母啊，教导我们禁欲的圣徒尼古拉啊。'他想起昨天的祈祷、穿金衣的黑面圣像和他卖出去给人敬这圣像的蜡烛，那些蜡烛当即就给他送回来，烛芯刚少了一点的就被他藏在抽屉里了。现在他求助于这位灵验的圣尼古拉，许下愿要去向他祈祷供蜡烛。不过，毫无疑问，此刻他心里很清楚，那圣像的

---

[1] 托尔斯泰：《列夫·托尔斯泰文集》（第四卷），第 293 页。
[2] 同上。
[3] Розанова С. Примечания // Толстой Л. *Собрание сочинений в 20 томах*: Т. 12. М.: Гослитиздат, 1964. С. 495.
[4] Gary John, "A note on miracle motifs in the later works of Lev Tolstoy," in *The supernatural in Slavic and Baltic literature: Essays in honour of Victor Terras* (Ohio,1988), p. 196.

面孔、法衣、蜡烛、教士、祈祷等等在教堂里十分重要和需要，而在这荒原上对他却爱莫能助，蜡烛和祈祷与他此时的困境之间没有，也不可能有任何联系。"[1] 可以说，托尔斯泰无意把布列胡诺夫塑造成一个救世主的形象，使主人公摒弃兽性生命，获得神性生命的也并非教会意义上的人格化的上帝，而是托尔斯泰所珍视的永恒的最高法则。

在出版于1899年的最后一部长篇小说《复活》中，托尔斯泰更是直接在小说文本中提出了人身上的兽性和神性的问题："在涅赫柳多夫身上就跟在一切人身上一样，有两个人。一个是精神的人，他为自己所寻求的仅仅是对别人也是幸福的那种幸福；另一个是兽性的人，他所寻求的仅仅是他自己的幸福，为此不惜牺牲世界上一切人的幸福。"[2] 涅赫柳多夫由精神上的堕落走向复活正是"兽性的我"与"精神的我"之间相互抗争的过程。在复活节前夜诱奸卡秋莎以前，"在他身上活着的兽性的人，现在不但已经抬起头来，而且把他第一次做客期间，以至今天早晨在教堂里的时候还在他身上活着的那个精神的人踩在脚下，那个可怕的兽性的人如今独自霸占了他的灵魂"。而在以陪审员的身份出庭，见到被审判的卡秋莎后，他感到良心上深深的谴责："在目前这个时期，彼得堡生活和军队生活已经在他的身上引起利己主义的疯魔状态，兽性的人在他身上占着上风，完全压倒了精神的人。可是他见到卡秋莎以后，重又产生了他以前对她生出的那种感情，精神的人就抬起头来，开始坚持自己的权利。"[3] 涅赫柳多夫放弃贵族生活，把土地分给农民，为卡秋莎及蒙冤入狱的人们东奔西走，并追随她到西伯利亚，打算与她结婚，以赎回自己的罪过。一向欣赏托尔斯泰的罗曼·罗兰曾对涅赫柳多夫的形象颇有微词，认为作者"在主人翁三十五岁的身体中，纳入一个格格不入的七十老翁的灵魂"[4]。实际上，托尔斯泰的主人公在《复活》中用自己的行动完成了早年的涅赫柳多夫们没有能力也没有勇气去完成的自我救赎。从托尔斯泰精神求索的脉络上看，这种救赎是合理的、符合逻辑的。

---

[1] 托尔斯泰：《列夫·托尔斯泰文集》（第四卷），第289页。
[2] 托尔斯泰：《列夫·托尔斯泰文集》（第十一卷），汝龙译，人民文学出版社，2013，第73页。
[3] 同上书，第65页。
[4] 罗曼·罗兰：《托尔斯泰传》，第140页。

第二节　官方信仰的解构

在晚年，托尔斯泰坚持用理性来检验传统的东正教，成为官方教会和教义的批评者。他批判教义中一切不能为理性所解释的神秘部分，否定神迹，同时把教会指控为真正宗教信仰的敌人，在自己的文学作品和政论文中进行了公开的批判。这在官方教会看来无疑是离经叛道的。托尔斯泰认为，真正的信仰不需要教会的领导，只需在心中记得并在生活中践行善与爱的法则。

1884年，在未完成的小说《疯人日记》中，托尔斯泰描写了主人公"发疯"的过程，实际上却是在阐述他精神觉醒的过程。主人公早在童年时期就表现出了对人与人之间的爱与恨、对基督受难的敏感情绪和关注，却被称为"精神失常""疯病的最初发作"。年轻的主人公和周围的公子哥们一样度过了花天酒地、毫无信仰的青年时代。随后，作家描写了他人生中经历过的与死神擦肩而过的真实经历，令人毛骨悚然的恐怖让他的思绪奔腾："谁是我的创造者？上帝，据说是上帝。我记起来，应该祈祷。我已有二十年没有祈祷了，什么也不信，尽管出于礼节还是年年都斋戒。我开始祈祷。"[1]

从此，他变得虔诚了，开始做祷告、上教堂，但此时的信仰还是盲目和脆弱的。而后，他在一次去莫斯科的夜里再次面临了这可怖的恐惧："我活着，我活过，我应该活，可是突然死神降临，一切都灭亡了。为什么要活着？不如死吧？立刻就自杀？我害怕。等待死亡的到来吗？我更害怕了。那么只好活着？为了什么？为了死。"[2] 他又一次像孩子一样祈祷，每逢星期日和节日上教堂，斋戒，甚至禁食，希望得到上帝的启示。然而有关生命的意义的问题依然没有得到解决，他对上帝始终心存怀疑，甚至否定："'倘若你是存在的，你就向我启示：为什么要这样？我是什么？'我不断鞠躬，念着我所知道的各种祈祷文，并自己编祷词，又补充说：'你就向我启示吧。'……'倘若你确实是存在的，你就应该告诉我，告诉人们。倘若你是不存在的，那就只有让人完全绝望。我不要，我不要！'我十分愤慨。我要求他向我启示真理，向我显现。我做了一切，就像所有的人那样，但他没有向我显

---

[1] 托尔斯泰：《克鲁采奏鸣曲》，第140页。

[2] 同上书，第142页。

现……也许我并没有乞求，我放弃了他。所谓'你退后一步，他离你一丈'。我不信仰他，却去乞求，他就什么也不向我启示。我同他算账，谴责他，干脆不信仰他。"[1]

后来的一个冬日，他在打猎时再一次遇到了对死亡的恐惧。他开始阅读《圣经》，在《福音书》中得到了最终的安慰和解脱。他意识到，他对庄园利益的锱铢必较是可耻的，因为他的利益是建立在别人的贫困和悲哀之上的。他领悟到了重要的真理，那就是："农民同我们一样想过好日子，他们同我们一样是人，是我们的兄弟，是上帝的儿子，就像《福音书》里所说的那样。突然，一样长期使我痛苦的东西离我而去，仿佛从腹中出世一样……这是我发疯的开始。"[2] 主人公所谓的"完全发疯"发生于一次教堂礼拜。他认真祈祷和听人祈祷，深受感动，却在出口处看到了一群乞丐。"这时有一道光把我照个透亮"，他顿悟到了教堂仪式和教育的虚伪，并把身上全部的钱财分赠给了乞丐，跟农民们谈着话，步行回家去。

主人公经历了疑惑、面临危机、怀疑、"发疯"的过程，放弃了教会所信奉的作为人格神的上帝，通过融入民众获得了自己所认可的信仰。然而，这种信仰的获得并不是通过来自上帝的启示以及在上帝面前的忏悔，而是通过自身的力量、通过对《圣经》的有选择性的阅读、通过对周围世界的理性观察。

《疯人日记》是对托尔斯泰个人信仰经历的文学展现，让人联想起托尔斯泰在《忏悔录》中的坦白：虽然他生活在东正教的氛围中，接受了洗礼和教育，但他一直只是对教给他的一切和成人的说教摆出一种信任的态度而已，却并没有一个牢固的信仰。当他发现大家的生活原则不仅与教义毫无共同之处，相反，多半与之对立，这种教义只是在某个远离生活、独立于生活之外的地方被信奉着的时候，他果断脱离了宣扬这种教义的教会，开始了自觉、自主的宗教探索。

这一时期，托尔斯泰对修道院、修士生活及修道活动兴趣倍增，早在1879年他就曾尝试写过这一题材的小说《百年》，但并未完成。在亚斯纳亚·波利亚纳庄园的书架中，有大量介绍修士、苦行僧、隐修士生活的书籍以及圣徒传等，关于修道生活的本质的思考经常出现在作家这一时期的日记中。不仅如此，托尔斯泰还亲

---

[1] 托尔斯泰：《克鲁采奏鸣曲》，第143页。
[2] 同上书，第145页。

自走上朝圣的道路，如 1879 年 6 月，托尔斯泰曾拜访俄罗斯的主要朝圣地之一——基辅地下墓窟修道院，然而并没有得到令他满意的答案。他在给妻子的信中写道："整个早晨，直到三点钟，我都在教堂、地下墓窟和修道士中间走来走去，我对这次旅行非常不满。这是不值得来的。七点钟我到修道院去看安东尼，一个 Skimmik（最严厉的修道会的修道士），从他那里没有得到多么有用的东西。"[1] 此外，托尔斯泰还曾三次拜访当时声名远扬的奥普塔修道院院长老阿姆夫罗西·格连科夫（Амфросий Гренков，1812—1891，后被封为圣徒），却经历了从满心欢喜地求教到失望而归的过程。越是深入地了解修道活动，托尔斯泰就越发对其本质产生了怀疑。

在 1890 年和女儿一起拜访了奥普塔修道院后，托尔斯泰在自己的日记中对这次的拜访做出了否定的评价，并构思了以修道院和修士生活为题材的《谢尔基神父》。直到 1898 年，他还在进行修改，小说并没有在作家生前得到出版。

托尔斯泰笔下的谢尔基神父是一个血肉丰满、个性鲜明的人物形象，作家对他各个阶段的复杂而紧张的心理活动进行了细致入微的描写。曾经前程似锦的近卫骑兵连连长斯吉邦·卡萨茨基公爵在发现未婚妻曾是沙皇的情妇后毅然辞职，进了修道院，做了修士。他凡事追求尽善尽美，事事好强，拥有很强的自尊，"他出家就是要表明，他蔑视人家和他自己出家前认为十分重要的一切，并且登上一个新的高度，从那里可以居高临下地鄙视他以前所羡慕的达官贵人"[2]。当然，自尊心并不是令他出家的唯一驱力，他的心中还有一种从未泯灭的宗教感情。

在修道院，他也力求做一个尽善尽美的修士：勤劳、克制、谦卑、宽厚，行动和思想都十分纯洁和顺从。然而，他"只是用嘴巴祈祷，心灵并不在祈祷"，那世俗的自尊和虚荣心依然折磨着他，他对上帝的态度并不是心悦诚服的顺从，而是一种强迫的隐忍。到了第三年年底，他得到了教会的承认，落发为修士司祭，被赐名谢尔基，得以主领祈祷，然而他的宗教情感并没有得到相应的稳步发展，而是在怀疑和淡漠的反复中让他置于麻木不仁的境地。

为了离开尘世的纷扰，谢尔基神父听从长老的劝导，到山上挖出来的一个洞窟

---

[1] 艾尔默·莫德：《托尔斯泰传》，第 573 页。
[2] 托尔斯泰：《克鲁采奏鸣曲》，第 450 页。

去过隐修士的生活。然而怀疑和肉欲依然挥之不去,"他像安放一件不易平衡的东西,把自己的信心重新安放到摇晃不定的细腿上,然后小心翼翼地离开,免得把它碰倒"[1]。在隐修生活的第六年,一位美丽的贵妇马科夫金娜与别人打赌,认为她自己可以诱惑谢尔基神父,在他那里过夜。在危险和毁灭即将到来的刹那,谢尔基神父想起了一只手按在荡妇头上、另一只手放在火盆里的圣徒的事迹,于是便通过用斧头砍断手指的行为战胜了致命的诱惑和蠢蠢欲动的内心。这种为自己和他人的罪孽主动受罚的行为让马科夫金娜受到了强烈的震动,得到了感化。一年后,她正式落发为修女,在修道院里过上了刻苦的修道生活。

马科夫金娜事件让谢尔基神父声名远扬,人们络绎不绝地从四面八方前来拜访他,其中不乏带病人来求他治病的。谢尔基神父俨然成为世人景仰的长老的典范,且果真治愈了一些病人。然而他的内心却十分明白,这样的所谓神迹不过是一种巧合。"他常常感到奇怪,他斯吉邦·卡萨茨基居然成了一个非凡的神的仆人,简直成了一名创造奇迹的神人。"[2] 这里体现出了作者本人对神迹的否定态度。修道院十分重视谢尔基神父,因为他成了修道院吸引来访者和施主的工具。"随着他越来越献身于这样的生活,他越来越觉得他内心的生活在变成外在的生活,他心中活命的泉水越来越枯竭,他的所作所为越来越多地是为了人,而不是为了上帝。"[3] 然而在多数情况下,由于虚荣心的作祟,他还是对来访者的簇拥及赞美感到自我陶醉。

一年春天,一位商人带着智力低下的年轻女儿前来寻求谢尔基神父的帮助,而这个天真的姑娘却十分轻易地就让曾经为抵御肉欲而不惜断指的谢尔基神父走向了堕落,犯下了奸淫之罪。谢尔基神父带着有罪的灵魂逃离了修道院和隐修室,走向了人间,在巴申卡这个善良、羞怯、逆来顺受的普通人身上得到了真正的信仰的启示。在故事的结尾,谢尔基神父云游各处,到西伯利亚一个富裕农民的垦地上干活,教孩子们读书,照料生病的人,践行起了托尔斯泰所认同的实用道德。

谢尔基神父并没有像传统意义上的圣徒传主人公那样最终建立功绩,成为不朽的基督的宠儿之典范,而是经历了考验、罪恶、自省,意识到之前的禁欲苦修只是一种虚伪的表象和自欺欺人。对上帝的怀疑伴随着他进修道院、落发、隐修、成为

---

[1] 托尔斯泰:《克鲁采奏鸣曲》,第460页。
[2] 同上书,第476页。
[3] 同上书,第470页。

知名长老的整个过程,"他(上帝——作者注)究竟存不存在?我仿佛在敲一道外面锁着的房门……门上挂着锁,我本该能看见他。这锁就是夜莺、甲虫、大自然。也许那个年轻人(曾经找他谈话的无神论者——作者注)是对的。"[1] 在逃离修道院的路上,他全面否定了上帝:"'是啊,该结束了。没有上帝。'……他想像平日绝望时那样做祷告。可是向谁祷告呀。上帝不存在,他用手支着头躺着。"[2]

托尔斯泰刻画的谢尔基神父显然不是传统东正教长老制[3]所指的长老。的确,托尔斯泰在文中对俄罗斯长老制进行了如下描写:"修道院院长是一位贵族,一位博学的著作家和长老,也就是说他继承瓦拉几亚的古老传统:修士必须毫无怨言地服从他选定的领导和教师。修道院院长是著名的阿姆夫罗西长老的弟子,阿姆夫罗西是马卡里的弟子,马卡里是列昂尼德长老的弟子,列昂尼德又是派西·维利奇科夫斯基的弟子。卡萨茨基现在就拜这位修道院院长为师。"[4] 这里提到的阿姆夫罗西、马卡里、列昂尼德均为俄罗斯19世纪的著名长老,而派西·维(韦)利奇科夫斯基(Паисий Величковский, 1722—1794)是俄罗斯18世纪著名的宗教活动家,他十七岁进修道院当修士,以严格苦修著称,一生著作颇丰。托尔斯泰不嫌烦冗地在文中列举这些实际生活中的著名长老,有意为谢尔基神父所跟随的派系追根溯源、引经据典,这看似是对其修道的正统性的印证,然而从结局来看,如此传统中接受熏陶和成长的谢尔基神父却变成了不信上帝之人,这无疑是对长老制的最大的反讽。也难怪该作品会让教会人士大为不满,如著有《托尔斯泰与教会》一书的大主教沙霍夫斯科依(Иоанн Шаховской, 1902—1989)指出,《谢尔基神父》这部作品的轻率首先在于其内在情节恰恰缺少了最主要的东西:基督。在最后主人公也是在一个普通妇女面前忏悔,"而在基督面前的忏悔则只字未提","复活是在没有基督的情况下发生的,整个生活也是在没有基督的情况下进行的"[5]。

---

[1] 托尔斯泰:《克鲁采奏鸣曲》,第477页。
[2] 同上书,第479页。
[3] 长老制发源于埃及和巴勒斯坦荒漠教父时期,是东正教修道生活中的典型修行方式。传入俄罗斯后,长老制有了自己的地方特色,强调修行与外部世界的联系,获得了开放的入世特征。在修道过程中,见习修士要在绝对顺从长老引导的前提下,通过祷告、忏悔、斋戒等修道手段克服欲念,实现与上帝合一的修行目标。
[4] 托尔斯泰:《克鲁采奏鸣曲》,第451页。
[5] 转引自吴泽霖:《托尔斯泰和中国古典文化思想》,第224页。

谢尔基神父在小说的结尾处梦到了自己儿时的玩伴巴申卡，一个曾经笨手笨脚、处处被人欺负的小女孩。在梦中，天使指引着谢尔基神父去找巴申卡，让她告诉他应该怎么办，他的罪孽是什么，怎样才能拯救自己。巴申卡如今已变成了不幸的寡妇，带着女儿和没有正经差事、神经衰弱的女婿一家过着一贫如洗的生活。她的丈夫在世时经常打她，并把钱财挥霍精光。即使是这样，巴申卡从来都是逆来顺受，毫无怨言。当她得知有朝圣者来访时，她本想要布施五个戈比，但想起没有比十戈比更小的钱了，于是决定布施一点面包。不过，她立刻对自己的小气感到脸红，并自觉地加倍处罚自己，将面包和十戈比全部送给了朝圣者。

单从巴申卡对自己宗教生活的描述来看，她因为生计窘迫、穿着不体面，可以几个月不去教堂，并自认为"有点懒惰"，在家祷告也是"随口念念罢了"，因为"没有真正的感情"。而正是这个对上帝"没有真正的感情"的巴申卡给谢尔基神父指明了前进的方向，让他领悟到了真正的人生真谛："噢，我的梦原来应的是这个。巴申卡就是我原来想做而没有做成的人。我以前借口为上帝，其实是为人们活着；她活着为了上帝，却以为是为了人们。是啊，做一件好事，施舍一碗水，不想得到报答，比我为人们造福更可贵。"[1] 于是，谢尔基神父再也没有回到任何一所修道院去继续过那种禁欲苦修的生活，而是走入民间、云游四方，真正成为一个"上帝的奴仆"。最后，他在西伯利亚的富农家做工，教孩子读书，并照料病人，践行着托尔斯泰所提倡的实用道德。可以说，忽视外在的宗教生活，却在心中和现实生活中时刻为他人服务的巴申卡是托尔斯泰笔下真正信仰的拥有者。

托尔斯泰在谢尔基神父的形象中寄托了自己对真正的宗教精神的理解，这与教会正统圣徒的观念大相径庭。托尔斯泰以被教会奉为楷模的苦修士为蓝本，在充分汲取民间基督教观念的基础上塑造出了一个融合了作家本人理想的谢尔基神父。在遇到巴申卡以前，谢尔基神父过的是虚伪的长老生活。而在遇到巴申卡后，他得到了信仰上的重生，肯定了民间救赎的意义。

作家认为，固定程式和刻板教条中培养的信仰缺乏坚实的内心基础，强制的顺从并不能真正剔除人身上的兽性。在人的救赎方面，人应该靠理性和认识进行自救，而不能单靠苦修。在托尔斯泰看来，隐居的修士不如民间的信教者伟大，因为前者

---

[1] 托尔斯泰：《克鲁采奏鸣曲》，第487页。

沉迷于自我救赎的理想，往往无视他人心灵的痛苦和得救。作家在普通信教的民众中看到了世俗的神圣性。

在最后一部长篇小说《复活》中，托尔斯泰更是对官方教会进行了赤裸裸的讽刺。小说如是描写监狱里的宗教仪式："礼拜是这样做的：一个司祭穿着特别的、奇怪的、极不方便的锦缎衣服，在碟子里把一块面包切成许多小块，然后把它们放在盛着葡萄酒的杯子里，而且嘴里念着各式各样的姓名的祈祷词……然后他跪下去，吻一张桌子和那上面放着的东西。不过最主要的动作是司祭伸出两只手来拿起一块餐巾，在碟子和金杯上从容而平稳地晃来晃去。据认为，这样一来，面包和酒就变成了肉和血。正是因为这个缘故，礼拜的这一部分才做得特别庄严。"[1] 在俄语中，和礼拜相关的物品和摆设是有特定的宗教用语的，而托尔斯泰却用"特别的、奇怪的、极不方便的锦缎衣服"来代替"法衣"、用"面包"来代替"圣餐"、用"桌子"来代替"圣坛"等，仿佛由一个完全不了解宗教仪式的局外人来叙述，营造了一种荒诞不经的效果，构成对传统理解的颠覆。这也是托尔斯泰在以往的作品中惯用的手法，如在《童年》中，通过孩子尼古连卡的眼光描写了妈妈之死，将妈妈毫无生气的脸称作"浅黄色的、透明的东西"，由此引发了主人公的一系列回忆与精神漫游；在《霍尔斯托梅尔》中，选择用不信任人类的马的眼光去看待整个世界，对私有制、对人类的自私和贪婪进行了揭露；在《战争与和平》中，通过初次接触歌剧的娜塔莎的眼光描述歌剧的场景，用非军人皮埃尔的感受描写博罗金诺战役。托尔斯泰对习以为常的、约定俗成的事物的传统理解进行颠覆，其目的是教会人们真正地看到生活、学会生活。俄罗斯形式主义文论家什克洛夫斯基正是在托尔斯泰的小说诗学中提炼了作为俄罗斯形式主义批评核心的"陌生化"概念。与此同时，什克洛夫斯基也是《托尔斯泰传》的作者，他提到："《复活》向以穿着制服的官吏波别多诺斯采夫和穿着金色袈裟的主教们为首的沙皇教会说：'你们是行尸走肉'"。[2] 正是《复活》的出版令官方教会最终做出了将托尔斯泰革除教籍的决定。

在托尔斯泰有关信仰的探讨中，有必要提起他所有作品中最具自传性的作品——戏剧《光在黑暗中发亮》。这部五幕正剧最为直观地表现了托尔斯泰本人的

---

[1] 托尔斯泰：《列夫·托尔斯泰文集》（第十一卷），第164–165页。
[2] 什克洛夫斯基：《列夫·托尔斯泰传》，第668页。

信仰、痛苦与追求，被他称为"自己的戏剧"。动笔于19世纪80年代的作品在随后的二十余年中断断续续地得到修改和补充，直到托尔斯泰去世都没有完稿。该剧初次发表于1911年出版的《托尔斯泰文艺遗作集》第二卷，首演于1917年。

显然，该剧的主人公尼古拉·伊万诺维奇·萨伦采夫正是托尔斯泰的化身，他的妻子玛丽亚·伊万诺夫娜抱怨他对家庭漠不关心，整天废寝忘食地念《福音书》、做笔记，同时访问高级僧侣、长老，去请教宗教问题，在修道院斋戒过一次后，接着又决定不需要斋戒，不需要上教堂，继而反对教会。她在神父面前道出了事情的来龙去脉："我们结婚的时候，他对宗教完全无动于衷。我们就这样生活，并且生活得很美好，那是最美好的年华，最初的二十年。后来他开始思考……阅读《福音书》，突然极端信仰宗教，开始上教堂，拜访僧侣们。然后呢，他突然抛弃了这一切，全面改变了自己的生活，开始自己干活，不让仆人服侍他。主要的是，他现在要把家产分出去。"[1] 这无疑是托尔斯泰本人生活的高度写照。剧中还体现了托尔斯泰19世纪80年代生活中的几大事件，如搬家（1882），第一次离家出走的尝试（1884），为被指控偷窃托尔斯泰家产的农民辩护而出庭（1885）、开始从事体力劳动等。

在与信仰摇摆不定的年轻司祭的对话中，萨伦采夫明确指出："教会的可怕之处就在这里。他们断言，他们掌握着全部毋庸置疑的、一贯正确的真理。这就是他们造成分裂的原因……他们就开始断言，他们掌握着全部绝无仅有的真理。……人们希望团结一致，因此想出种种团结的手段，却忽视了一个毫无疑问的团结手段——追求真理。就好像人们站在一座大房子里，光线从房顶中央照射下来。人们不是全体走向亮光，而是尽量在各个角落里聚集成一小堆一小堆。如果全体走向亮光，即使没有想到团结，却团结在一起了。"[2] 这里体现了该剧题目的意义，即在教会所宣扬的虚伪教义带来的黑暗中，代表真正的永恒生命的真理之光依然闪烁。普天下的人类可以通过他们用来认识真理的神圣工具——理性来达到团结一致。剧中的另一个核心人物鲍里斯·切列姆沙诺夫是萨伦采夫的追随者，他和托尔斯泰一样是个无政府主义者，认为暴力是最大的罪恶。这个新兵由于反对服兵役而被逮捕。

然而在结尾处，那个曾经被萨伦采夫说服的年轻司祭又重新回到了教会，而鲍

---

[1] 托尔斯泰：《列夫·托尔斯泰文集》（第十三卷），芳信、白嗣宏译，人民文学出版社，2013，第307–308页。
[2] 同上书，第280页。

里斯却被送到了疯人院。该剧以萨伦采夫的失落和哀叹告终，这也体现了作家对推行自己的思想时所遇到的种种挫折感到苦恼和无奈。

1910年，托尔斯泰深夜离家出走，曾在奥普塔修道院驻足片刻。这让一些人认为托尔斯泰有意在临终前与教会和解。实际上，在1909年，根据东正教主教公会的委托，图拉主教帕尔费尼就曾前往亚斯纳亚·波利亚纳，试图让托尔斯泰返回教会。托尔斯泰在1月12日的日记中写道："昨天主教来了，我同他开诚布公地谈过，然而过于谨慎，没有说出他的全部罪过。我本应说出。索尼娅讲了他与她的谈话，使我反感。显然，他想改变我的信仰，如果改变不了，便铲除、缩小我对教会信仰的有害影响（照他们的看法）。特别令人不快的是，他要家里人在我弥留之际通知他。他们会不会想方设法让人相信：我临终时'忏悔'了。因此我要声明，似乎是再次声明，我临终时不会返回教会，不会领圣餐，就像我临终时不会说下流话或者看下流图片一样，所以如果将来有人说我临死时忏悔了，领圣餐了，那都是谎话。我所以讲这些话，是因为根据一些人的宗教观，领圣餐是一种宗教行为，即信奉上帝的表示，而对于我，领圣餐和其他一切类似的徒重外表的行为都是弃绝灵魂，弃绝善，弃绝基督的学说，弃绝上帝。"[1] 可见，托尔斯泰直至生命的最后一刻也坚持以自己的方式去拥有信仰。

第三节　生活理念的实践

晚年的托尔斯泰在生活中践行了"简朴化"（опрощение）的原则，过起了身体力行、克制欲望的生活，在他看来，节欲和自律是达于至善的必经之路。

托尔斯泰在1881年定居莫斯科后，尤为强烈地感觉到了城市中贫富差异的悬殊。为了深入了解城市贫民并救济他们，他参加了1882年初的莫斯科人口调查工作，并写成了政论文《那么我们应该怎么办？》。对以往骄奢淫逸、游手好闲的贵族老爷生活深感羞耻和罪恶的他总结出了一个简单的结论：为了不制造人们的腐化和痛苦，应尽量少地享受别人的劳动而尽量多地自己动手。应自食其力，从事体力

---

[1] 托尔斯泰：《列夫·托尔斯泰文集》（第十七卷），第309页。

劳动，如给自己煮茶、烧炉子、提水、缝衣服等。"一旦我把体力劳动变成自己生活的习惯条件，我就立即抛弃了我在肉体懒散时形成的大部分错误而代价昂贵的习惯和要求，而且没有丝毫的勉强……饮食本身和对饮食质量的要求也完全改变了，最简单的食物，如菜汤、粥、黑面包、边咬糖边喝的茶，代替了以前爱吃的甜蜜、油腻、精致、复杂和开胃的东西，成了最需要和最令人愉快的东西。"[1]

值得一提的是，托尔斯泰在生命的最后二十五年里切身践行了素食主义，素食成为作家在日常生活中贯彻道德观的一种重要的表现。1885年秋，托尔斯泰结识了实证论者威廉·弗雷，从他那里第一次听到关于素食主义的全面论述。弗雷用解剖学的理论证明了肉食并非适宜于人体的食物，水果和坚果才是理想的选择。在他的启示和鼓舞下，托尔斯泰不顾妻子的恳切劝阻，决定将他一年多以前试行的不吃肉、不嗜酒的戒条坚持下去，直至生命结束。素食并没有损害托尔斯泰的健康，倒使他避免了很多肉食会引发的危险病症。他始终保持着良好的体质，在耄耋之年仍能轻松自如地溜冰、骑车和纵马扬鞭。素食也没有削弱托尔斯泰的创造力，1885年以后，他照样以酣畅的笔墨，写出了《复活》《哈吉穆拉特》等诸多上乘之作。

实际上，在作家前期的创作中已然可以窥见食物和道德之间的联系。他在塑造小说人物形象时，经常描写该人物的饮食或使用与食物有关的比喻。小说《安娜·卡列尼娜》伊始，奥勃朗斯基邀请列文到莫斯科的英国饭店就餐。在走进饭店的时候，列文"发现奥勃朗斯基脸上和身上显然有一种特殊的表情，仿佛是抑制着的欢乐……他走到酒台旁边，喝了一杯伏特加，吃了一点鱼，对柜台后面那个浓妆艳抹，一身都是缎带、花边和满头鬈发的法国女人说了几句俏皮话，引得她咯咯地笑起来"[2]。而列文却对这个花枝招展的法国女人感到极其厌恶，连忙从她身边走开，好像避开脏地方一样。托尔斯泰借列文之口评论道："我觉得她不是女人，简直是个妖精。凡是堕落的女人都是这样的。"[3]

文中详细地描写了奥勃朗斯基饶有兴致地向鞑靼侍者点菜的情形。他先要了三十个新鲜牡蛎，接着又点了蔬菜汤、比目鱼、煎牛排、阉鸡、罐头水果、酒和干酪。作家对他的吃相描写更是栩栩如生："奥勃朗斯基揉了揉浆过的餐巾，把巾角塞到

---
[1] 托尔斯泰：《列夫·托尔斯泰文集》（第十五卷），第234–235页。
[2] 托尔斯泰：《安娜·卡列尼娜》，第34–35页。
[3] 同上书，第43页。

背心领口里，稳稳当当地摆开手臂，动手吃牡蛎。'真不错！'他用银叉把滑腻腻的牡蛎从珍珠母色的贝壳里挑出来，一个又一个地吞下去。'真不错！'他连声说，那双湿润发亮的眼睛忽而望望列文，忽而望望鞑靼人。"[1] 素来最爱蔬菜汤和麦片粥的列文总觉得十分别扭。他觉得，乡下人吃饭总是尽量吃得快一点，吃完了好干活，而城里人却想尽量吃得慢一点，因此先弄点牡蛎来吃吃。对于奥勃朗斯基认为的处处讲究享受才是文明的目的这一观点，列文则反驳：如果这就是文明的目的，那他宁可做个野蛮人。

在谈到对家庭的不忠时，托尔斯泰也选择了用食物来做类比。列文对外遇感到十分不解，他觉得这和吃饱了饭，经过面包店，又溜进去偷面包是一样的。奥勃朗斯基则答道，奶油面包有时香得会使人无法克制。

除此之外，小说中与食物有关的人物描写不止一处。在描写社交界中热衷于寻花问柳的人物时，作家写到了一个叫华西卡的健康得红光满面的青年："显然，他的身体从不缺乏带血的嫩牛排、地菇和布尔冈红葡萄酒的营养……他那双闪闪发亮的眼睛一直盯住她（华西卡追求的女人——作者注），好像要把她吃掉。"[2] 文中是这样评价到彼得堡寻欢作乐的外国亲王的："虽然纵欲无度，亲王的外表还是像荷兰大黄瓜那样光泽发亮。"[3] 奉命招待他的伏伦斯基在亲王的身上看到了自己的影子，深感羞耻和厌恶。他如是评价亲王："他是展览会上稳得头奖的一头饲养得很好的牲口……他受的教养，就是为了要蔑视教养，就像他们除了肉体的快乐蔑视一切一样。"[4]

在托尔斯泰的其他小说中也不难发现与食物有关的比喻。在《战争与和平》伊始，作家在描写安娜·帕夫洛夫娜·舍列尔家中的聚会时写道："子爵眉清目秀，文质彬彬，是个可爱的年轻人。他显然以名流自居，但为了表示有教养，不论什么场合他都十分谦让，俯首听命。安娜·帕夫洛夫娜显然是要利用他来款待客人。办事漂亮的领班都会献上一盘倘若有人在肮脏的厨房里见过就不想吃的牛肉，当作一道特别的好菜，安娜·帕夫洛夫娜今天晚上正是这样，她先献出子爵，然后献出神

---

[1] 托尔斯泰：《安娜·卡列尼娜》，第 36—37 页。
[2] 同上书，第 289 页。
[3] 同上书，第 341 页。
[4] 同上书，第 345 页。

甫，作为两道特别的珍馐美味招待客人……于是，子爵像一盘点缀着生菜的热腾腾的煎牛里脊，以最优雅和对他最有利的方式被端出来奉献给在场的人。"[1] 在《克鲁采奏鸣曲》中，主人公波兹德内歇夫谈起令其妻子神魂颠倒的音乐家时说道："他是个未婚男子，身强力壮（我记得他怎样津津有味地嚼着牛排，鲜红的嘴唇怎样贪婪地喝着大杯美酒），白白胖胖。他为人在世没有其他目的，只是放纵情欲，寻欢作乐。"[2] 托尔斯泰在《克鲁采奏鸣曲》中更是借主人公之口直接道出了食欲与情欲的关系："我们饱食终日、无所事事，这就经常刺激着肉欲……今年春天有一批农民到我们那里去修铁路。他们平常吃的是面包、克瓦斯和洋葱。他们身强力壮，因此干农活儿比较轻松。他们来修铁路，伙食除了麦粥，还有一磅牛肉。他们每天干十六小时的活儿，推半吨重的车，这样就把这磅牛肉消化掉了。可以说，收支平衡。可我们每天吃两磅牛肉、野味、各种刺激性的山珍海味，再加上各种饮料——这些东西都变成了什么？变成了旺盛的肉欲。"[3]

从以上的描写和论断中我们不难读出作家所要表达的观点：一个人的饮食与他的道德水平是密切相关的，饮食不仅可以反映人的生活，还能成为窥见其道德与品性的一扇门窗。放纵口腹之欲的人就是肆意满足肉欲的人，贪食珍馐美味会加强兽性的情欲并摧残道德功能的提高与进步。作家在《〈克鲁采奏鸣曲〉跋》中试图用通俗明了的文字说明写就该小说的用意。其中的第一点便是："为了自我克制……必须过自然的生活：不喝酒，不暴食，不吃肉，不逃避劳动（不是体操，而是使人筋疲力尽的重体力劳动），不要对别的女人动淫念，就像任何人不能对自己的母亲、姐妹、亲人以及朋友的妻子动淫念一样。"[4] 在最后一部大型论著《生活之路》中，托尔斯泰把"无节制——妨碍人类与其他生物及上帝统一的罪孽是贪吃之罪，即贪食与酗酒"列为第七条戒律，而紧随其后的第八条戒律便是"性欲——淫乱之罪是放荡的性生活"。

素食主义成了晚年托尔斯泰贯彻自身理念的一个重要方面，他在 1892 年的文章《过良好生活的第一步》中详细阐述了自己对素食的看法。这篇文章是他为英国

---

[1] 托尔斯泰：《列夫·托尔斯泰文集》（第五卷），刘辽逸译，人民文学出版社，2013，第 12–13 页。
[2] 托尔斯泰：《克鲁采奏鸣曲》，第 277 页。
[3] 同上书，第 233–234 页。
[4] 同上书，第 293 页。

人道主义者霍华德·威廉的《饮食伦理学》一书的俄文版所作的序言。托尔斯泰认为，达到至善是一个道德渐进的过程，应遵循一定的顺序，不能一蹴而就。高尚的道德始于自律和节欲。那些繁复的欲念，如修饰身体、运动游戏、寻欢作乐、谈天说地、多管闲事等都是从基本的欲念上滋长的。因此，自律始于战胜基本欲念，包括对食物的贪婪、惰怠以及情欲。一个人吃得太多就无法不懒做，而一个好吃懒做的人也就永远不能摆脱情欲，因此，节欲的努力必始于克制饕餮之欲。作家进而认为，诸般食物之中，必先戒肉，且不说肉类如何刺激着情欲，食肉本身就是不道德的，因为它必然伴随对动物的虐待和屠杀。可怕的还不仅是牲口的受苦和夭折，更重要的是，人毫不必要地抑制了他自己最高等的精神力量，即对像他一样有生命的动物的同情和怜悯，违背了自己的天然感情去做残忍的事。文章以关于图拉屠宰场的触目惊心、令人不寒而栗的描写作结，意在唤起人们对虐杀动物的反感，从而摒弃这种令人生厌的营生。

在回答了"吃什么"以后，随之而来的便是"怎么吃"的问题。托尔斯泰认为，放纵口腹之欲是当代人最典型的罪行。不论贫富贵贱，人无不以吃喝为生活最主要的目的和享乐。贫苦的工人是个例外，可也只因他们贫穷才不能耽于饮食。若他们有了一定的时间和资财，他们也定会模仿起上层社会来，大快朵颐，纵饮无度。"需要"的满足是有限度的，可是享乐却没有限度。为满足人的需要，吃面包和稀饭足够了；为了享乐，则山珍海味、时鲜佳肴，就永无终极。"面包是必需的，并且是足够的食物。成百万人（强壮的、活跃的、健康的、勤恳的）都只吃面包。可是面包加一点油脂味道会更愉快，把面包浸在肉汤里就更好。肉汤里加一点菜还要好，加好几种菜又好得多。吃肉是好极了。肉最好不是炖而是煎的；用牛油煎更好，把味道一直煎进去，还要挑瘦挑肥。肉以外还要蔬菜和胡椒末。同时再喝一杯酒，红酒顶好……"[1] 接下来还有鱼、白酒、甜品、点心、果盘、装饰用的花、音乐……这些用来描述当代人的饭桌也同样适用。蒸蒸日上的餐饮行业、人满为患的各色餐厅、花样繁多的烹调方法、琳琅满目的各种食材满足了人们的味蕾，同时也助长了各种"富贵病"的泛滥，严重危害着现代人的身心健康。即使不采纳托尔斯泰应该戒肉、应该靠粗茶淡饭果腹的主张，我们也应该在他的呼吁中得到有益的启示，那便是自

---

[1] 托尔斯泰：《托尔斯泰散文三篇》，徐迟译，湖南人民出版社，1988，第98-99页。

制的重要性。

《过良好生活的第一步》一文的末尾处写道:"这种运动,对于以一生服务于建立地上的天国的人,应该是一个极大的快乐,并不是因为素食主义是向这一天国迈进的重要的一步,而是因为素食主义证明了人类向道德完美境界努力的正经严肃与诚实,因为这证明了人类的努力是从第一步做起的,且已采用了一个不可变易的一定程序了。"[1]正如费尔巴哈的那句名言"人如其食"(Der Mensch ist, wie er ist)一样,对于托尔斯泰来说,食物不仅仅是填饱肚子的食粮,还是能够反射一个人道德与品性的镜子。究其本质,托尔斯泰通过"吃什么""怎么吃"的问题所要表达的仍然是他所孜孜以求的"怎么活"的主张。

返归自然,将生活"简朴化";注重道德的自我完善;不以暴力抗恶;为他人付出无条件的爱与善——这些都成为晚期托尔斯泰所秉承的精神理念,也是托尔斯泰总结出的人与自然、人与自我、人与他人相处的方式,是作家为自然生态、社会生态、精神生态之和谐而指明的方向。考察托尔斯泰的生平可以发现,这种思想是托尔斯泰晚期涉猎古往今来、五湖四海的思想家的精髓而总结出来的结晶。其中也包括曾隐遁于瓦尔登湖畔的美国作家、思想家亨利·梭罗的影响。1887年,在《瓦尔登湖》的片段第一次进入俄罗斯读者的视野之后,托尔斯泰不断阅读梭罗的文学作品与政论作品,并在自己编撰的《一日一善》《生活之路》等书籍中收录了梭罗的数条箴言。梭罗在《论公民的不服从》中提出的消极抵抗的观点无疑对托尔斯泰提出非暴力抗恶论产生了影响。绿荫环绕的亚斯纳亚·波利亚纳庄园于托尔斯泰,好比瓦尔登湖于梭罗。托尔斯泰生于斯长于斯,一生中有数十年在这片"明亮的林间空地"度过,按照作家的遗嘱,他还被安葬在了儿时寻找能够给全人类带来幸福的小绿棍的亚斯纳亚·波利亚纳庄园的森林深处,其墓地没有任何墓碑或装饰,与周围的大自然完全融为了一体。

---

[1] 托尔斯泰:《托尔斯泰散文三篇》,第113页。

下篇

托尔斯泰与他者：对话与阐释

第一章

托尔斯泰与同时代人的对话

　　托尔斯泰似乎是孤单的。从生理方面，他的一生中有过半的时间居住在自己位于外省偏僻郊区、占地380公顷的世袭领地里；从心理方面，他与生俱来的质疑一切的头脑令他不能认同当时社会的任意一个思想流派。似乎这样一位离群索居、性格孤傲的人物会与同时代人格格不入。

　　而事实却是另一番景象。亚斯纳亚·波利亚纳从来不是一片孤舟，托尔斯泰总是以自己的方式参与当时社会最前沿、最敏感的话题，并起到举足轻重的作用。他的庄园总是收到来自世界各地的信件，接待形形色色的来访者。这些向托翁写信或当面求教的人包括奥地利记者、波兰女钢琴家、丹麦犹太人、中国学者、日本文学家、莫斯科和平协会会长、伊斯兰教僧侣、女子大学学生、因拒绝服兵役而被判刑的青年、邻村的农民、哥萨克、一个想辞职从事农业的货车司机……俄罗斯曾于1978年出版两卷本《同时代人回忆托尔斯泰》，我国于1984年将其译出，两卷本译著加起来近1 500页，足见托尔斯泰在同时代人心目中的分量与地位。本章分别选取一位具有代表性的文学家、哲学家及音乐家，在他们与托尔斯泰的交往、互动乃至分歧与争论中更加立体地诠释托尔斯泰的精神面貌。

第一节　托尔斯泰与屠格涅夫

　　作为俄罗斯乃至世界文坛的巨擘，屠格涅夫和托尔斯泰均以其深邃隽永的文学作品对当代和后世产生了深远的影响。作为同时代人，二人的社会、经济地位相仿，其庄园位于毗邻的省份，二人曾同在《现代人》《俄国导报》等杂志上发表作品，并均在各自的创作中关注了时代的迫切问题。而相差十载的两位作家之间曲折坎坷的友谊之路也成为文学史中尽人皆知的故事，任何屠格涅夫或托尔斯泰的传记作者都不会对这段不同寻常的交往过程熟视无睹。早在20世纪初，梅列日科夫斯基在分析托尔斯泰孤傲的精神气质时写道，命运给他送来了"一位尊贵而伟大的朋友"（屠格涅夫），而"他们二人的关系，是俄罗斯文学史上最为难解、最为奇异的心理学之谜之一。有某种神秘的力量把他们彼此逐渐拉近，但是在他们互相接近到一定程度之时，又把他们互相推开，目的是以后再度把他们拉近。他们彼此不友善，几乎互不容忍，但与此同时，却又性情投合，彼此需要。他们二人从来没有最终地分道扬镳，也没有志同道合"[1]。法国作家莫洛亚在《屠格涅夫传》中如是描述："两个生来应该互相尊敬的伟大作家，有时却由于一个误会或一种外貌上的印象而一辈子相互对立，甚至几乎敌对得像两个戴着面盔的骑士，双方谁也不能把铁盔的脸甲掀开。"[2] 在对二人的比较研究领域，我国学者在文学创作层面对特定艺术形象（如农民形象）、写作手法（如心理分析）进行了比较，也在作家生平层面对这段交往予以了关注，而后者多为对事件始末的梳理或对作家精神气质的评价，少有对二人分分合合的关系背后的原因和实质的深入剖析。实际上，二人从开始的相互欣赏到剑拔弩张、险些决斗直至十七年冷战后的重修于好并不仅仅是"一个误会""一种印象"或二人的个性特点使然，这段备受瞩目的"恩怨情仇"值得意识形态层面的深层解读。

伯乐与新秀

在文学创作的初期，比托尔斯泰年长十岁的屠格涅夫受到了普希金、莱蒙托夫、果戈理等在世作家的直接影响，与革命民主主义评论家别林斯基过往甚密，见证了时代的艺术旨趣从浪漫主义到现实主义的过渡。当托尔斯泰登上文坛之时，现实主义已成为主流手法，屠格涅夫已通过别具一格的《猎人笔记》获得了巨大的文学声誉。《猎人笔记》从前所未有的全新角度描写了俄罗斯的农奴，不是将他们作为背景，

---

[1] 梅列日科夫斯基：《托尔斯泰与陀思妥耶夫斯基》，第74页。
[2] 安德烈·莫洛亚：《屠格涅夫传》，谭立德、郑其行译，浙江大学出版社，2014，第90页。

而是作为历史的主体、创造者和道德、才华、精神力量的所有者。无疑,《猎人笔记》对在文学领域跃跃欲试的青年托尔斯泰也产生了巨大的影响,激发了他对地主与农民的关系、对人的自然权利的思考以及对高尚的"俄罗斯心灵"的关注。1852 年,在战火纷飞的高加索重读结集出版的《猎人笔记》后,未来的文豪在日记中记录下了自己的印象,认为在屠格涅夫之后很难写作。

  1852 年,《现代人》杂志发表了令主编涅克拉索夫赞叹不已的《我的童年的故事》,署名列·尼。涅克拉索夫即刻把杂志寄给了当时被软禁于斯巴斯科耶庄园的屠格涅夫[1],后者在复函中高度评价了这部作品的价值:"这是一个大有希望的天才。……请你写信鼓励他继续创作并请转告他……我欢迎他,向他致敬,鼓掌欢迎。"[2] 几经打听后,屠格涅夫得知这个神秘的作者姓托尔斯泰,并正于高加索服役。为了弄清作者的身份,他专门拜访了离斯巴斯科耶不远的波克罗夫斯科耶庄园,因为该庄园的女主人正是托尔斯泰家族的一员(托尔斯泰的妹妹玛丽亚·尼古拉耶夫娜·托尔斯泰娅[3])。对此,托尔斯泰的姑姑叶戈尔斯卡娅在给侄子的信中写道:"你的登场轰动了文坛,令瓦列里昂[4]的邻居们印象深刻。所有人都想知道这个大获成功的新晋作家到底是谁。最想揭开谜底的是《猎人笔记》的作者屠格涅夫。他逢人便问,玛莎有没有一个在高加索服役的、会写作的兄弟。(他说:'如果这个年轻人像他开始的这样写作,那么他一定会前途无量。')"[5]

  1853 年发表的《袭击》和次年的《少年》依然令屠格涅夫激动不已。他在致友人的信中数次谈到了托尔斯泰的才华:"托尔斯泰将来会在俄罗斯文坛独占鳌

---

[1] 当年屠格涅夫因发表悼念果戈理的文章而被捕,后被流放至原籍。

[2] Тургенев И. *Полное собрание сочинений и писем в 28 томах*: Т. 2. М.:Академия наук СССР, 1960–1968. С. 79.

[3] 屠格涅夫与玛·托尔斯泰娅的关系值得特别关注。在相识之初,屠格涅夫曾在致友人的信中称她是"最迷人的女性""就在我这年纪(四天前已满 36 岁)也差一点爱上她"。1854—1858 年,屠格涅夫经常访问波克罗夫斯科耶,二人曾交换多封书信,玛·托尔斯泰娅的形象甚至被引进屠格涅夫的小说,为《浮士德》中朴素、真诚的女主人公叶尔佐娃的原型。1857 年,和丈夫分手后,玛·托尔斯泰娅曾期待能和屠格涅夫走到一起。然而后者却并没有进行回应,并在写给维亚尔多的信中对此进行调侃。托尔斯泰对妹妹和屠格涅夫的关系感到十分恼火,曾在 1858 年的日记中提到,屠格涅夫对待她的行为是卑鄙的。参见 Неопубликованное письмо Тургеневу М. Н. Толстой (1871). Публикация А. Г. Гродецкой // Тургенев И. *Новые исследования и материалы*. Т. 3. М.; СПб.:Альянс- Архео, 2012. 不无理由认为,对妹妹的庇护之情应该也是导致托尔斯泰对屠格涅夫不满的原因之一。

[4] 即托尔斯泰的妹夫、波克罗夫斯科耶的男主人。

[5] Толстой Л. *Полное собрание сочинений в 90 томах*: Т. 59. М.: Художественная литература, 1928–1958. С. 210.

头"[1],"终于出现了果戈理的继承者"[2]。在得知屠格涅夫对自己的盛赞后,托尔斯泰将自己的下一部作品《伐林》献给了屠格涅夫。1855 年 8 月 18 日,涅克拉索夫致信屠格涅夫,提到了托尔斯泰对后者的"互文":《现代人》第九期刊出了献给你的小说《伐林》。你可知此为何文?此为对不同士兵(及部分军官)类型的特写,在俄罗斯文学中是前无古人的。写得多妙!这些特写的形式完全是取自你,一些语句和比较很容易让人想起《猎人笔记》,其中有一个军官简直就是穿着亚美尼亚外套的希格雷县的哈姆雷特。不过,这些全然不是只涉及外表的一味模仿。"[3] 为表感谢,屠格涅夫第一次提笔给托尔斯泰写信,并在文末呼吁道:"戎马生涯终归不是您的职业。您的使命是做一个文学家,思想和语言的艺术家。……您的武器是笔杆子,而非马刀,缪斯不仅不能容忍无谓的奔忙,还要嫉妒。"[4]

屠格涅夫的第一封信已然道出了两位大作家在交往的三十年间无法达成共识的重要问题,即文学家是否应该专做一个文学家。无独有偶,屠格涅夫致托尔斯泰的第一封信和最后一封信无论在内容还是在感情色彩上都十分接近。1883 年,在行将就木的时刻,屠格涅夫深切地呼唤"这个俄罗斯大地上的伟大作家"放弃他新近承担的说教者和先知的角色,重拾艺术天赋,回归文学活动。然而,如果说第一封信达到了预期的效果,极大提高了托尔斯泰对自身的评价并激发了他从事文学活动的热忱,那么最后一封信则并未能得到相应的回应,因为此时二人在对艺术的理解和看待世界的方式上已然大相径庭。如此分歧在二人当面相识之初便已见端倪。

"文明人"与"野蛮人"

1855 年 11 月,从前线回到彼得堡的托尔斯泰直奔屠格涅夫府中寄宿,足见二人关系的亲密。通过屠格涅夫的积极引荐,托尔斯泰得到了彼得堡的文学圈的热情接待。然而青年军官托尔斯泰放荡不羁、沉迷酒色,在作家们的聚会中出言不逊,公然诋毁莎士比亚、歌德、乔治·桑等备受尊敬的作家,这在受到西欧文明洗礼的屠格涅夫眼中是十分不成体统的:"因为他的这种蛮横无理、桀骜不驯和游手好闲,

---

[1] Тургенев И. *Полное собрание сочинений и писем в 28 томах*: Т. 2. С. 232.

[2] Там же. С. 234.

[3] Лощинин Н. *Л.Н Толстой и И.С.Тургенев*. Тула:Приокское кннжное издательство, 1982. С. 29.

[4] Тургенев И. *Полное собрание сочинений и писем в 28 томах*: Т. 2. С. 316.

我给他起了个外号叫'野蛮人',而且是'狂暴的野蛮人'。"[1] "这是位可爱、出色的人物,尽管他因其狂热的妒意和倔强而荣获我授予的'野蛮人'称号,但无论如何我都以一种类似父亲般的奇特情感爱着他。"[2]

这种"文明人"与"野蛮人"在《现代人》杂志聚会上的针锋相对在费特的回忆录中可见一斑:"'我不能承认,'托尔斯泰说,'你们说的话代表了你们的见解。我拿着匕首或马刀站在门前说,只要我活着,谁也别想从这出去。这才是真实的见解。而你们则竭力向对方隐瞒自己的内心想法,却说这就是我的见解。''您为什么要来参加我们的活动?'屠格涅夫气得喘不过气来,用尖细的声音(在激烈争论时他经常用这种嗓音)说道:'这里轮不到您来指点!去找公爵夫人去……''我为何要听您摆布,让我去哪就去哪呢?况且你们这些空谈是不会因为我的缺席而变成真知灼见的。'"[3]

格里戈罗维奇也曾对二人的口角进行过精彩描述:"屠格涅夫尖声叫唤着,用手夹着自己的咽喉,那眼神让人联想起奄奄一息的羚羊,嘴里嘟囔着:'受不了了!我的支气管炎(бронхит)要犯了!'并开始在三个房间内来来回回地大踏步。'支气管炎,'托尔斯泰嘀咕道,'支气管炎是您假想的病。支气管炎——是一种金属。'……托尔斯泰躺在中间过道房间的山羊皮沙发上气喘吁吁,屠格涅夫则拉开短上衣衣襟,双手插在口袋里,在三间房子里不断来回踱步。……为了避免无法挽回的冲突,我走近沙发旁说:'亲爱的托尔斯泰,您别激动!您知道他是多么珍视您,喜欢您!''我不允许他对我恶意中伤,'托尔斯泰说,鼻孔呼呼地大大张开,'你看他故意在我眼前走来走去,摆动着那两条民主主义的大腿!'"[4] 格里戈罗维奇并没有叙述争吵的起因,但该片段可以让我们对屠格涅夫的多愁善感及托尔斯泰的尖酸刻薄有所领会。"бронхит"一词在俄语中的确是指支气管炎,而俄语中又有很多指代矿物或金属的词也是以 -ит 结尾,如"гранит"(花岗岩)、"антрацит"(无烟煤)等。托尔斯泰在这里玩了一个文字游戏,故意用"金属"这一带有阳刚之气的意象

---

[1] Тургенев И. *Полное собрание сочинений и писем в 28 томах*: Т. 2. С.326.
[2] Там же. С. 328.
[3] Фет А. Из «моих воспоминаний» // *И.С.Тургенев в воспоминаниях современников*. Т. 1. М.:Художественная литература, 1983. С.164.
[4] Там же. С.165.

来讽刺屠格涅夫众所周知的"女性气质"。

事实上，托尔斯泰的种种叛逆、出格的外在行为有着其背后的内驱力，表达了他对以屠格涅夫为代表推崇西欧文明的彼得堡文学界的不满情绪。首先，越是和这些作家深交，托尔斯泰就越是发现，他们并不符合他的想象和期待。曾经历炮火的洗礼、与普通士兵患难与共的托尔斯泰深谙人民的淳朴与真诚。在他看来，把教导人民视为己任的首都作家们只会高谈阔论，说些空洞的漂亮话，却并不知道该把人民真正引向何方。这种观点在《安娜·卡列尼娜》中通过列文与其异父兄长柯兹尼雪夫所代表的彼得堡知识分子的交往得到了体现。在后日的《忏悔录》中，作家也回忆了他对彼得堡文学界的看法："由于怀疑作家的信仰的正确性，我更加注意观察献身于创作的人，并且确信，几乎所有献身于这一信仰的人，即作家，都是不道德的人，而且大部分是坏人，性格猥琐，比我以前放荡不羁和当军人的时候见到的要低下得多。但是他们很自信，自我欣赏，只有十全十美的圣徒或者对圣洁的东西一无所知的人才能这样自我陶醉。我讨厌这类人，也讨厌自己，终于我理解到，这种信仰是骗人的。"[1] 当然，我们无法对这种绝对的否定表示认同，因为经历精神危机后的托尔斯泰是从自己世界观的高度、从宗法制农民的立场出发去审判过去的生活的。但无论如何，与彼得堡文学界的交往无论在艺术观还是在世界观层面都并没有给这个执拗的"寻真者"提供满意的答案。

其次，曾多次被屠格涅夫称为"野蛮人"的托尔斯泰对野蛮也有着自己的理解。在他看来，被屠格涅夫奉为圭臬的西欧文明并非放之四海皆准的完美蓝本，尤其是在1857年，在巴黎目睹断头台行刑极大地触动了托尔斯泰的内心世界，这一文明世界的野蛮行为砍掉了他对西欧社会自由和理性的信念，促成了他在宗教方面的觉醒。而屠格涅夫则无法理解这件事给托尔斯泰带来的震动，他在给安年科夫的信中描述道："说真的，巴黎同他的精神体系完全不符；他是个怪人，我迄今尚未碰到过这种人，也不能完全理解。他是诗人、加尔文教徒、宗教狂和大少爷的混合物，有点像卢梭，但比卢梭正直——是个道德高尚、同时又不讨人喜欢的人。"[2] 可以说，对西欧文明的不同理解也正是导致1861年那场令二人断交十七年之久的冲突爆发

---

[1] 托尔斯泰：《列夫·托尔斯泰文集》（第十五卷），第79页。
[2] Тургенев И. *Полное собрание сочинений и писем в 28 томах*: Т. 3. С. 117.

的深层原因。在屠格涅夫看来，他的私生女在英国家庭教师的影响下为穷人缝补衣物是一种值得称道的慈善事业和美德，而对托尔斯泰来说，一位穿着华贵的小姐，膝上摊着穷人又脏又臭的破衣烂衫，着实是一种伪善的表演，"令托尔斯泰恼怒的不仅仅是她担当这一角色毫无意义可言，更是她的故作姿态、盲目效仿令其行为显得十分矫揉造作"[1]。

这种对伪善的与生俱来的敏感和排斥以及对终极真理的不倦追求令托尔斯泰置身于一切流派之外，回到亚斯纳亚·波利亚纳这个港湾里踽踽独行，继续自己独树一帜的艺术和精神求索。

艺术家与"人类的良心"

无论看待世界的方式如何不同，屠格涅夫和托尔斯泰均认同文学应当反映生活，二人的创作把握了时代的脉搏，塑造了时代的典型人物，在丰富俄罗斯民族的精神世界、唤醒民众的社会意识方面做出了巨大贡献。

然而究其本质，屠格涅夫与托尔斯泰是两种类型的艺术家。深受欧洲影响的屠格涅夫用精密仪器般冷峻的、客观的目光去观察生活，对他而言，艺术便是唯一的现实，文学作品的价值在于写得出色，而不在于示范的说教。作家卷入抽象的形而上斗争是危险的，因为艺术与道德是全然不同的两回事，无法混为一谈。这当然不是说小说家就不应该对思想感兴趣。众所周知，比起没有接受系统的哲学思维训练的托尔斯泰而言，屠格涅夫是地道的哲学科班出身，他曾在彼得堡以及德国这一哲学王国的首都攻读哲学。他在诸多非虚构作品中阐发了自己的哲学思想，如《哈姆雷特与堂吉诃德》的哲学辨析"预见了日后陀思妥耶夫斯基和托尔斯泰小说中广阔的哲学语境"[2]。然而在屠格涅夫看来，在文学领域，小说中的思想意识应该随着人物性格发展水到渠成，而不该由作者有意识地去强加给读者。可以说，屠格涅夫是一个地道的"用形象思考"[3]的艺术家，他否定艺术上的片面性和倾向性，追求最大限度的客观性。"他无法认同托尔斯泰、陀思妥耶夫斯基以及其他同道中人对说教

---

[1] Красносельская Ю. «Нарядиться диким» или «Плясать нагишом»? (Ссора Л.Н.Толстого и И.С.Тургенева в свете одной метафоры) // *Спасский вестник*. Вып. 22. Аквариус, 2014. С. 84.

[2] Манн Ю. *Тургенев и другие*. М.: РГГУ, 2008. С.133.

[3] Петраш Е. Предэкзистенциальные мотивы в творчестве Тургенева // И.С.Тургенев. *Новые исследования и материалы*. Т. 2. М.; СПб.:Альянс- Архео, 2011. С. 109.

的激情,在他看来,他们所追求的终极真理是终将一死的人类所无法企及的。他比任何人都尖锐地感受到了存在的悲剧性、人之命运的短暂和脆弱、急速前进的历史时间的不可妥协性和不可逆性。"[1]

因此,托尔斯泰对道德的狂热让屠格涅夫十分焦虑,前者的精神领域令后者感到窒息,无法畅快呼吸。作为十分清楚托尔斯泰艺术潜能的前辈作家,屠格涅夫又一直以一种"父亲般的奇特情感""恨铁不成钢",欲图用自己的影响令托尔斯泰摆脱"危险"而回归"正业"。19世纪50年代末,当托尔斯泰暂停写作,痴迷于农庄改革、植树造林时,屠格涅夫便致信质疑:"您来信说,感到满意的是,没有听我的劝告,没有只当文学家。我无意争辩,您也许是对的,但是抱歉的是,我无论如何也揣度不出,如果您不是文学家,那么您究竟是什么人?是军官?地主?哲学家?某一新的宗教学说的创始人?官吏?请您解答我这个难题。"[2] 托尔斯泰此时发表的《卢塞恩》也因其中的道德说教和政治说教而令屠格涅夫感到不满。80年代初,在托尔斯泰经历了精神激变,正式宣布与过去决裂时,屠格涅夫在给波隆斯基的信中叹息道:"列夫·托尔斯泰停止了写作,这是一个不可饶恕的罪过……在同时代的欧洲文学中,他是没有人比得上的。不论他拿起什么,在他的笔下都变得生气勃勃了。他的创作力的范围多么广阔啊——这简直是惊人的!不论他是描写一整个历史时期,就像《战争与和平》,或是描写一个有着崇高的精神趣味和抱负的现代人,或者就是一个有着纯粹俄罗斯灵魂的农民,他都始终是一个大师。……可是我们拿他怎么办呢?他一头栽进另外一个境界里去了:用差不多所有的文字的《圣经》和福音书把他自己包围起来了,还写了一大堆的纸。他有一只箱子,装满了这些神秘的伦理学和各种各样的解释。……很可能他不会再给文学什么东西了,或者假如他重新出现,他会带着那只箱子。"[3]

事实上,并非托尔斯泰放弃了艺术,而是他的艺术观发生了质的变化,这种质变并非一朝一夕形成,而是酝酿已久。艺术家托尔斯泰和道德家托尔斯泰并不对立,其道德活力早在创作生涯之初便已见端倪,这正是让屠格涅夫倍感"危险"的地方。

---

[1] Лебедев Ю. *Судьбы России в творческом наследии И. С.Тургенева, Ф.И.Тютчева, Н.С.Лескова.* Орел: ОРЛИК и К, 2007. С. 4.

[2] Тургенев И. *Полное собрание сочинений и писем в 28 томах*: Т. 3. С. 138.

[3] 艾尔默·莫德:《托尔斯泰传》,第582–583页。

在世界观还未彻底形成，对人生也还没有十分清晰的航向的时期，托尔斯泰无法离开他所熟悉的海岸线而直奔大海，而在拟好了生活的航向以后，他便义无反顾地投身于启迪人类的工作。

在这个意义上，著名俄罗斯评论家、语言学家奥夫夏尼科－库利科夫斯基的概括显得十分正确，即屠格涅夫是"艺术家－观察家"，其对生活现象的观感的改变只服从于其艺术追求的需要。而对托尔斯泰来说，这些改变具有类似反作用的性质，表现为思想上或者精神上的危机，这样的危机一旦出现，其结果不是单纯地改变情节，而是导致他精神上的反抗，令他的艺术从"观察性的"转变为"实验性的"。[1] 这也是托尔斯泰的后期作品中会出现诸多批判、揭露话语的原因。

在交往的三十余年来，无论私人的关系或冷或热，托尔斯泰与屠格涅夫都以敏锐的艺术嗅觉感知了对方的才华，密切关注彼此的创作动向和成果，珍视彼此的意见。1883年9月，屠格涅夫在法国去世，向来反感隆重的纪念活动和公众演讲的托尔斯泰[2]却同意在纪念屠格涅夫的大会上发表演讲，遗憾的是，这个大会却被当局有意延期，以至取消。

可以说，对文学的热爱让二人无比接近，而对艺术的目的和作家使命的不同理解又让他们无法根本地认同彼此。当然，这并不是说持不同艺术观的人就不能建立起稳定、牢固的友谊，托尔斯泰与"纯艺术"派的费特之间的友谊便是例证。也许可以从"当代的强者"和"未来的强者"之间的作用力和反作用力来解释二人之间的"恩怨情仇"。作为深谙托尔斯泰之才华、心系祖国文学发展的前辈作家，屠格涅夫从始至终都希望并不遗余力地劝说前者能够专注于艺术创作，并为他走上先知的道路而感到惋惜。正如"父"与"子"之间常有的矛盾一样，屠格涅夫越是为让托尔斯泰专心创作而劳神费力，后者就越是反感，认为前者侵犯了自己创作和思考

---

[1] 倪蕊琴主编《俄国作家批评家论列夫·托尔斯泰》，第181-184页。奥夫夏尼科－库利科夫斯基对二人笔下的农民形象也进行了深入的解读：如果屠格涅夫在《猎人笔记》中描绘了民间的人物，指出农民和贵族阶级一样是人，一样具有各种不同的性格和聪明才智，使得人民接近上层阶级并表现了相互理解的可能性；那么托尔斯泰转向人民的意图是在他们身上找到文明阶级所没有、也不可能有的品质，他把民间的人物（如《哥萨克》中的叶罗什卡大叔、玛丽亚娜，《战争与和平》中的普拉东·卡拉塔耶夫）描绘成完全特别的人。

[2] 如他曾拒绝屠格涅夫邀请他参加1880年普希金雕像落成典礼仪式的请求，因此错过了与陀思妥耶夫斯基见面相识的机会。

的自由。一方面，托尔斯泰欣赏屠格涅夫的艺术造诣，在意他对自己的评价；另一方面，托尔斯泰又始终无法满足于做一个纯粹的艺术家，寻求关于生活的理性论证、找到人类生存的终极真理的诉求始终让这个"人类的良心"无法安宁。

第二节　托尔斯泰与索洛维约夫

　　俄罗斯文学史中从来不乏大家之间或公开、或隐匿的论战与交锋，如16世纪中期沙皇伊凡四世与逃亡立陶宛的军政长官库尔勃斯基的五封书信之战，19世纪中期斯拉夫派与西方派两大阵营就俄罗斯何去何从的问题进行的大型论战，19世纪下半期陀思妥耶夫斯基在《地下室手记》等多部作品中对革命民主主义者车尔尼雪夫斯基的美学观、人性观和社会观进行辛辣的讽刺与批判等。提到19世纪下半期著名宗教哲学家弗·索洛维约夫（1853—1900），我国学者注意到了其与史学家丹尼列夫斯基及文学评论家斯特拉霍夫等人就前者的"文化历史类型"理论而展开的公开争论[1]，也力求从多个角度解读其与陀思妥耶夫斯基的关系问题[2]。而索洛维约夫与当时的另一位大文豪托尔斯泰之间颇有意义的思想交流与交锋，却还没有得到国内学界足够的重视与阐释。作为俄罗斯19世纪后期的两位著名思想家，托尔斯泰与索洛维约夫通过互访、书信、写作等多种形式进行过多方面的交流与论战。对共同问题的关注和世界观与思想体系的本质分歧让二人的关系经历了忽即忽离的几个阶段，并在索洛维约夫的生命晚期最终宣告破裂。

文豪与哲学家：思想的交锋

　　早在托尔斯泰在世时，俄罗斯学界就已有不少对二人的宗教、思想进行比较的研究，如绍斯京（Шостьин А.П.）的《两位先知：弗·索洛维约夫与列·尼·托尔斯泰》（1888）、塔列耶夫（Тареев М.М.）的《生命的目的与意义……列·尼·托

---

[1] 参见孙芳：《俄国走什么路？——斯特拉霍夫与索洛维约夫之间的论战》，《国外社会科学》2008年第1期；张志远：《穿越时空的"对话"——丹尼列夫斯基与索洛维约夫的争论》，《西伯利亚研究》2011年第1期；冯梅：《索洛维约夫与丹尼列夫斯基的争论与启示——兼谈俄罗斯文明形态史研究的历史与现状》，《理论探讨》2011年第6期。

[2] 参见罗扎诺夫、田全金：《陀思妥耶夫斯基与索洛维约夫的分歧》，《中文自学指导》2009年第1期；陈杨：《索洛维约夫与陀思妥耶夫斯基的关系：一种新阐释》，《俄罗斯文艺》2011年第3期。

尔斯泰与弗·谢·索洛维约夫》(1901)、谢·布尔加科夫（Булгаков С.Н.）的《瓦斯涅佐夫、陀思妥耶夫斯基、弗·索洛维约夫、托尔斯泰》(1902)、尼克利斯基（Никольский А.А）的《已故哲学家弗·谢·索洛维约夫审判下的列·尼·托尔斯泰》(1910)等。上述评论或为对二人交往事实的简单勾勒和对二人立场与个性的概括性比较，或出自神学家及索洛维约夫的追随者之手，从教会的正统立场去维护索洛维约夫的观点，简化托尔斯泰的思想，其坚决的反托尔斯泰立场不言而喻。[1]

到了苏联时期，对二人的比较研究摆脱了一边倒的倾向，出现了为托尔斯泰正名的声音。如学者阿波斯托洛夫（Апостолов Н.Н.）指出了索洛维约夫思想的极端矛盾性，并从托尔斯泰的思想体系角度出发，去评判前者的优劣。他认为，索洛维约夫只有在与托尔斯泰进行合作时，才能表现出其思想中强有力的一面，而在与后者背道而驰时，则表现出了思想中薄弱的一面。而除几次体现二人共同利益的合作行动之外，二人的世界观在本质上是不同的，甚至是对立的。[2] 这一时期较为客观地分析二人关系的学者有洛特曼的妻子、塔尔图大学教授明茨（Минц З.Г.）及文学评论家、哲学家洛谢夫（Лосев А.Ф.）。明茨在研究索洛维约夫的创作、思想方面颇有建树，于1966年发表了两篇研究索洛维约夫的文章，其中一篇便是对其与托尔斯泰论争始末的详细梳理。1974年，由明茨主编和注释的索洛维约夫作品集《诗歌与幽默剧》得以在苏联首次出版。洛谢夫也撰写了研究专著《弗拉基米尔·索洛维约夫与他的时代》，详细介绍了索洛维约夫的生平与创作，及其哲学的、宗教的、社会历史的主要观点。书中的第四章描述了索洛维约夫与19世纪下半期俄罗斯知识界的交往，体现了他在当时社会生活中的广泛影响与在宗教哲学领域的先驱地位。其中第一节便为索洛维约夫与托尔斯泰的关系。

无论是托尔斯泰还是索洛维约夫，其世界观和思想体系均不是一成不变的，二人都经历了深刻的思想危机。《安娜·卡列尼娜》最后一部分刊出两年后，托尔斯泰开始写作《忏悔录》，长期威胁着他的信仰危机令作家在整个19世纪80年代直至去世都致力于批判自己过去的信念和态度。东正教会在教义阐释等方面呈现出的某些排他性倾向、出于国家利益对战争给予的支持等，让他自己研究起了圣书，并

---

[1] См. Минц З. В.С. Соловьев и Л.Н. Толстой // *Ученые записки Тартуского государственного университета*. Вып. 184. 1966. С. 89–90.

[2] Там же. С. 91.

撰写了两篇独立宣言:《教义神学之研究》和《四福音书之汇编和翻译》。他认为,基督不是上帝的儿子,没有起死回生,他死在十字架上也没有为人类赎罪,道德完美的生活才使人永生。在晚年,作家逐渐确立了以"不以暴力抗恶""博爱""道德自我完善"等为核心的"托尔斯泰主义"。索洛维约夫在自己的《抽象本原之批判》《神人类讲座》《替善辩护》等著作中,企图创立一种无所不包的哲学学说——"完全统一的形而上学",提出"神人论"的思想,主张实现神和人的结合,建立"神人同盟"——在联合天主教和东正教的基础上于教会君主制国家组织的范围内建立自由的神权政治。而到了垂暮之年,索洛维约夫却"对自己的神权政治乌托邦彻底失望,不再相信人道主义的进步,不再相信自己的基本观点——神人类思想,或者更确切些说,这一思想对于他来说是极大地收缩了。他为悲观的历史终结论所控制,感到这一终结正在临近"[1]。这两种充满了矛盾和变化的思想体系也如实地反映在了二人若即若离的关系之中,对相同问题的关注与不同视角的理解经常让二人的观点背道而驰,引发争论。

需指出,和喜好公开论战的索洛维约夫不同,在世界观激变后的19世纪80年代,托尔斯泰把任何形式的论争都看作不必要的、不合伦理的、带有过激情绪的,并多次避免和索洛维约夫发生正面论战。如在《教条主义的神学批判》一文的手稿中,托尔斯泰曾有意驳斥包括索洛维约夫在内的数人的文章,而后又把这些人的名字删掉,并在写给妻子的信中为自己的这一举动感到欣慰。[2] 索洛维约夫则多次在自己的作品中直接提到了托尔斯泰的名字,或对托尔斯泰主义进行讽刺或戏仿。对此,托尔斯泰没有公开表明自己的态度或进行辩解,在得知索洛维约夫去世的消息后,还在致友人的信中表达了自己的遗憾和悲痛。

相交或背离:二人交往的不同阶段

托尔斯泰与索洛维约夫一家相识甚早,早在1858年,他就读过索洛维约夫的父亲、著名历史学家谢·米·索洛维约夫在《俄国导报》上发表的文章。托尔斯泰十分尊重历史学家的见解,在构想关于彼得一世的长篇小说时,仔细研读了后者的《俄国史》,多次向后者请教过历史问题。[3] 而托尔斯泰与历史学家之子、宗教哲学

---

[1] 汪介之:《索洛维约夫与俄国象征主义》,《外国文学评论》2004年第1期,第59页。

[2] См. Минц З. В.С. Соловьев и Л.Н. Толстой. С.94.

[3] См. Васильева С. Творчество Л. Н. Толстого в восприятии Вс. С. Соловьева // Известия Самарского научного центра Российской академии наук. Т. 11. №4. 2009. С. 173.

家弗·索洛维约夫之间的关系则经历了更为复杂、忽近忽远的不同阶段。

19世纪80年代中期是二人初步相识并互为欣赏的时期。托尔斯泰对索洛维约夫在1874年完成的硕士论文《西方哲学的危机：反对实证主义者》颇感兴趣，在给斯特拉霍夫的信中表达了对青年哲学家的赞赏。1875年5月，索洛维约夫致信托尔斯泰，希望能到托尔斯泰的庄园亚斯纳亚·波利亚纳拜访作家。当月，二人得以首次会面。同年8月，托尔斯泰在又一封写给斯特拉霍夫的信中吐露道："我和哲学家索洛维约夫的结识给了我许多新的见识，这使我心中的哲学酵母重新发酵，使我确立了并澄清了我余生和死亡最需要的哲理，这些哲理给了我很大的慰藉，如果我有时间又有能力的话，我一定要努力将它们转达给别人。"[1] 可见，这一时期，托尔斯泰对索洛维约夫的为人和思想都颇为认可。1878年，索洛维约夫在彼得堡开设了一系列公开的宗教哲学讲座，托尔斯泰也前去捧场。可以说，世界观激变前夕的托尔斯泰与满腔热血的青年哲学家索洛维约夫对官方教会的不满以及对新的宗教阐释的求索让二人产生了些许共鸣。

在随后的19世纪70年代末至80年代，二人思想上的差异愈来愈大。托尔斯泰在日记和书信中多次批判了索洛维约夫的《完整知识的哲学原理》《神人类讲座》等文章，认为它们"无聊得让人无法忍受"[2]"全是幼稚的废话"[3]。70年代末，二人的思想分歧主要在于哲学在社会生活中的地位问题以及能否从纯理性的角度理解基督教教义的问题上。到了80年代，索洛维约夫的创作主题逐步从哲学转移到了包括社会政治、教会政治在内的政论方面，他坚信基督教各民族在俄罗斯沙皇的统治下可以达到政治联合。托尔斯泰对这种神权政治的乌托邦思想颇为不满，在1881年10月的日记中写道："可怜的索洛维约夫，还没弄清楚基督教，就要对它进行评价，还妄想把它变得更好。空话、空话连篇。"[4] 这一时期，托尔斯泰对基督教进行了深入的研究，在《教义神学之研究》等作品中指控教会缺乏理性，认为教会的影响有碍于人的道德进步，宣扬将教会的教条与基督的教诲区分开来，否定大多数理智上不能理解的神迹。索洛维约夫则对此不以为然，在1882年给阿克萨科夫的信

---

[1] 托尔斯泰：《列夫·托尔斯泰文集》（第十六卷），周圣、单继达等译，人民文学出版社，2013，第139页。
[2] Толстой Л. *Полное собрание сочинений в 90 томах*: Т. 62. С. 337.
[3] Там же. С. 413.
[4] Толстой Л. *Полное собрание сочинений в 90 томах*: Т. 49. С. 58.

中写道："对我来说，他（托尔斯泰——作者注）就是异教徒和税吏[1]。"[2] 在读了托尔斯泰的《我的信仰何在？》后，他又评论道："这难道不是野兽在深山老林中咆哮吗？"[3]

而社会上的突发事件和来自政府的迫害给了二人站在同一战线上的契机。1881年3月1日，亚历山大二世被民意党人暗杀，托尔斯泰随即写下了《致沙皇书》，请求亚历山大三世宽恕和赦免这些罪犯。同日，索洛维约夫在彼得堡举办了三场公开讲座，坚决谴责了这种暗杀行为，说道："如果人们不能谴责兽性状态，那么，以暴力为基础的革命是没指望的。"[4] 而在题为《现代教育批判和世界进程的危机》的最后一场演讲中，他提到了死刑与基督教道德的互不相容，在讲座的结尾呼吁沙皇宽恕民意党人。这样的公开发言触怒了当局，被视为为弑君者辩护，索洛维约夫也因此不得不中断教学和公开演讲，被迫离开了人民教育部，离开了彼得堡。托尔斯泰在同年4月给斯特拉霍夫的信中表达了自己的看法："索洛维约夫是好样的。在他离开的时候，我对他说过：'我们在道德学说这个主要方面看法一致，这是弥足珍贵的。我们应该珍惜这种一致。'"[5] 正如明茨所言，托尔斯泰在索洛维约夫的举动中看到的不仅是个人的高贵品质，还看到了自己所主张的"不以暴力抗恶"的道德学说的实现，看到了直面政府迫害的勇敢斗争。[6] 而在1886年，当大主教尼卡诺尔（Никанор）控告托尔斯泰的异端邪说动摇俄罗斯国家秩序的根本，提出应该将托尔斯泰革除教门时，索洛维约夫也曾挺身而出，为托尔斯泰进行辩护。[7]

19世纪80年代末至90年代初，对俄罗斯民族问题的共同关注及相近的看法又一次让二人来往密切。这一时期索洛维约夫写了一系列有关民族问题的文章，与丹尼列夫斯基、罗扎诺夫、斯特拉霍夫等人的斯拉夫派观点进行了激烈的论争。丹尼列夫斯基在《俄国与欧洲》一书中提出了"文化历史类型"一说，列举了世界中存在的10种文化类型，并指出，每一种文化类型都应该发扬自己的特点，俄国应

---

[1] 古罗斯收商品、牲畜过境税的税吏，指给别人带来痛苦的人。

[2] Лосев А. *Владимир Соловьев и его время*. М.: Молодая гвардия, 2009. С. 408.

[3] Там же.

[4] 雷永生：《东西文化碰撞中的人：东正教与俄罗斯人道主义》，华夏出版社，2007，第205页。

[5] Толстой Л. Н. *Полное собрание сочинений в 90 томах*: Т. 63. С. 61.

[6] См. Минц З.Г. В.С. Соловьев и Л.Н. Толстой. С. 100.

[7] Там же.

该走符合斯拉夫文明特色与历史使命的发展道路。这种观点得到了陀思妥耶夫斯基、罗扎诺夫等人的赞赏。1888年，索洛维约夫两度在《欧洲导报》上发表同名文章，与上述观点展开了辩论，阐释他的教会思想。作为对论战的回应，同年斯特拉霍夫在《俄国导报》上发表了《我们的文化和全世界的统一》一文。1888年6月，在给斯特拉霍夫的回信中，托尔斯泰表达了自己对这场论战的密切关注，并发表了自己的看法："与丹尼列夫斯基不同，在对人民性的否定方面我和索洛维约夫的意见是一致的，而在对他狭隘、庸俗、片面的历史观的批判上我是支持您和丹尼列夫斯基的。"[1] 1890年，索洛维约夫发起了反对俄罗斯内部对犹太民族的迫害的声明，并请求托尔斯泰的响应。托尔斯泰欣然答应，成为这一声明的第一个拥护者和签名人。托尔斯泰认为，"和所有民族形成兄弟关系"的理念是二人得以合作的基础。[2] 然而正如明茨所指出的，二人在民族问题上的相近看法并非源自他们在思想和世界观层面的本质契合。对于托尔斯泰而言，民族问题属于可以自发解决的社会现象之一，而对于索洛维约夫，对各民族的平等的要求符合其宗教层面的人类发展理念。[3]

这一时期，虽然二人在社会活动方面形成了一定的合作关系，但索洛维约夫仍然在自己的作品中明确表达了对托尔斯泰某些主张的反感，如在1891年的政论文《偶像与理想》(Идолы и идеалы)中，他极力抨击托尔斯泰的"简朴化"，认为这一思想的源头是佛教的涅槃。文中不无讽刺地写道："我们这些爱搞简朴化的人们的主张很好地体现在列·尼·托尔斯泰伯爵的天才作品《三死》中。文中描写了一个有文化的贵妇、一个农民和一棵树的死亡。贵妇之死是毫无价值的，农民之死要高尚很多，而更高尚的是一棵树之死。这是因为农民的生活比贵妇的生活简单，而树的生活比农民的更简单。然而如果可以从这个毋庸置疑的事实中得出一个具有道德实践意义的结论，即可以把简单和高尚等同起来，那么为什么要提到农民，而不直接说到比农民生活得更简单的树，或者是石头，多么简单，且亘古常在。最简单的，当然还是纯粹的无生命界——也难怪我们这些爱搞简化的人最近开始倾心于佛教了……"[4]

---

[1] Толстой Л. *Полное собрание сочинений в 90 томах*: Т. 63. С. 75.
[2] Толстой Л. *Полное собрание сочинений в 90 томах*: Т. 65. С. 45.
[3] См. Минц З. В.С. Соловьев и Л.Н. Толстой. С. 102.
[4] Лосев А. *Владимир Соловьев и его время*. С. 410.

到了索洛维约夫生命的最后阶段，即19世纪90年代中后期，二人的关系最终宣告破裂。这不仅源于对革命和死亡抱有恐惧心理的索洛维约夫开始对托尔斯泰的政治的、宗教的、历史的诸种观点进行正面的攻击，还在于二者无法妥协的世界观的矛盾得到了最终的大爆发。托尔斯泰的"不以暴力抗恶"思想，对教会和政府的无情批判，对科学、艺术乃至文明的否定都是索洛维约夫的历史社会观所无法接受的，尤其是托尔斯泰对基督复活的否定。在索洛维约夫著名的末世论研究著作《关于战争、进步和世界历史终结的三次谈话》（下文简称《三次谈话》）中，托尔斯泰本人及其思想成为他直接攻击和批判的对象。

《三次谈话》：对托尔斯泰主义的正面攻击

在生命的最后几年，索洛维约夫经历了深刻的精神危机。他对自己先前的神权政治乌托邦的理想感到失望，怀疑自己的神人类思想，被悲观的历史终结论所控制。在1897年的一封信中，他曾形象地表达自己的末世情绪："正在来临的世界末日的风轻拂着我的面庞，尽管难以捉摸，却似乎很分明——犹如一个正在接近大海的旅行者，尚未看到大海之前，就已经感到大海的气息了。"[1]《三次谈话》于索洛维约夫去世前几个月写成，在某种意义上被看作他的遗嘱和对前期思想的偏离，文中结合了在耶稣复活的问题上他和托尔斯泰的论战、对战争的辩护以及柏拉图式的哲学对话形式。文章的前言中提到了一种"洞穴崇拜"的宗教，该教的信徒在自家农舍的阴暗的一面墙上挖出一个洞，把嘴唇靠近它，并反复念叨："我的农舍啊，我的洞穴啊，救救我吧！"索洛维约夫认为，宣扬"不以暴力抗恶"的托尔斯泰主义便是经历了演变和进化后的"洞穴崇拜"教，农舍即"人间天国"，洞穴即"新福音书"，而"新福音书"与真正的福音书之间的差异好比原木上的一个洞和完整的、鲜活的一棵树的差别。[2]

该作品分为三个部分，五位出场人物——将军、政治家、公爵、Z先生、中年女士分别就战争、进步和世界末日的主题进行了柏拉图式的谈话。虽然作品中并未直接提起托尔斯泰的名字（在第二部分引用了托尔斯泰在1855年克里木战争时期所作的战士歌），但显然，作品中的公爵正是托尔斯泰思想的支持者，被看作"奉

---

[1] 汪介之：《索洛维约夫与俄国象征主义》，第60页。

[2] 原文见 Соловьев В. *Три разговора о войне, прогрессе, и конце всемирной истории*. [2024-04-25]. http://mirosvet.narod.ru/sol/tri_razg.htm. 译文由作者译出。

行反基督路线的人"，在谈论中受到了多人的围攻，并在小说的结尾处悻悻而退。

第一次谈话的主题是战争，索洛维约夫托将军之口，反驳了托尔斯泰主义者的"不以暴力抗恶"理论。在承认杀戮之邪恶的同时，他认为战争是必要的，神圣的战争是存在的，"战争不是绝对的恶，和平也不是绝对的善"。这也是为什么俄罗斯的圣徒中除了神职人员，还有骁勇善战的大公。作为例子，将军讲述了两个故事来反驳托尔斯泰主义者的"道德感化"学说：一是他如何亲自报复那些销毁了亚美尼亚村庄的土耳其非正规军的事例，二是弗拉基米尔·莫诺马赫为了维护斯拉夫百姓而击败波洛夫人的故事。

在有关进步的第二次谈话中，代表索洛维约夫立场的政治家认为，俄罗斯人属于欧洲人，作为唯一高级文化的欧洲文化应该得到普及，以防残暴的野蛮民族占领世界。索洛维约夫提到了曾经的奥斯曼土耳其帝国的扩张，以及世界中心向东部的转移。他认为俄罗斯应该和英国联合起来吞并亚洲。可以说，这样的主张是索洛维约夫在19世纪80年代有关民族问题观点的简化和通俗表达，以此来反对托尔斯泰对文明的否定。第二次谈话中值得注意的另一点是，Z先生提到了朝圣者瓦尔索诺非（Варсонофий）讲述的两个埃及隐修士的故事：两个久负盛名的隐修士得到了恶魔的召唤，到亚历山大港过了三天三夜的堕落生活。回来后，一个痛哭流涕、追悔莫及，而另一个则欣然唱起了赞美诗。结果前一个彻底绝望，继续堕落，最终被判了死刑，而另一个则变成了能施神迹的圣徒。瓦尔索诺非教导道：即便一天犯罪539次，重要的是不去忏悔，因为犯罪后忏悔，意味着铭记罪恶。所有的罪恶都不可怕，可怕的是灰心丧气，因为灰心丧气会让人绝望，而绝望意味着灵魂的死亡。这样的宗教意识反映了索洛维约夫晚期的世界观，对人类的创造与历史的意义充满了悲观情绪。这同时也意味着他对世界末日的到来和对基督二次降临的期待。

第三次谈话的主人公为Z先生和公爵，二人的争论事实上反映了索洛维约夫与托尔斯泰在宗教问题上的分歧。索洛维约夫认为，无论是在个体的层面还是在社会的层面，这个世界上仍然存在死亡和邪恶。如果单靠善就能够抗恶，那么基督为什么没能征服犹大灵魂中的恶，而死亡又为什么不能克服呢？因此，人类的救赎必须依靠更高的力量，那就是耶稣的复活，没有复活的善是表面的、无力的。这里Z先生讲述了一篇关于未来的反基督的小说。大意是欧洲解放了，建立了单一的世界政府，却又出现了一个反基督，在 21 世纪加冕成为"欧洲合众国"的统治者。这个天才的人物进行了多项社会改革，致力于建设人人平等的国家。新帝国的首都设在了耶路撒冷，那里建起了将基督教三个派别统一起来的教堂。然而事实上他是一个认为自己可以替代耶稣而成为神之子的利己主义者，曾因怀疑而试图自杀。在随后召开的基督教大公会议中，天主教教父彼得和东正教长老约翰因他们的异见而被处死。最终，欧洲人再次起义，推翻了反基督的统治，耶稣基督二次降临。显然，在这个反基督的"禁欲主义者、唯灵论者、慈善家和素食主义者"的身上正是映射了托尔斯泰本人和托尔斯泰主义的种种思想。索洛维约夫把否认福音书中的一切超自然的神迹、反对基督复活、主张回到宗法制社会的托尔斯泰比喻为反基督，可以说是对后者强度最高的控诉。而关于反基督的小说也表明索洛维约夫在晚年放弃了自己关于未来全世界神权政治的愿望。

托尔斯泰是"一个毁坏旧的殿堂的人"[1]，他弃绝了东正教会的种种学说，力求塑造自己的新学说和理想世界。且不论其思想有多大的价值，在打破教会思想停滞不前的局面、激起人们的道德觉醒方面，他的精神求索有着深远的意义，也推动了以索洛维约夫为首的宗教哲学家们对东正教本质的探讨。虽然二人的世界观有着本质的差异，但他们对人类之本质和真理的孜孜不倦的求索令人肃然起敬。

第三节　托尔斯泰与戈登维泽

2025 年为俄罗斯（苏联）著名钢琴家、作曲家、教育家及文艺活动家亚历山大·鲍里斯维奇·戈登维泽（Гольденвейзер А.Б., 1875—1961）诞生 150 周年，也是其故居博物馆成立 70 周年。这个坐落于莫斯科特维尔街心花园与特维尔大街交汇处的一栋不起眼的灰白色居民楼之中的故居博物馆有两大鲜明的特色：首先，它是在主人在世时亲自成立的，1955 年，戈登维泽把自己的所有藏书、乐谱及艺术珍品全部捐给了国家。其次，在故居的许多角落都能找到大文豪托尔斯泰的身影。在托尔斯泰去世前的十五年间，年轻的钢琴家戈登维泽成了作家家中的常客，相差

---

[1] 什克洛夫斯基：《列夫·托尔斯泰传》，第 787 页。

四十七岁之多的二人建立起了深厚的友谊。与托尔斯泰的交往对钢琴家人格的形成、道德水平的提高均产生了巨大的影响。在作家去世后，戈登维泽出版了两卷本回忆录《在托尔斯泰身边》(*Вблизи Толстого. Записи за пятнадцать лет*)，并在自己的故居博物馆中展示了大量与作家相关的文件、照片及纪念品等，它们时至今日仍诉说着二人的忘年之交，延续着伟大作家的精神遗产。

相识与相知

戈登维泽于1875年3月10日（俄历2月26日）出生于现摩尔多瓦的首都基希讷乌市的律师家庭。受对音乐颇有造诣的母亲瓦尔瓦拉·彼得罗夫娜的影响，他在五岁时便开始弹奏钢琴。1883年，在举家搬到莫斯科后，戈登维泽开始正式接受音乐教育，师从瓦·帕·普罗库宁（Прокунин В.П.）——著名的俄罗斯民间歌曲搜集者、鲁宾斯坦和柴可夫斯基的学生。1889年秋，戈登维泽被莫斯科音乐学院（现在的莫斯科国立柴可夫斯基音乐学院）录取。在为期八年的学习中，与柴可夫斯基、塔涅耶夫、鲁宾斯坦、阿连斯基等大师的交流以及与同窗拉赫玛尼诺夫、斯克里亚宾、梅特纳等人的切磋塑造了这位未来钢琴家的艺术观，赋予了他作为艺术家和教育家的使命感与责任感。自1896年11月28日举办第一场独奏会起，戈登维泽开始了长达六十年的演奏生涯，直至1956年5月9日的最后一场独奏会。戈登维泽音乐生涯的另一个主要部分为教学。他从十五岁时便开始了钢琴私教。自1906年被母校莫斯科音乐学院聘用后，作为俄罗斯钢琴学派的创始人之一，戈登维泽在五十五年的时光里培养了无数享誉海内外的钢琴家，如萨缪尔·费因伯格（Фейнберг С.Е.）、格里高利·金兹伯格（Гинзбург Г.Р.）、拉扎尔·贝尔曼（Берман Л.Н.）、德米特里·巴士基罗夫（Башкиров Д.А.）等。除此之外，他还为儿童音乐教育、音乐在民众生活中的普及做出了巨大的贡献。

1895年12月4日，二十岁的戈登维泽在莫斯科的一场四重奏音乐会上第一次见到了托尔斯泰。钢琴家在音乐会节目单的下方写道："这是我一生中最美好的夜晚之一。除了听到对贝多芬四重奏的无与伦比的诠释，我还有幸见到了超越时代和民族的最伟大的小说家、这个世界上最好的人——列夫·托尔斯泰。"[1] 随后的1896年1月，初出茅庐的钢琴家受到当时莫斯科知名女歌手的引荐，第一次来到托尔斯泰的家中演奏钢琴。戈登维泽认为，能够演奏乐器、唱歌或朗诵的人在某种

---

[1] Гольденвейзер Е., Липкина Л. *Музей-квартира А.Б. Гольденвейзера*. М.: ВРИБ «Союзрекламкультура», 1989. С. 14.

意义上也是不幸的，因为这会成为他和人们进行直接交流的障碍。人们会请他演奏、唱歌或进行诗朗诵，却不会去和他真正地交流、去了解他是个什么样的人。然而在托尔斯泰的家中，年轻的钢琴家却得以和大文豪一对一地交谈。戈登维泽在自己的回忆录《在托尔斯泰身边》一书中把这场交谈详细地记录了下来。演出结束后，当二十岁的他不知所措地站在客厅中央时，托尔斯泰来到了他的身旁，轻松地和他开始了交谈。

"'您最喜爱哪位作曲家？'

"'贝多芬。'我回答道。

"列夫·尼古拉耶维奇注视着我的眼睛，用低声的、仿佛是怀疑的口吻问道：'这是真的吗？'

"好像我是人云亦云一样。可是我是认真的。

"列夫·尼古拉耶维奇认为，肖邦应该算是他最喜欢的作曲家。他说：

"'据我的个人经验，在任何艺术中都很难避免两个极端：庸俗和矫揉造作。比如我钟爱的莫扎特有时就会陷入庸俗，但之后却又能达到无与伦比的高度。舒曼的缺点就是矫揉造作。在这两个缺点中，矫揉造作比庸俗还要可怕，因为它更难克服。肖邦的伟大就在于，他再简单的作品也不庸俗，再复杂的作品也不矫揉造作。'"[1]

可见，托尔斯泰十分坦诚地向年轻的钢琴家表达了自己一向秉承的艺术观。戈登维泽在1896年1月20日的日记中写道："对我而言，这一天也许会成为一生中最幸福、最有意义的一天：我在列夫·托尔斯泰家中度过了一个夜晚！……"[2]

从那以后，钢琴家成了大文豪家里的常客，经常拜访他在图拉和莫斯科的家。他时常和曾经的老师塔涅耶夫表演四手联弹，也和小提琴家们一起为托尔斯泰的家庭宴会进行演奏。托尔斯泰非常信任这个有天赋的钢琴家，时常会向他敞开心扉，分享自己内心的想法、感受和烦恼。在托尔斯泰去世前的近十五年的时光里，戈登维泽逐渐成了大文豪身边最亲近的那圈人之一，搜集了很多与作家相关的珍贵文件、照片及纪念物品，这也是人们在其故居博物馆中能够看到大量托尔斯泰元素的由来。

---

[1] Гольденвейзер А. *Вблизи Толстого. Записки за пятнадцать лет*. М.:Захаров, 2002. С. 7–8.

[2] Гольденвейзер Е., Липкина Л. *Музей-квартира А.Б. Гольденвейзера*. С. 8.

守候与延续

1910年11月2日，在得知托尔斯泰从亚斯纳亚·波利亚纳离家出走，因病停留在了阿斯塔波沃车站后，戈登维泽连夜赶到了那里。他在11月3日的日记中写道：

"我是第一个被叫去的。屋子里很昏暗……起初连列·尼的脸也看不清楚。我走到他的身旁，弯下腰，亲吻了他那尚还有力的、对我而言无比熟悉的大手……

"列·尼沉默不语。看来他很激动。随后，他用微弱的、勉强能听见的声音打破了沉寂，问道：

"'您怎么来了？'

"'我得知您生病了，就过来了。'

"'怎么知道的？'

"'从报纸上。所有人都在报道您的事，列夫·尼古拉耶维奇。我和德米特里·瓦西里耶维奇一起来的。'

"'啊！我并不知道。'

"又是一阵沉默。

"'您为什么放弃了音乐会？（因为要去阿斯塔波沃车站，我把原本安排在11月4日的莫斯科的音乐会给取消了。应该是有人把这件事告诉给了列·尼。）'

"'我过来见您，列夫·尼古拉耶维奇。'

"'当一个农民在耕地的时候，纵使是他的父亲在生死线上徘徊……他也不会放弃他的那片土地。对您来说，音乐会就是您的土地，您应该去耕耘……'"[1]

作家生前的最后一刻在戈登维泽的回忆录中有详细的描述。在托尔斯泰去世后，戈登维泽和他的家人一起为他更衣、入棺。作为答谢，家人把在出走的路上陪伴托尔斯泰的腰带、拐杖和钢笔送给了钢琴家。在作家下葬的那一天，家人还把托尔斯泰80寿辰收到的礼物——黑色的卷笔刀送给了戈登维泽留作纪念。

在托尔斯泰去世后的五十余年里，戈登维泽并没有放弃与大文豪的精神交流。他于1922年、1923年先后出版了两卷本回忆录《在托尔斯泰身边》，其中不仅记录了托尔斯泰对当时最尖锐的社会、文学、哲学问题的看法，还有作家日常生活中的琐碎片段、夫人索菲娅·安德烈耶夫娜和小女儿亚历山德拉的争论以及来到亚

---

[1] Гольденвейзер А. *Вблизи Толстого. Записки за пятнадцать лет*. С. 616–617.

斯纳亚·波利亚纳的形形色色的拜访者的趣闻逸事。20世纪50年代，在建立个人的故居博物馆时，戈登维泽要求一定要腾出专门的空间来展示与托尔斯泰有关的展品。

最主要的展品集中摆放在大客厅的落地柜中。除了上述的腰带、拐杖、钢笔和卷笔刀，带有蓝边的白色陶瓷杯是托尔斯泰在戈登维泽的别墅中喝茶时用过的，之后这个茶杯变成了全家的宝物，再也没有人用过它。托尔斯泰亲手用纸折出来的"日本公鸡"（千纸鹤）也被钢琴家小心翼翼地珍藏了起来。关于这种"日本公鸡"还有一段趣闻，戈登维泽在自己的回忆录中对此也有所记录：有一次戈登维泽在路上碰到了托尔斯泰，作家邀请他一起坐有轨马车[1]，二人买了票后坐到了马车上。托尔斯泰拿起手上的车票，轻而易举地折出了一只日本公鸡。拉动公鸡的尾巴，它还能挥动翅膀。这时检票员来到了他们的车厢，开始检票。托尔斯泰笑容可掬地向检票员展示了用车票做的公鸡，拉了拉它的尾巴。然而一本正经的检票员拿过这个公鸡，把它拆开，核对了号码，随后就把它撕掉了。托尔斯泰看了看戈登维泽，说道："你瞧，就这么把我们的小公鸡给毁了……"[2]

1911年，托尔斯泰曾经的秘书切尔特科夫把一个英国制造的国际象棋棋盘送给了戈登维泽。在作家生前，他和戈登维泽用这个棋盘下了多达700局象棋。此外，在大客厅的一个书架中还摆放着戈登维泽收藏的出版于1928—1958年的90卷本托尔斯泰全集。

走进戈登维泽的书房，首先映入眼帘的是一个橡木书桌，正是在这里钢琴家度过了大部分的时光，用来写作和思考。而书桌上尤为引人注目的是穿着农民的衣服、把双手插进腰带里的托尔斯泰的全身铜像。另有一个作家头像的白色浮雕。书桌上摆放着戈登维泽在去世之前读过的书，正是托尔斯泰编撰的《一日一善》（*Круг чтения*，又译《阅读园地》）。这是作家搜集的全世界各民族的智者箴言集（有些部分是托尔斯泰本人所写），书中将一年365天中的每一天作为一个章节。翻开的书上放着一个铁制的书签，上面同样雕刻着托尔斯泰的头像。书房的墙壁是用诸多照片和绘画来装饰的，其中包括托尔斯泰、作家的夫人索菲娅·安德烈耶夫娜、作家的秘书切尔特科夫等人，上面都有写给戈登维泽的亲笔落款。除此之外，在故居博

---

[1] 在电车发明前的一种交通运输工具。

[2] Гольденвейзер А. *Вблизи Толстого. Записки за пятнадцать лет*. С. 9.

物馆的每一个房间里都能找到与托尔斯泰有关的书信、相片、剪报、铜像等，不一而足，它们诉说着二人的友谊，延续着伟大作家的精神遗产。

开花与结果

与大文豪的交往对钢琴家的道德水平、思想觉悟的提高产生了巨大的影响，托尔斯泰在给他的最后一封信中写道："亲爱的亚历山大·鲍里斯维奇，是音乐让你我紧密相连，我非常珍惜与您的交往。"戈登维泽在自己的日记中也写道："如果没有和托尔斯泰的近距离接触，就不会有今天的我。"[1] 戈登维泽经常在莫斯科音乐学院的课堂上提到列夫·托尔斯泰。他的学生拉扎尔·贝尔曼在自己的文章《我的老师——亚历山大·戈登维泽》中写到了这样一个片段：戈登维泽不喜欢人们在演奏时过多地使用手势和肢体语言。为此，他经常给学生讲托尔斯泰学习骑马的案例。众所周知，托尔斯泰直到耄耋之年都是一名出色的骑手，而据戈登维泽所言，年轻时的托尔斯泰却骑得非常糟糕。只有当他学会了把自己的肢体和马的动作完全协调起来，仿佛和马合为一体时，他才得以完全驾驭他的座驾。戈登维泽提到，演奏家也要和骑手一样，学会将自己的肢体完完全全地和正在弹奏的音乐融为一体。[2]

戈登维泽认为，"艺术——无论是诗歌、音乐还是绘画，都会让人变得更加纯净、美好和高尚，哪怕只有片刻"[3]。坦荡的胸襟、对乐理的真诚、永远想要和听众"交流"那些生命中最重要的东西……钢琴家的这些品质无不受到了托尔斯泰的人生哲学的潜移默化的影响，继而也影响了他对学生的培养理念。1961年，戈登维泽重新温习了托尔斯泰的《一日一善》。11月26日的早上，他读了这一天的箴言——"要害怕和远离那个对心灵有害的社会，而要珍惜和寻找有益的交往。"据考证，这是由托尔斯泰本人所写。[4] 那天傍晚，戈登维泽因心脏病的突然发作而与世长辞。钢琴家与大文豪的友谊可谓是这句箴言的最好佐证。这段非同寻常的忘年之交至今仍然感动着无数参观戈登维泽故居博物馆的人。

---

[1] Гольденвейзер Е., Липкина Л. *Музей-квартира А.Б. Гольденвейзера*. С. 8.

[2] См. Берман Л. Мой учитель — Александр Гольденвейзер//*Наставник: А.Б. Гольденвейзер глазами современников*. М.: Серебряные нити, 2014. С. 218.

[3] Гольденвейзер Е., Липкина Л. *Музей-квартира А.Б. Гольденвейзера*. С. 16.

[4] Там же. С.20.

第二章

白银时代宗教哲学视域中的托尔斯泰

在用文学创作来阐述自己的世界观方面，托尔斯泰与陀思妥耶夫斯基可谓同道中人，二人的创作无不是为了解答令他们苦苦求索的问题而展开的。正如何怀宏在《道德·上帝与人——陀思妥耶夫斯基的问题》中指出的，作为同一个时代的伟大的文学家和思想的探索者，托尔斯泰与陀思妥耶夫斯基反映和思考的问题类似，探索的方式和得出的结论却相当不同，因此"托尔斯泰与陀思妥耶夫斯基的比较"成为一个"富有意义的课题"，"构成了一系列文献"[1]。在这一比较领域，19世纪末、20世纪初的俄罗斯白银时代宗教哲学家们率先开启了研究。

在"白银时代"这一俄罗斯精神文化空前繁荣的时期，致力于探索俄罗斯未来之路的宗教哲学家们纷纷从文学宝藏中寻找生动的例证来为自己的哲学理论做注，托尔斯泰和陀思妥耶夫斯基便成为他们密切关注和热衷分析的对象，于是出现了大量令人耳目一新的对二人的哲学解读。虽然白银时代的俄罗斯宗教哲学家们总体上肯定托尔斯泰的文学创作及其在打破国内宗教思想停滞不前的局面上所起的作用，但从结论上看，他们多视陀思妥耶夫斯基为自己的精神之父，而对托尔斯泰的宗教哲学思想不甚认同，把后者当作前者的一种"参照""陪衬"乃至"反证"，而这种研究的基调深刻影响了后世对二位作家思想的接受。

---

[1] 何怀宏：《道德·上帝与人——陀思妥耶夫斯基的问题》，北京大学出版社，2010，第4页。

白银时代的俄罗斯宗教哲学家们为何会对陀思妥耶夫斯基推崇备至而对托尔斯泰不甚认同？这种结论是否公允？本章旨在勾勒俄罗斯白银时代宗教哲学家们眼中托尔斯泰的精神面貌，横向比较与纵向剖析不同哲学家观点的异同，探究导致这一结论的深层原因，以求从时间上、空间上、文化上的他者视角对这一现象做出更为客观、公允的评价。

第一节 "一滴水珠融入大海"

白银时代宗教哲学家们首先关注的是人的问题，他们以摆脱人类的生存困境为现实出发点，透过人的内在生命去研究外部世界，对西方现代工业文明的理性主义文化进行了批判与反思。可见，这与托尔斯泰精神求索的出发点是一致的。因此，托尔斯泰的人学思想得到了白银时代宗教哲学家们的密切关注与深入解读，而在何为人、人的个性如何、人该如何生活的具体问题上，白银时代宗教哲学家们与托尔斯泰的看法却不尽相同。

白银时代宗教哲学家们普遍认可托尔斯泰在其文学作品中对原初生命、人类本能的出色描写。梅列日科夫斯基在写于1900—1902年的两卷本长篇作品《托尔斯泰与陀思妥耶夫斯基》中对托尔斯泰对"肉"的情有独钟和在其创作中的淋漓尽致的表现进行了详尽的解读，他认为，在世界文学中，在用语言描绘人的身体方面，没有可以与托尔斯泰比肩的作家。在其小说中反复出现人物的肉体特征——如《战争与和平》中博尔孔斯卡娅公爵夫人的"上扬的、长小须的上唇"、玛丽亚公爵小姐脸上的红斑、库图佐夫虚胖而沉重的身体和老年人懒散的体态、拿破仑的白而肥软的小手、普拉东·卡拉塔耶夫的"圆形"躯体等——并非各种复杂躯体特征的冗长堆积，而是与人物的精神内核乃至整个作品的思想主旨密切相连。外在的躯体特征背后是一种巨大而抽象的综合，"这种综合和全部托尔斯泰的、不仅艺术上的而且还有形而上学上和宗教上的创作之最基本的内在基础联系在一起"[1]。

经过大量的引用和细节分析，梅列日科夫斯基提出了一个著名的论断，即托尔

---

[1] 梅列日科夫斯基：《托尔斯泰与陀思妥耶夫斯基》，第152页。

斯泰是"肉体的洞察者"（ясновидец плоти），而陀思妥耶夫斯基是"灵魂的洞察者"（ясновидец духа，又译精神的洞察者）。这种二分的论断很容易让人指出梅列日科夫斯基的武断，因为托尔斯泰的作品并非放眼望去只有外表和行为，其中占主导地位的依然是主人公在心灵层面的困境、成长和求索。然而，在世俗语境中很容易被混为一谈的心灵与精神在梅列日科夫斯基的论证体系中是两个不同的领域，它们与肉体一同构成人的本质。梅列日科夫斯基认为，心灵（душа）是肉体（тело）与精神（дух）的联系环节，带有某种"半动物的、半神的"性质，托尔斯泰笔下的人物都是这样"属心灵的人"，是"转向精神的肉体之部分和转向肉体的精神之部分的人"[1]，在描写这类人的范围内，托尔斯泰是个巨人。

然而，在梅列日科夫斯基看来，托尔斯泰的人学思想却否定了人的"个性"（личность）。梅列日科夫斯基认为，人物在托尔斯泰的笔下孕育、成长和逐渐形成，却无法成为独立、个别、唯一和完整的有生命的存在物，而是时刻准备像一个小水珠奔向海洋一样与某种自发的、无限的东西汇合。"在托尔斯泰的作品里，没有典型，没有个性，甚至没有出场人物，只有观察者、受难者；没有主人公，只有牺牲品：这些人不斗争、不反抗，只是在自发性动物性的生活中随波逐流。"[2] 在梅列日科夫斯基看来，这些人的面容刚刚上升，浮出水面，便又立即被自发势力吞没，永久地沉入其中，无论是被大自然吞噬的叶罗什卡大叔，还是被死亡吞噬的普拉东·卡拉塔耶夫和安德烈公爵、瓦西里·布列胡诺夫和伊万·伊利奇，被分娩吞噬的娜塔莎和被爱情的自发势力吞噬的安娜·卡列尼娜，都体现了托尔斯泰创作的主导旋律，也是作家世界观的主导旋律："一切个别的人的面目在没有面目、非人的面目中的这一消解。"[3]

普拉东·卡拉塔耶夫是作家笔下典型的"没有面目"的人物，其外在的躯体特征被作家归纳成几何图形的简洁与鲜明，承载了对全部俄罗斯事物、善和圆的事物的生动体现，成为"巨大的、全世界历史宗教的和道德的象征"[4]。他如同一滴水珠以其圆满的圆再现世界圆周一样，以一个分子融入了无限。

---

[1] 梅列日科夫斯基：《托尔斯泰与陀思妥耶夫斯基》，第168页（作者对译文有所改动）。
[2] 同上书，第205页。
[3] 同上书，第194页。
[4] 同上书，第187页。

娜塔莎的变化也可以在同样的脉络上得到解读。在《战争与和平》的结尾处，曾经亭亭玉立、充满魅力的贵族少女娜塔莎变成了一个只会怀孕、生养、哺乳，只关心孩子"有黄斑点而不是绿斑点的尿布片"而没有所谓高尚精神生活的母亲，这令不少读者不胜惋惜或倍感失望，而在梅列日科夫斯基看来，这是托尔斯泰有意为之且由衷赞许的归宿，因为在托尔斯泰的逻辑里，这种转变是有机的、连贯的、必然的，她的形象没有变得渺小或暗淡，而是相反，只有这时才达到了应有的高度，即变成了"永恒多产、生养之母性"[1]。少女娜塔莎变成了普通妇人、母亲，成了女性世界的缩影，她少女的、个性的面貌在全宇宙动物性生活的大海中消解，从文明回归自然。显然，梅列日科夫斯基不认同这种"消解"，不认同生命的意义在于将个性消融于无限的全宇宙生命之中。

白银时代宗教哲学的领军人物别尔嘉耶夫也指出了托尔斯泰与陀思妥耶夫斯基创作所关注的人类的意识领域的区别。别尔嘉耶夫同样认为人有肉体、心灵和精神三种属性，心灵位于中间地带，是精神结构凝结静止的外层，在这一层面闪耀着理性之光，服从于理性的法则，托尔斯泰正是这一层面的最有力量的刻画者。别尔嘉耶夫肯定托尔斯泰洞悉了无数有意识的文化生活的不真实性和欺骗性，洞悉了其背后真正的、深刻的、无意识的原生活，认可这是托尔斯泰的伟大发现，但与此同时，他认为托尔斯泰的思考只涉及存在的肉体和心灵层面，无法进入"精神的王国"[2]。

尤其重视人的个性与自由的白银时代宗教哲学家们无法接受托尔斯泰对人之个性的否定，或者说不解，他们纷纷在陀思妥耶夫斯基那里发现了对人之个性的礼赞。别尔嘉耶夫认为，异教的狄奥尼索斯精神导致了人之个性的破碎，人之形象消失在没有个性的人的自然本性之中。而陀思妥耶夫斯基虽然整个是狄奥尼索斯式的，处于迷狂与谵妄之中，却在这种激烈的对立和运动之中依然没有消解人的形象、人的个性。正是陀思妥耶夫斯基发现了人之存在的另一个维度，揭开了人面前稳定的日常生活的面纱，在陀思妥耶夫斯基那里，人不再是常规下的存在，到处都是人的个性，"这种个性被引向其最后的极限，从阴暗中的、自发性的、动物性的根中成长，发展到灵魂性的终极光辉顶峰"[3]。他笔下的主人公们无不和要吞噬他们的自发势力

---

[1] 梅列日科夫斯基：《托尔斯泰与陀思妥耶夫斯基》，第 191 页。
[2] 尼古拉·别尔嘉耶夫：《文化的哲学》，于培才译，上海人民出版社，2007，第 323 页。
[3] 梅列日科夫斯基：《托尔斯泰与陀思妥耶夫斯基》，第 230 页。

对抗，要肯定自己的个性和自我的意志。

那么，白银时代宗教哲学家们如此看重的个性的具体内涵是什么？是否与俄语中"个性"一词的普遍含义有所区别？在俄语中，"личность"一词是由形容词"личный"（个人的，私人的）加上抽象名词词尾"-ость"组成，指"属于某人的、某人特有的"，可译为"个性"。该词出现的具体时间及来源在俄语语言学界存在争议，但多数研究者普遍认同的是，该词起源于教会斯拉夫语"ликъ"，它在古俄语中等同于表示"脸、面孔"的"лицо"一词。[1] 在《11至17世纪俄语词典》（Словарь русского языка XI-XVII вв.）中"лицо"一词有14种释义，包括脸、脸颊、个人、物体的外表面、外貌等，而这些释义中均包含的义素为"人或物的外表"，即摆在眼前、可以让外人鉴定他（它）作为某个特定存在的外表。因此，人的面孔是人向世界展示自己、代表自己的东西，可以显示出人的性格、心情、意图以及他与其他人的不同。据著名语言学家维诺格拉多夫（Виноградов В. В.）考证，"个性"一词在俄罗斯的出现应不早于17世纪下半叶，因为它缺少所指。在古代俄罗斯的世界观体系中，一个人的特征和他与上帝、与村社、与世界、与社会不同阶层、与统治阶级、与国家、与家乡、与乡土的关系十分密切，因此出现了其他的术语和概念，却没有对这样一个指代现代意义上的个性、个体性的词汇的需求。[2] 因此可以说，个性概念是时代和人的意识发展的成就。而白银时代宗教哲学家们又赋予"个性"一词独特的、宗教层面的含义，其核心是圣子基督。在白银时代宗教哲学家们看来，只有圣子的启示才能赋予人自我意识及其永恒的命运，在这样的启示中，个性彻底获得自我意识，知晓个人命运的悲剧。

作为一个理性主义者和实用主义者，托尔斯泰不承认圣子，也不承认其复活和对人类的救赎。这种观点必然是白银时代宗教哲学家们所不能接受的。托尔斯泰追求的不是天国，不是来自上天的恩典，而是实实在在的、现实中的人类的幸福。可以说，托尔斯泰对"个性"一词的理解是世俗意义的，更多地与"自我""个体""欲望""意志"等概念联系在一起。作家并没有否认人身上区别于他人的个人特质，

---

[1] См. Игнатов И. Личность:история развития семантики слова // *Вестник Вятского государственного университета*. 2010. №2. C. 93.

[2] См. Виноградов В. Из истории слова личность в русском языке до середины XIX в. // *Доклады и сообщения филологического фак-та МГУ*. 1946. №1. C. 10.

其笔下的无数人物都拥有自己复杂的心绪、独特的个性，因此也超越了时间和国界，得到了无数读者的共鸣。晚年的托尔斯泰主张将个体的个性升华为灵魂之神性，将自己的生命融入无限和永恒，实际上是从超越基督教的更为宏观的角度对人类生存状况进行的思考和体悟。而这样的出发点，是白银时代宗教哲学家们所无法接受的。

第二节 "对善的布道"和"对恶的漠然"

如果说陀思妥耶夫斯基认为美可以拯救世界，那么对于晚年的托尔斯泰来说，则是善可以拯救世界。托尔斯泰认为良知是灵魂的声音，是存在于所有人身上的共同的灵魂生命，人正是靠这种良知和爱与他人灵魂结合，通过参悟自身神性而达到与上帝的结合，这便是人生的意义和幸福所在。在托尔斯泰看来，那被人们视为恶的东西，只是人错误地理解生活、不懂得善的法则的表现，他在《福音书》的训诫中尤其重视"勿抗恶"的诫命。可以说，善是托尔斯泰宗教哲学思想的核心内容。舍斯托夫在着手研究哲学的早期便敏锐地发现了这一问题，并在《列夫·托尔斯泰伯爵与弗·尼采学说中的善——哲学与布道》一文中探讨了托尔斯泰的善恶观的局限。而托尔斯泰的非暴力抗恶理论对恶之非理性自由的漠视也被别尔嘉耶夫、弗兰克、伊·伊里因等白银时代哲学家广为诟病。

舍斯托夫将托尔斯泰世界观转变的前后两个时期分为了截然不同的两个阶段，认为表达了托尔斯泰清晰而明确的世界观的《战争与和平》以及带有心灵自足性的《安娜·卡列尼娜》探讨何为真正的"善"是具有哲学意义的，而其转向道德说教后对善的绝对占有却是不足为训的，称其为"对善的布道"。之所以称为"布道"，是因为舍斯托夫认为托尔斯泰晚年的全部作品，包括艺术作品，都是为把自己的世界观强加给所有人接受而创作的。在舍斯托夫看来，这一时期托尔斯泰所宣扬的善的定义是"人的全部幸福就在于摒弃自我而服务他人"，即人与人之间兄弟般的友爱，而这恰恰是作家本人在生命早期曾经否定的"反生命的虚假原则"，作家世界观转变后的后半生正是过起了在《战争与和平》和《安娜·卡列尼娜》中所反对的自觉行善的生活。舍斯托夫认为，托尔斯泰于1897年写就的《论艺术》实际上正是作家的"扬善"布道词。托尔斯泰在《论艺术》中批判了从自己的前期作品到莎士比亚、但丁、歌德在内的几乎所有艺术，赞同了为数不多的作家与作品。在他本人所写的作品中，只有两个短篇小说《高加索的俘虏》和《上帝知道真理，但他却不会很快就把它说出来》被他归入好艺术的范围。而在舍斯托夫看来，一个人是无法通过几篇作品彻底否定他自己的过去的，《战争与和平》和《安娜·卡列尼娜》这两部作品将永远成为托尔斯泰后期艺术观的反证。

托尔斯泰在《论艺术》中探讨了评价艺术之好坏的标准。他认为，好的艺术不应该追求单纯的审美享受，而应该表达一个时代的宗教自觉。每一个时代和社会都会有一种普遍的关于好坏的宗教意识，正是它决定了艺术的情感和价值。托尔斯泰认为，他所在的那个时代的宗教意识便是意识到人的幸福就在于全人类的兄弟般的共同生活，在于人们相互之间的友爱和团结。他断言，真善美不应该放在同一高度上，"善是我们生活中永久的、最高的目的。不管我们怎样理解善，我们的生活总是竭力向往善的，换言之，总是竭力向往上帝"[1]。也就是说，托尔斯泰把人类的兄弟般的团结等同于善，把善看作人的最高追求。

舍斯托夫认为，托尔斯泰的《论艺术》所探讨的实际上不是艺术，而是比艺术更严肃、更重要的问题——道德和宗教，是以善之捍卫者的姿态写就的作品。这种对善的绝对主权地位的承认令托尔斯泰无法容忍任何他人与自己的生活方式有异的观点。舍斯托夫认为，《论艺术》这本小册子虽然语调平静，甚至可以说是史诗般的，没有任何对论战对象的公然的嘲弄，而只用了表面看上去无伤大雅的形容词，如"坏""不道德""糟糕"等，最多是谈论尼采时用了一次"蛮横无理"，然而实际上，这部作品是作家凭借高超的艺术技巧写下的善之"辩护书"，是向整整一代人的宣战。作家的全部任务就是告诉人们："按我对你们说的去做吧，若不然你们会成为没有道德、放荡和腐化的生物的。"[2]

在舍斯托夫看来，晚年的托尔斯泰表现出对善的极度占有欲，在他那里，自己的邻人非敌即友、非好即坏，而这种敌对状态并非通常的意义，甚至相反，当有人打他这半边脸时，他会把另半边脸也送上去，他不但甘愿承受屈辱和痛苦，而且挨打越多越发心平气和。同时，他也随时准备化敌为友，把一个忏悔的坏人移到好人当中。托尔斯泰无论如何不能让渡的，是自己对善所拥有的权力。这也是托尔斯泰

---

[1] 托尔斯泰：《列夫·托尔斯泰文集》（第十四卷），陈燊、丰陈宝译，人民文学出版社，2013，第169页。
[2] 列夫·舍斯托夫：《钥匙的统治》，张冰译，上海人民出版社，2004，第353页。

会对康德的《实践理性批判》推崇备至的原因所在，他认可后者中对绝对律令、服务于善本身的责任之强调。这是一种"不容许对'可以'做什么而'不可以'做什么有任何怀疑的、纯粹康德式的义务"[1]，这种在舍斯托夫看来虚假的义务正是托尔斯泰学说的基础，且赋予托尔斯泰以布道者的身份要求他人的权力，即要求他们做他所做的事，按他生活的方式生活。这与世界观转变以前的作家托尔斯泰对生命意义的理解大不相同。

舍斯托夫认为，托尔斯泰在生活中并不能为被侮辱和被损害的人提供实质性帮助，尽管他也认同给予、认同仁慈，但他懂得仅仅靠给予和仁慈——给穷人一点施舍，对别人的需求做出响应——是远远不够的。在寻求更好的解决办法无果后，他只能诉诸布道，他的布道实际上是针对一小撮肯于听他话而与他同样几乎无力做任何事的知识分子，这些知识分子饱读莎士比亚和歌德的作品，受过贝多芬和瓦格纳的熏陶，会观赏著名艺术家的绘画。托尔斯泰则无视他们的需求，且认为他们所尊崇的艺术作品非但不好，而且是有害的和非道德的，因为那是对人民的掠夺，因此应当抛弃对艺术的推崇，而去爱自己的邻人，这是他们的义务和最高幸福所在。在托尔斯泰笔下被滥用的人民（如利亚宾客栈的乞丐）之所以出场，是为了以他们的名义来抑"恶"扬"善"，是为了帮助他对文明阶级、对艺术和科学进行抨击。

如此看来，被托尔斯泰称作"蛮横无理"的尼采似乎正处于托尔斯泰哲学思想的对立面。在尼采前，尚无人敢于公开地以自己的经验对"善"所公认的主权进行检验。舍斯托夫认为，尼采对传统道德的严厉批判令当时的俄罗斯读者惊愕，虽然他们对托尔斯泰宣扬贵族过起农民的生活感到不以为然，但如果"不得不在被道德弄到极端但已成为习惯和能彻底毁灭日常道德的一种学说之间做选择时，大家全都会倾向于前者"[2]。尼采同样经历了由对善的哲学探索转向对善的布道的过程："当尼采的不幸命运使他对自己青年时代的道德理想产生怀疑、对传统道德观念进行揭露和批判的时候，尼采是在进行关于善的哲学探索；当他面对无法解决的个体生存悲剧问题不得不停止追问，宣言'超人'道德和贵族主义的时候，就是关于善的布道。"[3]

---

[1] 列夫·舍斯托夫：《钥匙的统治》，第 332 页。
[2] 同上书，第 321 页。
[3] 徐凤林：《善的哲学与善的布道——舍斯托夫论尼采道德学说》，《浙江学刊》2010 年第 5 期，第 5 页。

同样是从对善的哲学探讨转向对善的布道，托尔斯泰和尼采二人对善的思考却得到了相反的结论，这与二人不同的精神气质与生命体验密不可分。尼采起初相信道德理想和善的理念，相信可以通过善的方式得到拯救，他本人也履行了道德的要求，在行为和思维中不容自己对道德的神圣性有丝毫质疑，可以说，尼采身体力行了托尔斯泰后期所提出的"自觉行善"，然而在与可怕的病魔做斗争并孤独思考的生命晚期，善的力量在他那里受到了严峻的考验，"关于道德意义的问题不是在尼采的头脑中并通过推理决定的，而是在他的心灵深处的暗室里通过极其痛苦的体验完成的"[1]。在舍斯托夫看来，尼采的哲学回答的正是善能否代替一个人的一生问题，而他得出的答案是否定的。尼采所反对的旧的"善"和表面的"良心"正是托尔斯泰生命晚期所宣扬的，它们"常被用来作为谴责他人的工具和自我傲慢的借口"[2]。尼采试图揭露道德背后隐藏的消极与软弱，寻求超越爱与怜悯的强力，对他而言，那是一种"更高级的善和正义"。他开始保护和颂扬人的个性，给人划分等级，善被否定了，其地位被"超人"所替代。

无论是托尔斯泰的试图用善替代上帝，还是尼采的宣告上帝和道德死亡，都不是舍斯托夫可以认可的救赎方式，"善"和"超人"均不能令人的不幸与生命的无意义得到和解，"善即上帝"与"上帝死了"的共同结局都是压迫和毁灭人。但无论如何，相比托尔斯泰把善理解为人所赖以为生的一切之总和，舍斯托夫更加看重尼采"在善恶彼岸"的公式以及其道德批判背后的道德动机与对最高之善的追求，他认为这是一个重要的、巨大的进步。对于尼采提出的观点，如"人为美德而付出了过于昂贵的代价""为了好名声而牺牲了自己本人"等，舍斯托夫是十分认同的。善可能成为恶，恶也可能成为善，尼采的出现让人们重新审视关于善恶的观点，这种观点实际上不是崭新的，也并非尼采个人的体验，只不过是一直在尼采那类人的心中遮蔽起来。人们对此沉默是因为他们在普遍谴责面前选择了顺从，而尼采却敢于对此发出自己的呐喊，直言不讳地说出自己的内心想法。根据尼采对良心和道德神圣性的质疑，托尔斯泰关于"善—兄弟之爱—上帝"的公式是不成立的，生活中除兄弟般的团结之外应当还有别的福祉。舍斯托夫由此得出的结论是，应当寻找高

---

[1] 列夫·舍斯托夫：《钥匙的统治》，第387页。
[2] 徐凤林：《善的哲学与善的布道——舍斯托夫论尼采道德学说》，第8页。

于怜悯、高于善的东西，于是他把目光转向了陀思妥耶夫斯基。

舍斯托夫在陀思妥耶夫斯基身上看到了托尔斯泰与尼采看似互为排斥的善恶学说的和解方式。托尔斯泰与尼采均对陀思妥耶夫斯基具有好感，托尔斯泰在《论艺术》中开列的极为简短的推荐读物清单中，陀思妥耶夫斯基的作品"十分难得地"占有一席之地。虽然其作品并没有像托尔斯泰要求的那样通俗易懂、面向广大劳动人民，却在极大程度上满足了托尔斯泰的第二个条件，即"教人以善"。尼采更是把陀思妥耶夫斯基看作先行者，后者一系列"地下室人"的思想与尼采本人的思想是十分相近的，他们都用"强力的思考来取代真正的强力"[1]。陀思妥耶夫斯基通过《罪与罚》来探讨的问题是：那些和陀思妥耶夫斯基本人一样了解法律的意义并遵纪守法的人和出于这样或那样的动机践踏法律的人，究竟是谁对、谁更好？作家通过小说后半部主人公的命运给出了答案。陀思妥耶夫斯基对恶的理解从他对《罪与罚》中被杀的两个牺牲品——放高利贷的老太婆阿廖娜和她的妹妹丽扎韦塔的态度可见一斑。舍斯托夫认为，无论是拉斯柯尔尼柯夫还是作者本人都对这两个牺牲品（甚至有一个是完全无辜的）漠不关心，她们的意义仅仅是表面的，象征着人不能逾越的障碍和界限。"从陀思妥耶夫斯基的观点看，犯罪的内涵和意义，并不在于拉斯柯尔尼柯夫对其牺牲品做了什么样的恶，而在于他对自己的心灵做了什么恶。"[2] 陀思妥耶夫斯基并不关心恶给周围人带来的不幸，他之所以会对犯罪感兴趣，是因为他想探究犯罪对于犯罪者心灵所具有的意义。如此的"犯罪心理学"却与托尔斯泰相去甚远，他所认可的，是陀思妥耶夫斯基为主人公安排的向善而活的结局。因此，舍斯托夫认为，尼采会为陀思妥耶夫斯基描写的、几乎要把法律的必要性颠覆净尽的"罪"而原谅他后来赋予主人公的"罚"，相反，托尔斯泰会为了"罚"——一个人无论如何也不能违反"法则"，即使无法理解制定这些法则的必要性时也不能——而原谅之前的"罪"。这正是二人哲学能够交汇于陀思妥耶夫斯基的原因。

纵观舍斯托夫在比较的视域下对托尔斯泰和尼采的解读，似乎为读者塑造了对善的理解截然相反且前后矛盾的两个托尔斯泰，后期的托尔斯泰否定了过去的一切，宣扬曾经为他所否定的索尼娅、华仑加等人的自我牺牲和利他主义。然而，后期托尔斯泰的创作中依然有与索尼娅、华仑加一脉相承的人物，如《复活》中那个

---

[1] 列夫·舍斯托夫：《钥匙的统治》，第339页。
[2] 同上书，第340页。

在监狱中遵循着利他主义的薇拉，而薇拉这一类型的人物依然没有被晚年的托尔斯泰奉为正面理想。托尔斯泰的人生不应当因其世界观激变而分为截然不同的两段，也不该因此而割裂艺术家托尔斯泰与思想家托尔斯泰，其对伪善和虚伪的与生俱来的厌恶与对真正的"善"的思考是贯穿于其一生的精神探索的。值得一提的是，舍斯托夫本人也在后期意识到了这一点，在1920年发表的《最后审判——列·尼·托尔斯泰的后期作品》中，舍斯托夫不再简单地把作家的一生分为截然不同的两个时期并做出价值判断，而是注意到了引发托尔斯泰精神激变的内在原因以及晚期托尔斯泰的真正矛盾。这一时期舍斯托夫读到了托尔斯泰的很多生前未发表的作品和手稿，得以更加全面、深入地体会作家的心灵之路。舍斯托夫认为，晚年的托尔斯泰被稳定的"共同世界"驱逐而获得了对死亡的"第二视力"，然而晚年的托尔斯泰并非真正相信自己晚年的教义，他没有得到解脱是因为他没有找到超越理性的信仰。

除对善的绝对推崇之外，托尔斯泰提出的"不以暴力抗恶"的主张也是为白银时代宗教哲学家们所广为批判的对象。在托尔斯泰看来，一个人会作恶，是出于他对善的法则的无知。善本身是理性的，只有它才能带来生活的平安和幸福。想要意识到这一点，需要利用"最高理性"，而这种"最高理性"一直储存在人身上。恶的发生正是因为没有这种对理性的超出日常生活范畴的理解。因此，托尔斯泰极力揭露现实生活中的恶与谎言，呼吁人们在一切方面实现即刻的、终极的善，而实现这一目标的最重要步骤便是不以暴力抗恶。

在舍斯托夫看来，托尔斯泰与托尔斯泰主义者们只关心如何登上道德发展的最高一层台阶，"不愿"与他们所无法消灭的"丑陋"战斗，因此刻意回避谈论恶的意志，只关注自己想关注的内容。而尼采和陀思妥耶夫斯基则直面真实的人生，下降到苦难最黑暗的深处，并试图去热爱这个使人厌恶的现实生活的本来面目。他们明白无论善恶都是人类生存和发展的必要条件，恶和善一样必要，或者说比善更必要。别尔嘉耶夫也认为，托尔斯泰之所以要求极致的道德完善与他对恶和罪孽的天真的却十分有感召力的无知有关，托尔斯泰没有看到恶的力量、克服恶的难度以及由恶引发的非理性的悲剧，认为人可以通过自身力量而不通过赎罪、赎恶获得生命的真谛。伊·伊里因则针对这一问题撰写了一部完整的著作，名曰《强力抗恶论》。不同于托尔斯泰所用的感情色彩鲜明的"暴力"（насилие）一词，伊里因使用了中性的"强力"（сила）一词来指代外在的强力措施，以论述强力抗恶的相对必要性。然而，他的"强力抗恶论"中对国家权力的绝对化倾向也受到了其他侨民知识分子，如司徒卢威、吉皮乌斯、津科夫斯基、别尔嘉耶夫、弗兰克等人的质疑。

可见，白银时代宗教哲学家们对恶的理解依然是从基督教的视域出发的。在他们看来，托尔斯泰主义是对个人的主观道德体验的理性加工，托尔斯泰从纯粹个人化的体验和个人好恶去理解善恶，对探讨对象未进行深入的研究和检验，他的"恶"是相对无害的、容易被克服的，却回避、忽视和忘记了真正的恶。那么何为真正的恶？如在别尔嘉耶夫看来，恶分为高级之恶和低级之恶，由原初自由引发的恶具有精神属性，是高级之恶，而令人类束缚于物质世界和迷恋肉欲的低级之恶则是高级之恶的产物。他认为，根源于原初自由的精神之恶的破坏力是毁灭性的，意识、理智都不可能战胜这种源于人身上无限之深处的高级之恶，因此需要宗教的救赎来战胜这种恶。

反对托尔斯泰主义，似乎成为白银时代宗教哲学家们维护自身思辨权利的群体行动。舍斯托夫将托尔斯泰刻画成了只为解决自己的精神诉求而利用普通大众、抨击知识分子的利己主义者，似乎善的理念以一种幻想的方式和不可遏制的力量统治着他，为此他不得不剥夺所有人的善。舍斯托夫认为，布道对于托尔斯泰而言是独立存在的，他并不是为了受苦受难的人而宣扬善，而是为了扬善而才想起这些不幸的人。托尔斯泰主义经不起哲学思辨，只能令在哲学上缺少经验的普通民众所追随。伊里因也指出，托尔斯泰的善恶理论宣扬了对人类存在所持的幼稚而安适的观点，而对历史和灵魂的黑暗深渊却视而不见或闭口不谈，限制了道德洞见的自由，因此只能在头脑简单、喜欢安适的人当中获得成功。

诚然，我们无法认同托尔斯泰对文明和科学的断然否定，承认其"简朴化"思想包含了对精神和生活之问题的粗俗化和浅显化，但更需要肯定的是，托尔斯泰试图弥合上层社会和普通民众之间的鸿沟，从漫漫历史长河和宇宙的宏观视角中体察人类的生存状态，揭示了普通劳动大众在朴实的爱和善中延续生命、对抗死亡的意义。托尔斯泰从来都不是一个为了解决自己的精神诉求而利用普通大众、抨击知识分子的利己主义者，而是一个真诚的行动派。他曾热衷于进行解放农奴的改革、为农民的孩子开办学校、担任农奴制废除后的法庭调停人，在晚年主动体验平民的生活方式，写作供民众和儿童阅读的童话寓言体的宗教论文，并在1884年亲自参与媒介出版社的成立，以出版供人民群众阅读的廉价读物。托尔斯泰并没有满足于做一名他最拿手领域里的佼佼者并以此为乐，晚期的托尔斯泰主义受到了无数人的追捧，甚至影响了印度的非暴力不抵抗运动，启发了马丁·路德·金、阿尔贝特·施韦泽等社会活动家，可见托尔斯泰并不是在以善的名义建立毫无用处的空中楼阁。

第三节 理性与信仰的悖论

在俄罗斯文学的顶峰——托尔斯泰和陀思妥耶夫斯基身上，我们总能看到非常具有民族性的特点：他们都备受宗教痛苦的折磨，为世界而痛苦，寻求拯救，这是俄罗斯传统的弥赛亚意识的表现。对上帝的追寻贯穿于二人的一生，但有着显著的差别：托尔斯泰的本性实际上离上帝很远，陀思妥耶夫斯基则作为一个基督徒寻找上帝。因此，白银时代宗教哲学家们普遍将陀思妥耶夫斯基作为精神领袖，把托尔斯泰看作异教徒。白银时代宗教哲学家们最不能认同的，是托尔斯泰对宗教的理性主义理解，他对超验的漠视与不解。在他们看来，托尔斯泰是一个寻找信仰又找不到信仰的人，其理性主义和道德主义是其积极的思想探索的绊脚石。

别尔嘉耶夫曾指出托尔斯泰精神求索的两大矛盾。首先是托尔斯泰文明的、启蒙的理性主义意识与从远离文明的普通民众那里寻求理性、信仰、上帝之间的矛盾。在别尔嘉耶夫看来，托尔斯泰是俄罗斯文化阶层和民众阶层之间历史分裂的牺牲品，作为贵族阶级的一员，他竭力揭露最高文化阶层之文明生活的虚伪和谎言，试图融入普通劳动民众，要像未被文化腐化的普通民众一样去信仰，然而却未能得偿所愿。托尔斯泰只能相信他的理性能够说服的东西，而普通民众的东正教信仰在托尔斯泰的意识中与他的理性发生了不可调和的冲突。他用来批判东正教的理性恰恰又是来自他所憎恶的欧洲文明——来自斯宾诺莎、伏尔泰、康德——的启蒙理性。在别尔嘉耶夫看来，理性、真理、上帝不应依赖任何社会阶层，"不能照民众的信仰去信仰，只能信仰民众所信仰，不能因民众信仰而信仰，只能因真理而信仰"[1]。

---

[1] 尼古拉·别尔嘉耶夫：《文化的哲学》，第317页。

其次是托尔斯泰的晚期学说表达的理性主义意识与其天才艺术作品中体现的巨大本能之间的矛盾。在托尔斯泰的创作中总是有两种生活，即有条件的意识中的生活和出于内在自发性中的生活，托尔斯泰的艺术总是赞美后者——诞生、死亡、劳动、永恒的自然界和星空。这种自然进程被托尔斯泰认为是神圣的生活，他反对随意引导生活的文明传播者意识，反对按照文明的理性、意识和规范来人为地、强制地安排人们的生活。托尔斯泰的"不抵抗"学说的基础便在于此，应当像普拉东·卡拉塔耶夫那样消极地顺从自然进程的神圣性。这样的思想贯穿于托尔斯泰的创作之中。而在托尔斯泰的晚期学说中，他却又要求这样的自发性和非理性的真理服从于他自己产生于文明社会的理性，"形成托尔斯泰'不抵抗'学说的对自然的本能的善意的信仰，与对成为万能的改造生活的理性和意识的信仰发生抵触"[1]。托尔斯泰一方面宣扬神圣的自然真理的自明性，号召人们消极顺从，另一方面又认为要动用理性和意识来找到主宰生活的善的规律，并一生服从于此，让自我得到完善。因此他把自然规律等同于意识所揭示的生活的理性规律，把上帝等同于理性，认为一个人只要意识到真正的生活规律就不会不去实现这一规律，也就是说，把拯救看作一种认识。在别尔嘉耶夫看来，这是理性主义的致命错误。

令别尔嘉耶夫感到困惑的地方在于，为什么这样一个不认同基督教，"完全处于异教和前基督教的自发性中的人"，却会不遗余力地献身于基督教的复兴事业。因此，他没有贸然评论托尔斯泰对教会的最终态度和临终时刻发生的最后的秘密，他倾向于把托尔斯泰的出走、其与旧生活的决裂看作一种实现突破的契机，认为他脱离理性主义的桎梏，回归神秘主义的怀抱。

然而，我们认为，托尔斯泰本人到临终的最后一刻都并没有想到过要忏悔、要回归教会的怀抱。托尔斯泰的最后出走，的确是没有找到解答的表现，但他并非因为怀疑自己的信仰而出走，而是为彻底摆脱亚斯纳亚·波利亚纳庄园主人、私有财产的所有者的身份，摆脱对其追求不解和反对的家人的禁锢，达到真正的知行合一而出走，是自己的理想境界与生活现实之间的巨大差异造成了托尔斯泰精神上的痛苦。

在这个意义上，另一位白银时代哲学家弗兰克关于托尔斯泰理性与信仰的阐

---

[1] 尼古拉·别尔嘉耶夫：《文化的哲学》，第318页。

述显得更加确切。他另辟蹊径，认为信仰和理性在托尔斯泰身上达成了妥协。弗兰克在1910年第12期的《俄罗斯思想》中发表了《悼念列夫·托尔斯泰》一文，阐述了纵使是宗教观上与托尔斯泰有巨大分歧的人也不得不爱托尔斯泰的原因。他认为，托尔斯泰的宗教观很难得到同时代人的推崇，一方面，信徒会质疑托尔斯泰信仰的贫乏和片面，赋予理性过多权利；另一方面，无神论者会批评他拒绝科学与文化，看不到人类理性的成就。而托尔斯泰的惊人之处正在于他将理性和信仰融合的完整性与坚定性。弗兰克认为，把理性看作魔鬼抑或看作上帝的时代均已逝去，在这两个原则之间的斗争和矛盾是大部分人生活的常态。忠实于信仰的人其实也是承认理性和科学的知识的，只是不希望这种知识跨越边界而干涉信仰的事务，而崇拜科学的人也并不全盘否定信仰，而是把信仰看作个人的"私事"。于是人们的解决方案是既相信理性也相信信仰，只是让他们隔离于大脑的不同地盘，因为对绝大多数人来说，信仰和理性的混淆会导致紊乱，尤其是在动荡的时刻。正因如此，在世纪之交的俄罗斯混乱而分裂的文化生活中，把信仰与理性等同了起来、拥有统一的心灵和统一的宗教的托尔斯泰的存在便显得弥足珍贵，他就像一个《旧约》的先知、一个古希腊的智者、一座岿然不动的高山。弗兰克认为，如果真理是太阳，大部分人都会在分散的反映和发光中看到真理之光，找不到或者说害怕追溯那耀眼的根源。而托尔斯泰便是直视太阳的人。看待托尔斯泰的态度就在于是否承认他看到了光以及是否同样期盼这样的光。如果承认，那么托尔斯泰便是被那过分强烈的光弄花了眼但依然高尚的人；如果不承认，那么托尔斯泰便是在连小孩都能自由行走的地方跌跌撞撞的可怜的盲人。[1] 显然，弗兰克认可第一种观点，承认托尔斯泰对真理的不懈追求。

从时间上、空间上、文化上的他者视角审视白银时代宗教哲学家们与托尔斯泰的对话和分歧，我们可以做如下回应：

首先，白银时代宗教哲学家们是有明确的基督教立场和价值取向的。在19、

---

[1] 参见С.弗兰克：《悼念列夫·托尔斯泰》。关于托尔斯泰与光的关系，可以联系纳博科夫在美国大学给学生讲解托尔斯泰时用过的一个比喻：纳博科夫走进课堂之后，拉上了教室里的窗帘，关掉所有的电灯，然后走到电灯开关旁，打开左侧的一盏灯，对他的美国学生们说道："在俄国文学的苍穹上，这就是普希金。"接着他又打开中间那盏灯，说："这就是果戈理。"然后他再打开右侧那盏灯，说："这就是契诃夫。"最后，他大步冲到窗前，一把扯开窗帘，指着直射进窗内的一束束灿烂的阳光，大声地对学生们喊道："而这，就是托尔斯泰！"参见刘文飞：《俄国文学演讲录》，商务印书馆，2017。

20世纪之交，梅列日科夫斯基、别尔嘉耶夫、舍斯托夫等具有极高文化素养和强烈民族使命感的知识分子，开始用哲学的、宗教的目光审视文学，重新思考俄罗斯的出路与命运，呼吁放弃激进的社会改革和革命，提倡精神的新生。他们企图从神秘主义的东正教哲学中寻求克服俄罗斯人的精神危机的"精神革命"。因此，他们虽然不约而同地批判官方东正教教会的迂腐与停滞，寻找"新宗教意识"，但依然是从基督教有神论的立场出发去评判托尔斯泰的生命探索。而托尔斯泰则从更加宏观的生命和道德视角出发，不认为各个宗教之间在生命意义和道德观上有根本差异，认为应该追求天下至真之理，寻找建立人间天国的共同的理性基础。这种出发点的不同必然会导致白银时代宗教哲学家们对托尔斯泰的不接受和批评。

其次，托尔斯泰与陀思妥耶夫斯基乃至陀思妥耶夫斯基的追随者们的根本分歧可以看作理性主义人性观与基督教人性观之间的分歧以及人是否可以通过自身力量获得救赎的问题之间的分歧。以自然的心灵去领悟生命的托尔斯泰首先看到的是人类生活的稳定结构及其自然的生长过程，并以无与伦比的艺术天赋展现了这样的生活。对于处于变化中的艺术家陀思妥耶夫斯基来说，他看到的是人的精神深处爆发的革命，提出了一种"作为问题的思想"。需指出，托尔斯泰的精神求索中包含有对人性的极大尊重。他在否定基督教的神恩救赎之后，把人之得救的能动力指向了人的自身，肯定了人实现自我提升和达到终极目标的内在能力。他信奉人的力量，尊重人的理性，认为人本身的道德良心能够解决人与人、人与世界、人与自然的矛盾与冲突。正如徐凤林在《俄罗斯宗教哲学》中所评论，托尔斯泰虽然也经常谈起上帝、基督、信仰，但实际上他是传统基督教上帝观的批评者，他更强调人的内在理性或良知，这与中国的陆王心学批评程朱理学之理而强调"心即理"和"致良知"有异曲同工之处。[1] 在这个脉络上，不难理解托尔斯泰晚年对东方儒释道文化思想的倾心。

最后，托尔斯泰与陀思妥耶夫斯基并非像白银时代宗教哲学家们所普遍认为的那样非此即彼、势不两立，我们可以从二人身上得到不同的启发。如在恶的问题上，比起陀思妥耶夫斯基，托尔斯泰的观点显然是更加乐观的、理想化的，托尔斯泰主义首先关心自己的灵魂得救而非他人的善恶，要求把人的弃恶从善的积极努力从他

---

[1] 参见徐凤林：《俄罗斯宗教哲学》，北京大学出版社，2006，第75页。

人转到自己内在的道德自我完善上,是一种"人的道德本性和良知的理想主义"[1]。这与两位作家截然不同的人生经历不无关联。托尔斯泰是"含着金汤匙"出生的名门贵族,除了年轻时由于豪赌而欠下巨债外,他的一生从来都是富足的、体面的;反观陀思妥耶夫斯基,一生都在被金钱和物质的拮据所困扰,也曾在西伯利亚的监狱中见到了种种人性的无限堕落。这样的人生经历导致二人对人的本性形成了不同的看法。此外,陀思妥耶夫斯基在描述人之个性问题时也不免有其局限性,如他的男性中心主义。在陀思妥耶夫斯基那里,人的灵魂首先是男人的灵魂,而女人只是男人命运的内在现象,只是作为引起男人的欲望和男人的个性分裂的一种自然力量而存在。在这一点上,托尔斯泰的女性形象,如娜塔莎和安娜·卡列尼娜则塑造得更为成功,她们有自己的思考和追求,更是小说中承载作家思考的中心人物。托尔斯泰甚至表达过,安娜·卡列尼娜是另一个自己。这正是陀思妥耶夫斯基的人学相对于托尔斯泰人学而言的局限性所在。

---

[1] 徐凤林:《俄罗斯宗教哲学》,第 70 页。

第三章

当代俄罗斯文化语境中的托尔斯泰

苏联解体以来，俄罗斯哲学界对托尔斯泰思想的研究既有对白银时代宗教哲学家们观点的继承，也有对后者的反驳。在回顾前人研究的基础上，当代俄罗斯学界致力于更加客观公允地看待托尔斯泰的思想遗产及其现实意义。托尔斯泰本人的精神求索历程也成为俄罗斯电影界乐于取材的对象，不论是在作家生前还是在其逝世后的百余年间，有关他的生活与创作的传记电影层出不穷。

第一节 作为哲学家的托尔斯泰

在当今的俄罗斯学界，托尔斯泰在哲学语境中不断地被探讨。在 21 世纪以来问世的不同版本的《俄罗斯哲学史》(如马斯林版[1]、斯托洛维奇版[2]、叶梅利亚诺夫版[3])中，托尔斯泰的哲学思想均得到了专门介绍。哲学家马斯林主编的《俄罗斯哲学百科全书》也收录了与托尔斯泰相关的四个词条，总结了托尔斯泰世界观的起源与本质，包括非传统宗教思想、泛道德主义伦理、非暴力学说、社会思想中的无政府主义等。2010 年，为纪念托尔斯泰逝世 100 周年，俄罗斯举办了以"托尔斯泰和时代运动：思想家和作家的哲学、宗教道德遗产"为题的研讨会，探讨了在历

---

[1] См. *История русской философии*. Под редакцией Маслина М.А. М.: Республика, 2001.

[2] См. Столович. Л. *История русской философии : очерки*. М. : Республика, 2005.

[3] См. Емельянов Б. *История отечественной философии XI–XX веков*. Екатеринбург: изд-во урал. ун-та, 2015.

史文化和当代精神体验语境中的托尔斯泰哲学、其非暴力哲学对现代社会中的宽容问题的借鉴意义等。2014 年，俄罗斯科学院哲学研究所编撰的当代学者对托尔斯泰思想研究的大部头论文集《列夫·尼古拉耶维奇·托尔斯泰》问世，全书分为六章，分别从人类学、生命哲学、非暴力抗恶、美与善、对基督教与东正教会的态度、文化历史比较的角度探讨了托尔斯泰的宗教哲学思想[1]。这些关注点本身说明了托尔斯泰的思想探索在当代俄罗斯哲学视域中具有深度探讨的必要性。

托尔斯泰是哪一类哲学家?

当代俄罗斯学者们试图正面回答托尔斯泰的思想遗产为什么可以被定义为哲学的问题，以及托尔斯泰属于哪一类哲学家的问题。

学者格尔丰德在《作为哲学家的托尔斯泰：赞成与反对》（2010）一文中认为，俄罗斯国内外学界普遍把托尔斯泰的宗教哲学学说看作其两种身份不可避免发生冲突的直接产物，认为其文学上的天赋和哲学上的匮乏导致了其性情的内部失衡。他们对托尔斯泰思想的主要批评是理论上的无根据性、逻辑上的非一致性和毫无限制的主观性，认为其学说是一种没有坚定的形而上基础的，纯粹建立于经验的、自己的个人生活的学说。而在格尔丰德看来，这些批评阻碍了对托尔斯泰生命学说进行哲学定位的可能性。接受托尔斯泰思想的难点在于，一是由于托尔斯泰一直在审视和挑战自己的思想，导致他的学说存在先后矛盾和二律背反的现象；二是托尔斯泰的学说没有根据哲学和神学研究的经典范式去写成，这使他的思想具有"边缘性"的、"开放的实用主义"的特征。格尔丰德认为，是否可以把托尔斯泰看作严格学术意义上的"哲学家"这个问题实际上并没有太大的探讨意义，因为这并不能成为判断其思想高低的标准。在她看来，哲学家有两种，一种是像苏格拉底一样，其生活和哲学是分不开的，其哲学是身体力行的哲学；另一种哲学家则认为，生活和理论应该也必须分开，他们留给学界和评论家的是观点，而不是出于自身生活的经验。托尔斯泰显然属于第一类哲学家。因此，格尔丰德同意弗·伊里因的观点，即"托尔斯泰在哲学史中具有和他在文学史中等同的地位"[2]。该学者进而探讨了托尔斯泰对生命意义的理解。通过逐一否定传统的理性生活方式，托尔斯泰指出了它们在认

---

[1] См. *Лев Николаевич Толстой*. Под ред. Гусейнова А.А., Щедриной. Т.Г. М.: РОССПЭН, 2014.

[2] Ильин В. Миросозерцание графа Льва Николаевича Толстого и его место в истории философии XIX века. В связи с судьбами пессимизма // Ильин В.Н. *Миросозерцание графа Льва Николаевича Толстого*. С. 59.

识论上的缺陷。托尔斯泰意识到，想要理解生命的意义，就应该首先去充实、向善地生活，然后再去运用理性理解生命。格尔丰德认为，托尔斯泰对生命的意义的看法构成了"神奇的圆环"（магический круг），即理解生命的真正的意义是生活的必要条件、实现方式和逻辑结论，与此同时，又只有通过生活才能找到对真理的认识。[1] 在对托尔斯泰哲学的具体性和可能性的剖析中，作者也对哲学的本质及对哲学创作的普遍评价标准进行了反思。

刊登于2015年《哲学问题》杂志的《当代哲学家存在主义选择语境中的列夫·尼古拉耶维奇·托尔斯泰》一文是对2014年出版的《列夫·尼古拉耶维奇·托尔斯泰》一书的书评，作者杰米多娃通过揭示不同思想家哲学探索之不同类型和方法，在存在主义的时代背景中探讨了托尔斯泰的思想遗产的必要性，认为托尔斯泰是"当代哲学和人文思想讨论的平等参与者"[2]。

哲学院士古谢因诺夫在接受美国圣十字学院哲学教授奇乔瓦茨基（Predrag Cicovacki）的采访而写成的文章《托尔斯泰的哲学遗产》（2018）一文中指出，托尔斯泰并非欧洲意义上的哲学家，相比于哲学论断的逻辑说服力和可信度，他更重视能否将它们应用于真正的生活。"他（托尔斯泰——作者注）并非试图按照他的哲学信念来建立自己的生活，而是相反，试图寻找与生活相对应的信念，这种信念不是与生命的抽象相对应，而是与生命本身相对应，正如它表现在他自己的个人经历中。"[3] 古谢因诺夫也把哲学家分为两类人，一类是现有的"哲学家"意义层面的哲学家、范式的制定者——巴门尼德、柏拉图、亚里士多德、托马斯·阿奎那、笛卡儿、黑格尔、弗·索洛维约夫、罗素、海德格尔等；另一类是思想家、人类的导师——孔子、老子、佛陀、耶稣、穆罕默德、方济各、马丁·路德·金、梭罗等，他们用自己的学说和实践给人们带来对生活的全新理解。托尔斯泰属于第二类哲学家。古谢因诺夫认为，作为作家的托尔斯泰得到了俄罗斯国内外学界的认同，而作为思想家的托尔斯泰还没有得到充分的阐释，他甚至认为，"他（托尔斯泰——作

---

[1] См. Гельфонд М. Л. Н. Толстой как философ: Pro et contra// *Этическая мысль*. 2010. Выпуск 10. C. 174–188.

[2] Демидова С. Лев Николаевич Толстой в контексте экзистенциального выбора современных философов // *Вопросы философии*. 2015. №5. C. 125.

[3] Гусейнов А. Философские наследие Толстого. Интервью Предрага Чичовачки // *Философский журнал*. 2018. Т. 11. № 2. C. 6.

者注）在思想领域的成就大大高于艺术上的成就。当这个成就得到了真正的深度挖掘，那个时候，或许才不会去比较或对比他的文学创作和他的学说，那个时候才会清楚地看到，第一阶段（文学家）对第二阶段（思想家）来说是必需的，正如为了两腿行走，必须要经历四肢爬行的阶段"[1]。可以看出，俄罗斯当代学界普遍认可托尔斯泰的哲学思想不应是理论家磨炼推理技能的对象，而是在当代人的精神体验语境中具有不可替代的价值。

托尔斯泰的人学思想

托尔斯泰的人学思想，尤其是应当将个体融于无限的看法在俄罗斯哲学界历来受到质疑。这种看法在部分当代俄罗斯哲学家那里也得到了延续。学者古雷加认为，俄罗斯人的心灵结构中个性原则与集体原则是共存的，托尔斯泰和陀思妥耶夫斯基正是这两种对立面的表现者。他认为托尔斯泰在创作中表现出了俄罗斯人对成为整体之一分子、成为整体命运之一部分的渴望，那是一种像蜜蜂依附蜂群一样依附于群体的"蜂群原则"。古雷加认为，这种原则一方面是获胜的保证，另一方面又是灾难的征兆，陀思妥耶夫斯基看到了这种灾难，即人的个性被社会属性取而代之，个人赞同甚至拒绝个人自由和个人责任，情愿将个人责任委予他人，"全体并一致地"信任与服从他人。因此，陀思妥耶夫斯基用自己的全部创作去唤醒俄罗斯人心灵所固有的个体原则。"就这个意义而言，陀思妥耶夫斯基是托尔斯泰的对映体。托尔斯泰在蜂群原则中看到的只是福。陀思妥耶夫斯基则更为深入事物的本质，以及深入到俄罗斯人的心灵。"[2]

也有当代俄罗斯学者从不同的角度解读托尔斯泰的人学思想。格尔丰德发表了一系列论文来阐释托尔斯泰的人学思想及其在当今世界的现实意义。[3] 在她看来，托尔斯泰认为人类意识的根本属性是对超越个性极限的追求。因此"个性"一词，从它传统的哲学心理学的语义上并非托尔斯泰人学建构的核心，而相反首先带有消极色彩，经常用于"动物性的个体"即"兽性"这一搭配。对于托尔斯泰而言，

---

[1] Гусейнов А. Философские наследие Толстого. Интервью Предрага Чичовачки. С. 19.

[2] 阿·弗·古雷加：《俄罗斯思想及其缔造者们》，郑振东译，南京大学出版社，2018，第18页。

[3] См. Гельфонд М. Антропология Л. Н. Толстого // *Известия Тульского государственного университета. Гуманитарные науки*. 2014. № 2; Гельфонд М. Гуманист ли Л. Н. Толстой? // *Гуманитарные ведомости ТГПУ им. Л. Н. Толстого*. 2018. Т. 1. № 3 等。

认为个性是对人的本质的定义会陷入对个性的迷信，只有能够驯服兽性的理性意识才是真正的人的本质和其自由的边界。该学者认为，因为托尔斯泰主张超越人的个性而把他剔除在人文主义者行列之外是不应该的，托尔斯泰从来不是人文主义的解构者，而是为人学思想、人文主义拓宽了新的道路，值得在 21 世纪得到进一步解读。[1]

当代美国学者奇乔瓦茨基认为，西方文明的最大成就可以说是个人主义的发展，这种个人主义与耶稣身上的独特个性密切相关，而对此心知肚明的托尔斯泰却集中探讨了对于消除了一切个体差异的一般的、普遍的人来说，什么是最有价值的问题，这也许是他的思想长期不受哲学界重视的原因。[2] 针对这一问题，古谢因诺夫在与前者的访谈中回答，作为社会学或社会伦理学范畴的个人主义探讨的是个体与其他个体之间的关系，是个体在社会框架内的坐标，是一个具体的人的幸福是如何和其他人及整个社会联系在一起的问题。而托尔斯泰研究的是另一个问题，即人的幸福到底是什么。这不是应当如何和别人相处，建立何种关系，而是伦理学、哲学范畴的人如何和自己相处，或者说一个具有理性意识的人的灵魂和身体如何相处。身体和满足其需求的必要性，对其安全、方便、舒适的保障，令个体成为一个具有自己的地位和时间、自然联系的独立的人，要求他在世界中有一种自我认同以及为了达到这一自我认同的情感和思想。这是个人主义的需求。而灵魂、人的理性意识将他的生命和世界的整体、无限的源头结合在一起。人和人因躯体、因自己的物质利益而与彼此相分离，而以这种灵魂相结合，因为对灵魂之神性的觉悟将人们结合在一起。人所面临的且通过自己的生活实践而要解决的生命意义问题归结为二选一的抉择，即是让自己的生命让位给自己在这个世界中的利己主义的，或者说个人主义的自我认同，让位给自己易逝的身体，还是思考不朽的灵魂，且不为自己的动物个性而给恶与暴力让路。可见，古谢因诺夫认为，在托尔斯泰那里，个性不可以被看作人的最重要的定义，个性实际上等同于人的身体欲望，而非灵魂需求。真正具有唯一性的是生命的无限源头。

---

[1] См. Гельфонд М. Гуманист ли Л. Н. Толстой? С. 123.
[2] См. Гусейнов А. Философские наследие Толстого. Интервью Предрага Чичовачки. С. 17.

理性的信仰

去除了神秘性和神圣性的信仰，还能否作为生命意义和无私之爱的基础？在传统神学视域下，这无疑是个谬误。托尔斯泰主张动用理性和意识来找到主宰生活的善的规律，并一生服从于此，让自我得到完善。他把上帝代表的真理等同于意识所揭示的生活的理性规律，认为一个人只要意识到真正的生活规律就不会不去实现这一规律。俄罗斯白银时代宗教哲学家们大多对托尔斯泰的宗教道德学说所表达的理性主义意识感到不满。

当代俄罗斯学界以更加包容的心态去理解托尔斯泰的信仰，并将它称作"理性的信仰"。在古谢因诺夫看来，托尔斯泰认为宗教与信仰在本质上是一致的，其区别在于：宗教是对世界之无限的一种外在态度，而信仰是这种态度的内在设定，是一种内在体验。托尔斯泰将信仰重新定义为有意识的人赖以生存的根本，他将信仰看作对生命意义的认识，看作生命的力量和生活的动力。古谢因诺夫认为，要理解托尔斯泰对信仰的认识需要考虑以下两点：首先，信仰与人的行为是一致的，即知行当合一，因此要注意区分交织在个人的实际生活实践中的信仰和关于信仰的空洞的思想；其次，信仰不应当与理性相矛盾，作为生命力量的信仰是一种特殊的知识，是将人的理性推向边界的知识，可以在理性认可的范围内超出理性的界限。[1]

另一位哲学家斯捷潘诺娃（Степанова Е.В.）试图证明托尔斯泰的信仰在精神和内容层面的等值性，她得出如下三个结论：托尔斯泰把信仰理解为人类生存的基础；这一信仰的内容是基督关于非暴力的教义；这样的信仰被他贯彻到了日常生活实践当中。该学者认为，托尔斯泰的信仰具有强烈的个人色彩，当代读者应当尊重托尔斯泰个性化阐释信仰的权利，"如果我们拒绝别人拥有这样的权利，那么也是拒绝自己拥有这样的权利"[2]。

托尔斯泰将信仰和理性相结合的结果是他的非暴力伦理学，这正是托尔斯泰本人的信仰。为了得到这一信仰，他深入研究了世界各地的经典人文思想，尤其是包括佛教、孔孟、老庄在内的东方思想，以期寻找到生发各大宗教之树的共同种子。这是一种具有求道性质的理性研究，融合了托尔斯泰本人的理解。他惊奇地发现，

---

[1] См. Гусейнов А. Философские наследие Толстого. Интервью Предрага Чичовачки. С. 11.

[2] Степанова Е.В. Вера Льва Толстого: тождество состояния и содержания // *Государство, религия, церковь в России и за рубежом.* 2020. Т. 38, № 2. С. 403.

它们都有一个普遍的伦理基础问题，即要"己所不欲，勿施于人"，而基督教义也正是对这一观点的全面表达。托尔斯泰认为，不抵抗并不意味着与恶和解，在内心中向它屈服，而是一种特殊的斗争，即不接受、谴责、拒绝和反击。而暴力意味着杀人、外部强制、对某对象施加其所不愿意接受的作用，暴力是无法从根本上解决冲突的，也不能彻底铲除恶，创造善，而根本的解决需要内心的作用，要用长期的善的增长来排挤恶，把冲突从外部转移到人的内在精神领域。托尔斯泰认为理性和爱是这种斗争的最佳手段。

古谢因诺夫认为，托尔斯泰思想的内在和谐和逻辑建构正是基于暴力与爱截然对立的事实。暴力的基础是令周围人和世界屈服于自己的利益，是强调"我"的意志，而非他人的意志，这是利己主义自我肯定的极端表现，而爱恰恰与暴力相反，是对"我"的意志的克制和对他人意志的尊重，是对他人的服务。在对爱的实践中可操作的第一步正是对"我"的意志的克制，这便要求人们拒绝暴力。拒绝暴力就意味着遵循爱的法则——这正是托尔斯泰思想架构的基石。[1]

托尔斯泰与无政府主义

托尔斯泰在晚年强烈抨击国家的存在，认为国家是有组织的暴力机构，是对内政治上的镇压机器和对外政治上的战争武器。他反对国家政权、警察机构、司法组织等一切外在强制机关。在政论《天国在你们心中》里，托尔斯泰探讨了为什么国家、教会及任何外部力量无法左右我们脆弱而充满痛苦和意外的人的生命，在他看来，唯一能够被人所完全掌控的，是能够认识真理并能够受到真理引导的理性意识。在19世纪末到20世纪初的一段时间里，许多托尔斯泰主义的追随者，包括知识分子、农民、小职员等在俄罗斯境内外建立了诸多"托尔斯泰公社"，他们拒绝纳税和服兵役，主张自由、平等地生活在一个共同体中，践行托尔斯泰主义。因此，很多学者在无政府主义的语境中探讨托尔斯泰的学说。

古谢因诺夫认为，托尔斯泰对教会和国家的批评至今有力，可以被称作"伦理无政府主义"[2]。托尔斯泰区分了人的社会存在和道德存在：前者追求外在的顺利、好处与利益，在这个层面上必然有一拨人管理另一拨人，而后者则相反，追求不以

---

[1] См. Гусейнов А. Философские наследие Толстого. Интервью Предрага Чичовачки, С. 9–10.

[2] Там же. С.13.

暴力抗恶、良心、爱、兄弟般的团结。因此想要过道德生活的人，不能不和社会机构发生冲突，不能不追求冲破这些形式。在托尔斯泰看来，道德法则不是自然过程或社会过程的延续，而是独立自主的，他提出了人类存在的另一个水平。别利亚耶娃在《托尔斯泰的非暴力哲学与俄罗斯古典无政府主义理论》（2021）一文中，在俄罗斯古典无政府主义的视域中考察了托尔斯泰的哲学观点，沿用了"伦理无政府主义"一词，认为其非暴力伦理学具有反政府的、宗教的、伦理的性质，并对俄罗斯无政府主义的思想基础产生了深远影响。[1]

也有学者从法学的角度探讨托尔斯泰的无政府主义。如《托尔斯泰无政府主义的法学意义》（2018）一文指出，托尔斯泰的无政府主义的根基在于他的道德立场，他批评有组织的暴力及合法法律制度，崇尚自愿的劳动联合，对于托尔斯泰来说，无政府主义的法学意义在于在法律之"人为性"的背景下去理解生活的法则。[2] 科尔涅夫则比较了索洛维约夫与托尔斯泰对作为最重要的社会约束方式的法律与道德之间关系的看法。二人作为当时有影响力的思想家，都不盲从于主流社会的普遍观点而"逆流而上"，都致力于对终极的探索。该学者认为，曾在喀山大学法律系学习却心生失望而中途辍学的托尔斯泰，在大学时期就对法律和司法程序具有负面的见解。该学者认同将托尔斯泰看作无政府主义者和"理论的、法律的虚无主义"（теоретический правовой нигилизм）[3] 的代表，认为这类人试图用自己的概念论证来否定法律的价值。托尔斯泰认为，如果每个人都能按照福音书去生活，那么法律就没有存在的必要。而在科尔涅夫看来，这只是一种理想，托尔斯泰坎坷的晚期生活也证实了现实和理想间的鸿沟是巨大的。索洛维约夫将法律看作用来抵制恶的出现、实现最小限度的善或秩序的强制要求，是对两种道德需求——个人自由和共同利益的平衡。总体而言，索洛维约夫较为正面地看待法律，认可法律在国家和社会中的作用，认为其是"有组织的怜悯和公正"，法律的任务不在于将邪恶蔓延的世界变成上帝的天国，而在于不让世界变成地狱。该学者认为，二人对法律与道德的

---

[1] См. Беляева А. Философия ненасилия Л. Н. Толстого и теория русского классического анархизма // *Вестник ленинградского государственного университета им. А.С.Пушкина*. 2020. № 1. С. 109–116.

[2] См. Низовцев В. Правовой смысл анархизма Л. Н. Толстого // *Наука. Искусство. Культура.* 2018. № 4. С. 179–182.

[3] Корнев А. В.С.Соловьев и Л.Н.Толстой: два взгляда на право и нравственность // *Lex Russica*. 2021. Том.74. № 7. С. 21.

观点在一切价值得到重估的今天依然具有价值。

最后，是对托尔斯泰的"伦理无政府主义"的评价问题。历来学界对托尔斯泰的这一学说的质疑来自两方面，一是恶的来源问题，二是抗恶的手段问题。白银时代宗教哲学家们大多认为，托尔斯泰没有考虑到恶来自原初的、非理性的自由，且没有区分对待外部的恶和内心的恶的不同手段。古谢因诺夫认为，不赞同任何神秘主义的托尔斯泰也没有想将恶神秘化。托尔斯泰主张不以暴力抗恶，这不等同于他容忍了世界上恶的统治，并把世界交到了恶魔的手里，对于托尔斯泰而言，世界是属于至善的，是有着崇高的意义的。托尔斯泰并非承认恶是万能的，而是认为，如果能够真正地理解生命的意义，那么恶是不存在的，灵魂的理智可以让人从恶中得到解脱。

那么，这种在社会生活中看似缺乏合理性和现实性的学说是否为一种乌托邦？古谢因诺夫否定了这种观点。他认为，首先，从柏拉图笔下提出的亚特兰蒂斯开始到当今的各种乌托邦，指的都是社会的形态，而托尔斯泰的学说是面对人的个人生活。他的学说并非要回答该如何更好地建构社会，而是要回答一个个体应该如何建构自己的生活。其次，乌托邦指的是不存在的、无法实现的想象，而托尔斯泰的学说是可以在日常生活中实践的学说，他呼吁人们去获得真实的生活经验，去按照学说组织自己的生活。托尔斯泰认为，人不应在幻想中期盼未来的上帝之国，在天空或彼岸中去寻找，而是应该在自己的灵魂中、在自己的理性意识中去寻找它。托尔斯泰提供的是道德自我完善的方案，是对生命意义的新的理解，这并非乌托邦。他坚信不抵抗的真理是道德成长的新的高度，人类已经向这个目标走了近两千年，每一个意识到这个真理的人都应当践行这个真理。古谢因诺夫认为，一个道德意义上的理想社会，即取消人统治人、人与人之间像兄弟般团结的社会在当今社会学的角度看是不可能存在的，社会还会按既有的轨道向前发展。托尔斯泰的非暴力学说虽然在制度和统治原则中并不现实，但在个人的精神世界中，应当被看作时代的普遍理想，道德自我完善的意义并不在于改善社会或其外在的建构，而在于一个理性的个体和其内心的精神生活。

这同时也可以论证托尔斯泰并不赞同消极的无为主义，他不是在宣扬为了和上帝结合而避世，而是要改变人在世界中生存的方式。托尔斯泰的确认为生命的意义在于人对灵魂的观照，而不是对肉体的观照，因为肉体让人和人相分离，而灵魂让人和人相结合。但他也清醒地认识到，灵魂不存在于肉体之外，肉体具有自己的时空维度。对灵魂的关照，意味着身体成为灵魂的武器，而不是与之相反。"托尔斯泰在获得自己的信仰后所秉承的生活方式，如他对暴力的机构和喉舌进行的斗争，对自己的生活方式的彻底改变，其中包括体力劳动，以及孜孜不倦地研究不抵抗理论等，所有的一切令我们联想到徒手击杀雄狮的参孙，而不是回归自我的印度瑜伽。"[1] 托尔斯泰坚信非暴力的真理会为自己打通道路，并且启发了后世的社会活动家，虽然其努力和付出并没有彻底改变世界的现状，但无疑有助于世界向更好的方向发展，有助于人们将非暴力看作共同生活的基础。

可见，俄罗斯当代哲学界普遍认为，对待托尔斯泰的思想遗产，不应沿用长期以来的思维定式，其对当代人的精神生活的指导意义有待得到进一步阐释。托尔斯泰并非传统欧洲意义上的哲学家，哲学对他而言是一种对生活的教诲，所回答的问题是人应该怎样在理智和良心的平衡中度过一生。对他而言重要的并非生活应该如何建构的普遍真理，而是更加实际的任务，即应当如何生活。因此，托尔斯泰的哲学思想与实践也对以西方话语为主导的哲学之经典范式提出了挑战，其在俄罗斯哲学及西欧哲学发展史中的意义有待重估。

第二节　镜头下的文豪

俄罗斯电影从其发轫就将数百年的经典文学作为用之不竭的宝藏，在叙事内容、表现方式等方面创造性地继承了它的传统。文学中的形象与主题不断丰富着电影，为电影大师们提供了审美探索和旨趣探索的方向。在谈到俄罗斯电影与文学之间的关系问题时，大文豪托尔斯泰在电影史中留下的浓墨重彩的一笔尤为令人瞩目。

托尔斯泰在生前就见证了电影艺术的出现和早期的发展，以作家敏锐的洞察力发表了对这一新兴艺术的看法。在20世纪初的一次访谈中他说道："你们将会看到，这个带着旋转轴的咔嚓响的小玩意儿给我们的生活——作家的生活，带来一场

---

[1] Гусейнов А. Философские наследие Толстого. Интервью Предрага Чичовачки. С. 17.

革命。这是对旧有的文学创作方法的直接进攻……无论是场景的瞬息变幻，或是感情与经验的融合，都大大超过了我们所习惯的那种沉重、冗长、拖沓的写作方式的文学作品。它更接近于生活。"[1]在被问及电影的商业化带来的艺术性削弱的问题时，作家对此并没有持全盘否定的观点，而是认为这不意味着毁灭，而是再创造的方式之一。他还曾认真地考虑过写一个电影剧本。可见，托尔斯泰对这门艺术是非常认可的，对其前景也抱有十分乐观的看法。

实际上，托尔斯泰的创作本身就以"精准的观察能力"著称，"其小说的各个场面在本质上可以成为出色的电影剧本的一部分"[2]。作家的诸多写作技巧，如对细节的突出渲染、对宏观场面的大气磅礴的描写等堪与电影中的特写、全景等艺术手法相媲美。正因为如此，托尔斯泰的作品在 20 世纪初期就成为银幕改编的热点之一，早期俄罗斯电影的著名制片人亚历山大·汉容科夫（Ханжонков А.А.）陆续制作了以托尔斯泰的作品为蓝本的《黑暗的力量》（1909）、《克鲁采奏鸣曲》（1911）、《伪息票》（1913）等影片。此后，弗拉基米尔·加丁（Гардин В.Р.）执导的《一个人是否需要很多土地》（1915）、雅科夫·普罗塔扎诺夫（Протазанов Я.А）执导的《谢尔基神父》（1918）、亚历山大·萨宁（Санин А.А.）执导的《波里库什卡》（1919）等作品陆续问世。在接下来的百余年间，《战争与和平》《安娜·卡列尼娜》《复活》等作品在全世界各地被数次搬上了银幕。

在文豪与电影的关系上最为不同凡响的一点是，电影这一新的艺术形式刚刚在俄罗斯落根，托尔斯泰本人的生活就成为电影摄影师所争相捕捉的对象，不仅他过世的那一刻得到了镜头的如实记录，在他逝世后的百余年间，以他的一生尤其是生前最后两年的生活为素材的传记电影也相继问世，这在世界文化史上都是颇为罕见的现象。

关于托尔斯泰的传记电影可以分为以下三种类型：第一种是以托尔斯泰本人的真实影像为依托的传记片，如亚历山大·德兰科夫（Дранков А.О.）执导的俄罗斯最早的纪录片《列·尼·托尔斯泰的八十岁生日》（1908）、《托尔斯泰在亚斯纳亚·波利亚纳的最后的日子》（1910）以及《列·尼·托尔斯泰的葬礼》（1910），埃斯菲里·舒

---

[1] 陈梅：《高尔基、托尔斯泰谈早期电影》，《电影艺术译丛》1978 年第 0 期，第 143 页。
[2] Гуральник У. *Русская литература и советское кино*. М.: Наука, 1968. С. 270.

布（Шуб Э.И.）执导的《尼古拉二世的俄罗斯与托尔斯泰》(1928)，塞穆伊尔·布勃里克（Бубрик С.Д.）执导的《列夫·托尔斯泰》(1953)、系列教育影片《列夫·托尔斯泰》(1961—1990)，马克·奥谢皮扬（Осепьян М. Д.）执导的《12号列车的乘客：关于列夫·托尔斯泰的回忆》(1998)，谢尔盖·谢利亚诺夫（Сельянов С.М.）执导的《列夫·托尔斯泰：天才常在》(2010)，英国BBC（英国广播公司）推出的《托尔斯泰的烦恼》(2011)等；第二种是通过将托尔斯泰的照片、手稿、语音、视频等插入影片，提高再现对象与人物原型之间相似性的虚实结合的传记片，如雅科夫·普罗塔扎诺夫执导的《伟大长老的出走》(1912)、维克多·季霍米罗夫（Тихомиров В. И.）执导的《鲍·格·列夫·托尔斯泰》(2002)、加琳娜·叶夫图申科（Евтушенко Г.М.）执导的《小车站》(2007)等；第三种是完全由外形相似的演员来再现人物的故事片，如谢尔盖·格拉西莫夫（Герасимов С.А.）执导的《列夫·托尔斯泰》(1984)以及美国导演迈克尔·霍夫曼（Michael Hoffman）执导的《最后一站》(2009)。本节将对这三类电影进行分门别类的梳理，着重探讨它们的美学特点与文化意义。

真实影像：托尔斯泰其人其事

首个将托尔斯泰本人的真实生活搬上银幕的，是被称为"狗仔队之父"的早期俄罗斯电影导演亚历山大·德兰科夫[1]。起先，托尔斯泰本人是不愿意被拍摄的。德兰科夫在得到作家夫人索菲娅·安德烈耶夫娜的许可后，带着摄像机偷偷潜入作家的庄园并藏在了院子内的茅房里。经过漫长的等待后，他终于拍到了独自在院子中散步的托尔斯泰。1908年8月28日，适逢作家80岁寿辰，德兰科夫一行人终于得到了托尔斯泰本人的许可，拍摄了庄园里的庆祝仪式，收获了144米长的胶片。[2] 这些胶片在被迅速地剪辑后以《列·尼·托尔斯泰的八十岁生日》为题上映，极大地迎合了大众对大文豪之日常生活的好奇心理，取得了商业上的巨大成功。此后，摄影师陆续记录了作家与夫人散步、骑马、锯木、工作、与农民们谈话、与儿孙们在一起等场景。托尔斯泰也曾在1910年9月的日记中提到过被拍摄的经历："我在阳光下散了步。索菲娅·安德烈耶夫娜一定要电影摄影师德兰科夫把她同我一起拍

---

[1] Рогова В. Папа папарации. [2024-04-25]. http://old.litrossia.ru/2008/08/02554.html.

[2] См. Лурье С. Толстой и кино // Л. Н. Толстой. Кн. II. М.: Издательство АН СССР, 1939. С. 714.

下来。"[1] 1909年，法国电影人百代也前往托尔斯泰庄园，从作家本人那里得到了拍摄许可，记录了托尔斯泰的莫斯科之行并在票房上大获成功。

在托尔斯泰的晚年，他和妻子就遗嘱的问题分歧越来越大，作家想把他的文学遗产无偿地献给全人类，而伯爵夫人想要留作私人财产。1910年，矛盾终于达到了无法缓解的地步，作家在深秋的一个夜晚匆匆收拾了行囊，离家出走。三天后，他因病滞留在了俄罗斯南部的一个小火车站阿斯塔波沃（现名为"列夫·托尔斯泰"）并于一周后在此过世。这个名不见经传的小车站顿时成为世界的焦点，各路记者、摄影师、托尔斯泰的追随者、大学生在此云集。记录了这一历史性时刻的《列·尼·托尔斯泰的葬礼》引起了社会上的轰动，这一部出于商业目的的影片同时也具有文化史上的深远意义。

1928年时逢托尔斯泰诞生100周年。女导演埃斯菲里·舒布的《尼古拉二世的俄罗斯与托尔斯泰》将已有的托尔斯泰与当时的俄罗斯沙皇尼古拉二世的影像进行筛选和剪辑，加入本人拍摄的托尔斯泰庄园的景象，向观众展现了晚年主张不以暴力抗恶、向沙皇进谏的说教者托尔斯泰，试图"让形象生动的影像本身揭示该说教的欺骗性以及托尔斯泰的茕茕孑立"[2]。然而导演的这种意图与对托尔斯泰主义的曲解让评论界颇为不满，该影片甚至被称为很大的失败。业界人士认为，该片没有全面地反映托尔斯泰的生活，如他对农民和工人阶层的态度，也没有体现沙皇政府对托尔斯泰的迫害，反而把托尔斯泰刻画成了一个反革命者。在艺术表现上，虽然有一些可圈可点的场面，但是缺乏整体感。

斯大林在位时期，受高压政权与官方意识形态的影响，苏联电影出现了严重萧条的局面，托尔斯泰不仅在视觉艺术上，还在任何的文化话题上消失于公众的视野。直到1953年，塞穆伊尔·布勃里克执导的纪录片《列夫·托尔斯泰》打破了这一僵局，预示着"解冻时期"的到来。1956年的苏共二十大批判了斯大林的个人崇拜和独裁专制，令苏联艺术从粉饰现实和墨守成规的模式转向了对人的道德、精神世界的表现与探讨，《复活》《哥萨克》《战争与和平》《安娜·卡列尼娜》等托尔斯泰的作品也被争相搬上了银幕。这一时期关于托尔斯泰的大型纪录片为自1961年

---

[1] 托尔斯泰：《列夫·托尔斯泰文集》（第十七卷），第340页。

[2] Россия Николая II и Лев Толстой. Стенограмма обсуждения фильма в Обществе друзей советского кино, октябрь 1928. [2024–04–25]. http://test.russiancinema.ru/index.php?e_dept_id=2&e_movie_id=10781

至 1990 年由学校制片厂和中央科学制片厂陆续推出的长度不等的 7 集系列黑白影片《教育影片库 – 文学 – 列夫·托尔斯泰》，其中收录了不同导演对不同主题的诠释，它们分别是《托尔斯泰在亚斯纳亚·波利亚纳》《托尔斯泰在哈莫夫尼基》《创作小说〈战争与和平〉的托尔斯泰》《莫斯科托尔斯泰故居博物馆》《托尔斯泰生命中的亚斯纳亚·波利亚纳》《列夫·托尔斯泰笔下的人物世界》《在亚斯纳亚·波利亚纳的托尔斯泰身边》。纪录片网罗了托尔斯泰生前的影像、音频、创作，包括 20 世纪初改编自托尔斯泰小说的电影作品，其标准而常规的制作具有鲜明的普及和教育意义。

到了 20 世纪 90 年代，忠实于真实影像的纪录片也开始有了自己的特色。纪录片《12 号列车的乘客：关于列夫·托尔斯泰的回忆》的名称来自托尔斯泰乘坐的最后一班列车。当列车停在阿斯塔波沃后，车站诊所的医生斯托科夫斯基为托尔斯泰填写了申请住宿的表格。看到医生在填写"职位"一栏时的犹豫不决，托尔斯泰笑着说道："写什么又如何呢？您就写——12 号列车的乘客。我们不都是人生的过客嘛。只不过有的人刚登上自己的火车，有的人，像我，正在下车。"[1] 这部纪录片依然以德兰科夫等人在 1908—1910 年拍摄的托尔斯泰的影像资料为依托，加入了许多和托尔斯泰的家庭成员、朋友、同道人的访谈。它不仅是对天才作家的回忆，还是对他的时代及那些和作家有过交集、陪伴作家到生命最后一刻的人的回忆。影片采用了十分新颖的形式，即通过一个从巴黎开往柏林的特快火车上的乘客来讲述托尔斯泰的故事。这位乘客曾经是俄罗斯一家杂志社的记者，陪同过在亚斯纳亚·波利亚纳拍摄托尔斯泰的摄影师团队。影片在视觉效果上也是别出心裁，如在黑白纪录片中突然插入彩色的镜头，展示 90 年来依然如故的托尔斯泰的书房、卧室等，以及加入棕褐色老照片的效果，给人营造一种久远和神秘的氛围。该片在上映第二年获得了于叶卡捷琳堡举行的"俄罗斯 –99"电影节的大奖。

2010 年，为纪念托尔斯泰逝世 100 周年，俄罗斯推出了由国立影像档案馆时任馆长娜塔丽娅·卡兰塔若娃（Калантарова Н.А.）与托尔斯泰的玄孙——亚斯纳亚·波利亚纳博物馆馆长弗拉基米尔·托尔斯泰作为顾问的纪录片《列夫·托尔斯泰：天才常在》。该片投入了 250 万欧元的巨资，将储存于国立影像档案馆的有关

---

[1] Кузнеделева Н. ЛГ:итоги недели. [2024–04–25]. http://www.lpgzt.ru/aticle/12719.htm.

托尔斯泰的影像全部转换为数码形式，经过重新剪辑如实呈现了托尔斯泰生前的最后两年、他的出走以及令全世界瞩目的他乡逝世。

英国 BBC 的纪录片《托尔斯泰的烦恼》分为上下两集，故事的讲述人艾伦·延托布（Alan Yentob）通过史诗般的火车车程追随托尔斯泰的足迹，讲述了作家充满矛盾的一生，探讨这个俄罗斯最伟大的小说家以及最大的麻烦制造者是如何得以造就的。娓娓道来的线索、流畅的镜头语言、与托尔斯泰小说文本的结合、与俄罗斯本土以及欧美著名托尔斯泰研究家的访谈等让整部纪录片的内容充实，视角多元，为观众呈现了一个走下神坛的托尔斯泰。

虚实结合：个性化的诠释

1912 年的无声电影《伟大长老的出走》为时 31 分 30 秒，是首个将托尔斯泰的晚年生活传记化的故事类影片。该片展现了托尔斯泰晚年的矛盾与痛苦，刻画了作家对劳苦大众的关爱，而这种博爱的、富含人性的一面又在与妻子不和、偷立遗嘱、尝试自杀的对立情节中展开。影片以饰演托尔斯泰的演员弗拉基米尔·沙捷尔尼科夫（Шатерников В.И.）模仿德兰科夫拍摄的托尔斯泰在林中散步的场景拉开序幕，并在结尾处插入了托尔斯泰刚刚过世的真实场景，以此拉近了再现对象与真实人物的距离。而在强调真实性的基础上，导演在片中增添了合理的想象和润饰。在绝望中看不到出路的托尔斯泰准备了绳索和遗嘱，企图自杀。这时，在托尔斯泰的书斋里忽然出现了他的妹妹——修女玛丽亚·托尔斯泰娅的身影，她指着天空斥责他忘记了上帝，并阻止了他的自杀。这一场景发生于影片叙事的中间部分，是托尔斯泰从受难走向救援的转折点，也是现实与超现实的重叠。在此之后，托尔斯泰断然决定离家出走，并路经妹妹所在的修道院，最后来到了阿斯塔波沃车站。这种水平的、物理的运动轨迹在影片的最后得到了垂直的、精神的升华，去世后的托尔斯泰升向天空，得到了复活。普罗塔扎诺夫创造性地借鉴了俄罗斯文学中圣徒传的体裁，通过这种超现实的手法塑造了一个圣徒式的列夫·托尔斯泰，表达了自己的宗教探索与伦理追求。然而在我们看来，托尔斯泰本人未必会认同导演对自己的圣徒式解读。

维克多·季霍米罗夫执导的《鲍·格·列夫·托尔斯泰》是另一种全新的尝试，由俄罗斯摇滚音乐奠基人之一、水族馆乐队主唱鲍里斯·格列本希科夫（Гребенщиков Б.Б.）出演托尔斯泰，将两个不同的时代偶像合为一体，创造了独一无二的艺术传记。鲍里斯·格列本希科夫与托尔斯泰共有的漂泊气质、二人在各自的领域里达到的辉煌成就以及摇滚乐所具有的强烈的反抗精神与19世纪末、20世纪初最大的"持不同政见者"托尔斯泰之批判精神的契合为影片提供了逻辑基础。影片中插入了德兰科夫所拍摄的托尔斯泰与夫人在庄园散步的镜头，以此致敬经典。

加琳娜·叶甫图申科执导的《小车站》分为"激变"、"出走"和"尾声"三个部分，是对"作家为什么要出走，又前往何方"这一问题的诠释，也是一种从已知中探索未知的尝试。该片的导演曾说道："《小车站》未必能称为传统意义上的纪录片，尽管我们试图在银幕上展现伟大作家生命中的主要阶段。然而最让我们感兴趣的，是作家的内心世界，其道德伦理观念和信念、哲学思想以及他对道德理想和自我完善的不懈追求。我们想通过影片表达的是，作家的一生从始至终都是对能够给全人类带来幸福的魔法棒的孜孜不倦的探寻。"[1] 影片中由不同年龄段的演员再现了托尔斯泰生命的几个主要阶段，也加入了大量托尔斯泰生前的真实影像、照片以及根据托尔斯泰作品改编的电影的片段。

故事片：对文豪形象的重构

1984年的《列夫·托尔斯泰》为时约2小时40分钟，是首部完全由演员来诠释文豪一生的故事片。时年78岁高龄的俄罗斯著名电影人谢尔盖·格拉西莫夫在片中出演托尔斯泰，并一人承担了导演、编剧、主演三个角色，足见其投入的功夫和心血。影片分为"失眠"和"出走"两个部分，聚焦于文豪的内心世界，他的矛盾和困惑，以及他与周围格格不入的生活。影片将托尔斯泰在1907年10月26日写下的日记中的一段话作为题记："我和我周围的人们在一起时不得不沉默，而只能和那些在空间上和时间上都离我甚远的人进行对话，这是多么奇怪的一件事啊。"

双重视角和内心独白是该片叙事的一大特点，主人公不断向自己的内心世界和镜头外的外部世界进行提问和独白，回顾自己人生中的主要片段，追悔过去的失误与傲慢。这种自我独白始终伴随着有气无力的呻吟、沙哑的嗓音和干咳，从而塑造了一个有血有肉的、富于人性的、走下神坛的托尔斯泰的形象，有别于在公众面前

---

[1] Фильм Полустанок о Льве Толстом. [2024-04-25]. http://www.l-tolstoy.ru/polust.php.

为真理振臂高呼的说教家托尔斯泰。

该片的另一个特点是，托尔斯泰经常回忆起自己创作的作品中的主人公，以此表达自己的心境，这里蕴含着导演试图用作家的文学创作诠释其世界观的意图。如在第一部中提到了《一个人是否需要很多土地》中的帕霍姆，欲望和贪婪让他最终付出了生命的代价。对帕霍姆的回忆映射了围绕着晚年托尔斯泰的财产权之争，周围人对私有财产的欲望和争夺让托尔斯泰的生活不得安宁。在第二部中，离家出走的托尔斯泰来到妹妹的居所，和女儿亚历山德拉等人讨论下一步该去往何方。这时，他忽然提及自己在1863年发表的小说《哥萨克》中的人物叶罗什卡大叔。镜头突然切换，穿着农民的衣服、光脚的托尔斯泰站在高加索的群山峻岭之中，那里水流湍急、青草碧绿，人们过着随心所欲的生活。受到启示的托尔斯泰立刻启程，前往曾经的哥萨克们所在的高加索，却在途中因病滞留在了阿斯塔波沃。在托尔斯泰逝世那一刻，导演再一次把镜头对准了置身于高加索的托尔斯泰，以此诠释作家对生命的定义。高加索代表了托尔斯泰通过毕生的创作和探索所追求的个体意志和自由得到充分尊重的世界。

为纪念托尔斯泰逝世100周年，2010年1月28日于德国上映了由迈克尔·霍夫曼导演，由克里斯托弗·普卢默（Christopher Plummer)、海伦·米伦（Helen Mirren）主演的影片《最后一站》。影片改编自杰伊·帕里尼（Jay Parini）的同名小说，主要讲述了托尔斯泰晚年的生活。片中有两个形成鲜明对比的爱情故事，一是托尔斯泰和他的妻子之间48年的婚姻生活，另一个是托尔斯泰年轻的秘书瓦伦丁和老师兼托尔斯泰主义的信徒玛莎之间迸发的虚构出来的爱情，而这两个主线因另一位关键人物契尔特科夫的存在而使影片呈现出"圆拱式"的结构。影片旨在超越那些标准且常规化的人物传记片，试图揭示爱情在生活中的重要地位。该片的导演迈克尔·霍夫曼曾说道："这不是一部与托尔斯泰有关的电影作品，而是在讨论活在爱里需要面对的各种挑战。"[1]

有趣的是，《最后一站》在俄罗斯上映时，片名被改成了《最后的复活》。如果将该片与谢尔盖·格拉西莫夫的《列夫·托尔斯泰》进行对比，我们可以看到欧美电影人与俄罗斯电影人不同的表现风格和理念。首先，在叙事视角上，前者通过秘

---

[1] 阳雯、李蕾：《电影〈最后一站〉的"圆拱式"结构》，《电影文学》2012年第1期，第71页。

书瓦伦丁以及监视者契尔特科夫等外部的视线描述了托尔斯泰的生活，而后者则多以托尔斯泰本人的独白和自省等内部视角展开。其次，前者极力刻画了人物的浪漫的、肉欲的爱情，如托尔斯泰在妻子的床前表演、瓦伦丁与玛莎的鱼水之欢等场面，而后者则集中在对托尔斯泰的精神生活层面的刻画上。可以说，这样的差异根植于不同国家审美理念与文化的差异。

英国评论家亨利·吉福德曾如是评价托尔斯泰："他是世界上最令人钦佩的作家之一，因为他的视野是这么广阔，让人觉得已经涵括了一切时代人类共有的经验。我们今天的生活好像充满了无可回避的烦恼，这些烦恼时时可能把我们压垮。但是托尔斯泰常常站在想象之巅，极大地安慰读者的心灵，为每个人证明着他生存本身的意义。"[1] 这也是为什么托尔斯泰的人生、他的经历和故事得到了不同时间、不同国度的人们经久不衰的关注，且被频频搬上银幕。值得一提的是，在当今俄罗斯文坛非虚构文学愈成气候的背景下，俄罗斯作家也推出了多部以托尔斯泰传记为基础的非虚构文学作品，其中的代表人物为帕维尔·巴辛斯基（Басинский П.В.）。可见，时至今日，大文豪托尔斯泰充满矛盾和困惑的一生、对真理和正义的孜孜不倦的探索、对栩栩如生的文学形象的创造依然启发和鼓舞着无数热爱文化、热爱生活的人。

---

[1] 亨利·吉福德：《托尔斯泰》，第145页。

结束语

　　充满与生俱来的欲望和生命力，同时具有极其高度的道德感和自省精神、分析能力和批判意识，这造成了托尔斯泰在精神上的撕裂和悲剧，也转化为他对肉体、肉欲的憎恶，及对超越肉体、超越欲望的渴望，促成了托尔斯泰从一个"伊壁鸠鲁主义者"向"斯多葛主义者"的转变。

　　托尔斯泰不安的、无私的、不倦的精神求索历程是一个典型的俄罗斯现象，尽管他背叛了东正教，但是他产生于俄罗斯东正教的土壤，在他对终极的孜孜不倦的追问中，在他对社会权威的质疑与批判中，我们都看到了俄罗斯精神的闪耀。

　　与此同时，托尔斯泰的求索与反叛是一种伟大的、世界性的现象。他是一个由时代造就的充满矛盾的人物，也是超越民族和时空的人物，怀疑主义与理想主义、理性与信仰的交融与矛盾在托尔斯泰的身上体现得淋漓尽致。实际上，成为一个宗教哲学家们认可的基督徒，或者成为一个唯物主义者，都能令托尔斯泰的矛盾迎刃而解，也不会招致那么多的责难与批判。而托尔斯泰的难题就在于，他没有站在任何一个阵营中，而是从更宏大的视角去体悟人的本质和生命的意义。俄罗斯第一位获得诺贝尔文学奖的作家布宁在他的著作《托尔斯泰的解脱》中如是总结托尔斯泰的全人类性："有一类人具有特别强的感觉能力，不仅感觉到自己的时代，也包括别人的时代，过去的时代；不仅感觉到自己的国家，自己的部族，也包括异国异族；不仅感觉到自身，也包括他人。通常人们把这种能力称为'幻化能力'，他们还具有特别活跃，特别形象的（感性的）'记忆力'。……这种人的祸与福正是在于他那个特别强的'我'，在于渴望更多地肯定这个'我'，同时又更多地（由那许多世许多劫以来积累的大量经验所致）感觉到这渴求的虚妄，更敏锐地知觉到那无处不在的。"[1] 在这里，布宁将托尔斯泰与圣徒、智者、佛陀、所罗门相提并论。

的确，托尔斯泰并非传统的理论意义上的思想家或哲学家，而属于用自己的学说和实践来为人类指明方向的导师。他敢于突破东正教神学的界限，渴望为全人类拓展精神发展的广阔空间，体现出其超越宗教、民族、文化和意识形态等藩篱的博大胸怀和对未来科技文明中人的精神困境的敏锐预感。

---

[1] И.布宁：《托尔斯泰的解脱》，陈馥译，辽宁教育出版社，2000，第43页。

参考文献

中文文献

[1] 奥夫夏尼科-库利科夫斯基.文学创作心理学 [M].杜海燕,译.北京:中国青年出版社,2004.

[2] 奥托.论神圣 [M].成穷,周邦宪,译.成都:四川人民出版社,1995.

[3] 巴赫金.巴赫金全集 [M].白春仁,译.石家庄:河北教育出版社,1999.

[4] 别尔嘉耶夫.俄罗斯思想 [M].雷永生,邱守娟,译.北京:三联书店,2004.

[5] 别尔嘉耶夫.俄罗斯思想的宗教阐释 [M].邱运华,吴学金,译.北京:东方出版社,1998.

[6] 别尔嘉耶夫.陀思妥耶夫斯基的世界观 [M].耿海英,译.桂林:广西师范大学出版社,2008.

[7] 伯林.俄国思想家 [M].彭淮栋,译.南京:译林出版社,2001.

[8] 布尔加科夫.垂暮之年:托尔斯泰晚年生活记事 [M].陈伉,译.呼和浩特:远方出版社,2017.

[9] 布尔加科夫.东正教:教会学说概要 [M].徐凤林,译.北京:商务印书馆,2001.

[10] 布宁.托尔斯泰的解脱 [M].陈馥,译.沈阳:辽宁教育出版社,2000.

[11] 陈建华.文学的影响力:托尔斯泰在中国 [M].南昌:江西高校出版社,2009.

[12] 陈建华.人生真谛的不倦探索者:列夫·托尔斯泰传 [M].重庆:重庆出版社,2007.

[13] 陈燊.欧美作家论列夫·托尔斯泰 [M].北京:中国社会科学出版社,1983.

[14] 程正民.俄国作家创作心理研究 [M].天津:百花文艺出版社,1999.

[15] 茨威格.托尔斯泰传 [M].申文林,译.杭州:浙江文艺出版社,2009.

[16] 戴桂菊.俄国东正教会改革（1861—1917）[M].北京：社会科学文献出版社，2002.

[17] 费尔巴哈.宗教的本质[M].王太庆，译.北京：商务印书馆，1999.

[18] 弗莱.批评的解剖[M].陈慧，袁宪军，吴伟仁，译.天津：百花文艺出版社，2006.

[19] 弗兰克.俄国知识人与精神偶像[M].徐凤林，译.上海：学林出版社，1999.

[20] 弗洛罗夫斯基.俄罗斯宗教哲学之路[M].吴安迪，徐凤林，隋淑芬，译.上海：上海人民出版社，2006.

[21] 福斯特.跨越国界的托尔斯泰[M].赵砾坚，译.哈尔滨：黑龙江教育出版社，2014.

[22] 傅永军.绝对视域中的康德宗教哲学：从伦理神学到道德宗教[M].北京：社会科学文献出版社，2015.

[23] 赫拉普钦科.艺术家托尔斯泰[M].刘逢祺，张婕，译.上海：上海译文出版社，1987.

[24] 赫克.俄国革命前后的宗教[M].高骅，杨缤，译.上海：学林出版社，1999.

[25] 霍米亚科夫，赫尔岑等.俄国思想的华章[M].肖德强，孙芳，译.北京：人民出版社，2013.

[26] 吉福德.托尔斯泰[M].龚义，章建刚，译.北京：中国社会科学出版社，1989.

[27] 津科夫斯基.俄国哲学史[M].张冰，译.北京：人民出版社，2013.

[28] 金亚娜，刘锟，张鹤，等.充盈的虚无：俄罗斯文学中的宗教意识[M].北京：人民文学出版社，2003.

[29] 康德.纯然理性界限内的宗教[M].李秋零，译.北京：中国人民大学出版社，2012.

[30] 雷成德，金留春，胡日佳，等.托尔斯泰作品研究[M].西安：陕西人民出版社，1985.

[31] 雷永生.东西文化碰撞中的人：东正教与俄罗斯人道主义[M].北京：华夏出版社，2007.

[32] 利哈乔夫.解读俄罗斯[M].北京：北京大学出版社，2003.

[33] 李正荣.托尔斯泰的体悟与托尔斯泰的小说 [M].北京：北京师范大学出版社，2001.

[34] 梁赞诺夫斯基，斯坦伯格.俄罗斯史 [M].杨烨，卿文辉，译.上海：上海人民出版社，2007.

[35] 刘锟.东正教精神与俄罗斯文学 [M].北京：人民文学出版社，2009.

[36] 卢梭.忏悔录 [M].陈筱卿，译.上海：上海译文出版社，2014.

[37] 罗兰.托尔斯泰传 [M].傅雷，译.北京：中国青年出版社，2017.

[38] 洛穆诺夫.托尔斯泰传 [M].李桅，译.天津：天津人民出版社，1981.

[39] 洛斯基.俄国哲学史 [M].贾泽林，等译.杭州：浙江人民出版社，1999.

[40] 梅列日科夫斯基.托尔斯泰与陀思妥耶夫斯基 [M].杨德友，译.北京：华夏出版社，2016.

[41] 米尔斯基.俄国文学史 [M].刘文飞，译.北京：人民出版社，2013.

[42] 米罗诺夫.俄国社会史 [M].张广翔，许金秋，译.济南：山东大学出版社，2006.

[43] 莫德.托尔斯泰传 [M].宋蜀碧，徐迟，译.北京：北京十月文艺出版社，2001.

[44] 莫斯.俄国史（1855—1996）[M].张冰，译.海口：海南出版社，2008.

[45] 纳博科夫.文学讲稿 [M].申慧辉，等译.上海：上海三联书店，2010.

[46] 尼采.悲剧的诞生 [M].周国平，译.太原：北岳文艺出版社，2004.

[47] 尼采.查拉斯图拉如是说 [M].楚图南，译.贵阳：贵州人民出版社，2004.

[48] 尼克利斯基.俄国教会史 [M].丁士超，等译.北京：商务印书馆，2000.

[49] 倪蕊琴.俄国作家批评家论列夫·托尔斯泰 [M].北京：中国社会科学出版社，1982.

[50] 倪蕊琴.列夫·托尔斯泰比较研究 [M].上海：华东师范大学出版社，1989.

[51] 帕利坎.历代耶稣形象 [M].杨德友，译.上海：上海三联书店，1999.

[52] 邱运华.诗性启示：托尔斯泰小说诗学研究 [M].北京：学苑出版社，2000.

[53] 任光宣.俄国文学与宗教 [M].西安：世界图书出版公司，1995.

[54] 舍斯托夫.钥匙的统治 [M].张冰，译.上海：上海人民出版社，2004.

[55] 舍斯托夫.在约伯的天平上 [M].董友，徐荣庆，刘继岳，译.上海：上海人民出版社，2004.

[56] 施特劳斯. 耶稣传 [M]. 吴永泉, 译. 北京: 商务印书馆, 2010.

[57] 什克洛夫斯基. 列夫·托尔斯泰传 [M]. 安国梁, 等译. 郑州: 海燕出版社, 2005.

[58] 什克洛夫斯基. 散文理论 [M]. 刘宗次, 译. 天津: 百花洲文艺出版社, 2010.

[59] 叔本华. 叔本华论道德与自由 [M]. 韦启昌, 译. 上海: 上海人民出版社, 2014.

[60] 叔本华. 作为意志和表象的世界 [M]. 石冲白, 译. 北京: 商务印书馆, 2018.

[61] 斯坦纳. 托尔斯泰或陀思妥耶夫斯基 [M]. 严忠志, 译. 杭州: 浙江大学出版社, 2011.

[62] 索洛维约夫等. 俄罗斯思想 [M]. 贾泽林, 李树柏, 译. 杭州: 浙江人民出版社, 2000.

[63] 索洛维约夫等. 精神领袖: 俄罗斯思想家论陀思妥耶夫斯基 [M]. 徐振亚, 娄自良, 等译. 上海: 上海译文出版社, 2009.

[64] 索洛维约夫. 神人类讲座 [M]. 张百春, 译. 北京: 华夏出版社, 2000.

[65] 汤普逊. 理解俄国: 俄国文化中的圣愚 [M]. 杨德友, 译. 南京: 译林出版社, 2015.

[66] 托尔斯泰. 我的父亲托尔斯泰: 最深的底层 [M]. 罗红云, 译. 南昌: 江西教育出版社, 2012.

[67] 托尔斯泰. 安娜·卡列尼娜 [M]. 草婴, 译. 上海: 上海文艺出版社, 2007.

[68] 托尔斯泰. 哈吉穆拉特 [M]. 草婴, 译. 北京: 现代出版社, 2011.

[69] 托尔斯泰. 克鲁采奏鸣曲 [M]. 草婴, 译. 北京: 现代出版社, 2012.

[70] 托尔斯泰. 列夫·托尔斯泰文集: 17卷 [M], 北京: 人民文学出版社, 2013.

[71] 托尔斯泰. 生活之路 [M]. 王志耕, 译. 北京: 商务印书馆, 2015.

[72] 王元骧. 审美: 向人回归 [M]. 杭州: 浙江大学出版社, 2015.

[73] 王志耕. 宗教文化语境下的陀思妥耶夫斯基诗学 [M]. 北京: 北京师范大学出版社, 2003.

[74] 王智量, 谭绍凯, 胡日佳, 等. 托尔斯泰览要 [M]. 贵阳: 贵州人民出版社, 2006.

[75] 翁绍军. 神性与人性: 上帝观的早期演进 [M]. 上海: 上海人民出版社, 1999.

[76] 吴舒屏. 拜占庭心态文化研究: 基于对东正教之神圣象征的分析 [M]. 北京: 人民出版社, 2015.

[77] 吴泽霖. 托尔斯泰和中国古典文化思想 [M]. 北京：北京师范大学出版社，2000.

[78] 徐葆耕. 叩问生命的神性：俄罗斯文学启示录 [M]. 桂林：广西师范大学出版社，2009.

[79] 徐凤林. 俄罗斯宗教哲学 [M]. 北京：北京大学出版社，2006.

[80] 杨慧林. 在文学与神学的边界 [M]. 上海：复旦大学出版社，2012.

[81] 杨正先. 托尔斯泰研究 [M]. 北京：中国社会科学出版社，2008.

[82] 叶夫多基莫夫. 俄罗斯思想中的基督 [M]. 杨德友，译. 上海：学林出版社，1999.

[83] 伊利亚德. 神圣与世俗 [M]. 王建光，译. 北京：华夏出版社，2002.

[84] 乐峰. 东正教史 [M]. 北京：中国社会科学出版社，1999.

[85] 乐峰. 俄国宗教史 [M]. 北京：社会科学文献出版社，2008.

[86] 张百春. 当代东正教神学思想 [M]. 上海：三联书店，2000.

[87] 张冰. 俄罗斯文化解读 [M]. 济南：济南出版社，2006.

[88] 张建华. 俄国史 [M]. 北京：北京师范大学出版社，2004.

[89] 赵桂莲. 漂泊的灵魂：陀思妥耶夫斯基与俄罗斯传统文化 [M]. 北京：北京大学出版社，2002.

[90] 赵桂莲. 生命是爱：《战争与和平》[M]. 昆明：云南人民出版社，2002.

俄文文献

[91] Аношкина-Касаткина В. Православные основы русской литературы XIX века[M]. М.: Пашков дом, 2011.

[92] Бабаев Э. Лев Толстой и русская журналистика его эпохи[M]. М.: Издательство Московского университета, 1978.

[93] Басинский П. Лев Толстой: Бегство из рая[M]. М.: АСТ, 2012.

[94] Басинский П. Святой против Льва. Иоанн Кронштадтский и Лев Толстой[M]. М: АСТ, 2013.

[95] Берестовская Д. Философско-этические интенции героического в раннем творчестве Л.Н.Толстого[J] // Обсерватория культуры, №5. 2018.

[96] Булгаков В. Духовный путь Л.Толстого[M]. Иваново: ИПК «ПресСто», 2011.

[97] Бычков В. Древнерусская эстетика[M]. СПб.: Центр гуманитарных инициатив, 2011.

[98] Вересаев В. Живая жизни: О Достоевском. О Льве Толстом. О Ницше[M]. М.: Республика, 1999.

[99] Виноградов И. По живому следу: Духовные искания русской классики[M]. М.: Советский писатель, 1987.

[100] Галаган Г. Л. Н. Толстой. Художественно-этические искания[M]. Л.: Наука, 1981.

[101] Гельфонд М. Проблема смысла жизни в нравственно-религиозной философии Л.Н. Толстого[J] // Этическая мысль. 2016. №1.

[102] Горелов А. Духовное рождение и уход Льва Толстого[M]. М.: Леланд. 2015.

[103] Гродецкая А. Ответы Предания: жития святых в духовном поиске Льва Толстого[M]. СПб: наука, 2000.

[104] Гусейнов А. Философские наследие Толстого. Интервью Предрага Чичовачки[J] // Философский журнал. 2018. № 2.

[105] Гусейнов А., Щедрина. Т.[сост.] Лев Николаевич Толстой[C]. М. : Политическая энциклопедия, 2014.

[106] Демидова С. Лев Николаевич Толстой в контексте экзистенциального выбора современных философов[J] // Вопросы философии, 2015. №5.

[107] Достоевский Ф. Полное собрание сочинений в 30 томах [M]. Л: Наука, 1972-1990.

[108] Есаулов И. Категория соборности в русской литературе[M]. Петрозаводск: Изд-во Петрозавод. ун-та, 1995.

[109] Кибальник С. К реконструкции одного из последних художественных замыслов Л. Н. Толстого[J] // Русская литература. 2019. №2.

[110] Котельников В. Православные подвижники и русская литература. На пути к Оптиной[M]. М.: Прогресс-плеяда, 2002.

[111] Купреянова Е. Эстетика Л.Н.Толстого[M]. М.; Л.: Наука,1966.

[112] Курляндская Г. Л. Н. Толстой и Ф. М. Достоевский. (Проблема метода и мировоззрения писателей) [M]. Тула: Приок. кн. изд-во, 1986.

[113] Исупов К. [сост.] Л. Н. Толстой: pro et contra: Личность и творчество Льва Толстого в оценке рус. мыслителей и исследователей[C]. СПб.: Изд-во Рус. Христиан. гуманитар. ин-та, 2000.

[114] Линков В. История русской литературы XIX в идеях[M]. М.: Изд-во Моск. ун-та: Печатные традиции, 2008.

[115] Мартин Т. Религия Толстого. Духовная биография[M]. М.: ББИ, cop., 2015.

[116] Назаров В. Метафоры непонимания: Л. И. Толстой и Русская Церковь в современном мире[J] // Вопросы философии. 1991. № 8.

[117] Никольский С. Смыслы и ценности русского мировоззрения в творчестве Л.Н.Толстого[J] // Вопросы философии. 2010. № 9.

[118] Никольский С., Филимонов В. Русское мировоззрение. Как возможно в России позитивное дело: поиски ответа в отечественной философии и классической литературе 40-60-х годов XIX столетия[M]. М.: Прогресс-Традиция, 2009.

[119] Опульская Л. Творческий путь Л. Н. Толстого[A] // Толстой Л. Собрание сочинений в 12 томах: Т. 1. М.: Правда, 1984.

[120] Павлович Н. Оптина пустынь. Почему туда ездили великие?[A] // Прометей. Т. 12. М.: Молодая гвардия, 1980.

[121] Полтавец Е. Мифопоэтика *Войны и мира* Л.Н.Толстого[M]. М.: Леланд, 2014.

[122] Рачин Е. Лев Толстой и русская идея[M]. М.: Глобус, 2001.

[123] Рачин Е. Философские искания Льва Толстого[M]. М.: Изд-во Рос. ун-та дружбы народов, 1993.

[124] Ремизов В. Л. Толстой в поздний период творчества: Мировоззрение и художественное видение[A] // Толстовский сборник: Этика и эстетика. Вопросы поэтики. Творческие связи и традиции. Тула: Изд-во Тул. гос. пед. ин-та,1992.

[125] Тендряков В. Божеское и человеческое Льва Толстого[A] // Л. Н.Толстой и русская литературно-общественная мысль. Л.: Наука, 1979.

[126] Толстая С. Дневники. В 2 томах[M]. М.: Художественная литература, 1978.

[127] Толстой Л. Полное собрание сочинений в 90 томах[M]. М.; Л.: Гос. изд., 1928-

1958.

[128] Толстой Л. Полное собрание сочинений в 100 томах[M]. Художественные произведения в 18 т. М.: Наука, 2000.

[129] Толстой Л. Собрание сочинений. В 22 томах[M]. М.: Художественная литература, 1978-1985.

[130] Топоров В. Святость и святые в русской духовной культуре[M]. М.: Гнозис : Шк. *Языки рус. культуры*, 1995.

[131] Хоружий С. После перерыва. Пути русской философии[M]. СПб.: Алетейя, 1994.

[132] Чертков В. Уход Толстого[M]. М.: Либроком, 2014.

[133] Эйхенбаум Б. Лев Толстой. Шестидесятые годы[M]. Л.: Художественная литература ,1974.

[134] Эйхенбаум Б. Лев Толстой. Семидесятые годы[M]. Л.: Художественная литература, 1978.

[135] Юдин А. Русская народная духовная культура[M]. М.: Высшая школа, 1999.

英文文献

[136] BILLINGTON J. The Icon and the Axe: An Interpretive History of Russian Culture[M]. New York: Vintage, 1970.

[137] CHRISTIAN R. Tolstoy's *War and Peace*[M]. Oxford: Oxford University Press, 1962.

[138] CLAY G. Tolstoy's Phoenix. From Method to Meaning in *War and Peace*[M]. Evanston: Northwestern University Press, 1998.

[139] GIFFORD H. Tolstoy[M]. Oxford: Oxford University Press, 1982.

[140] GREENWOOD E. Tolstoy: The Comprehensive Vision[M]. New York: St. Martin's Press, 1975.

[141] GUSTAFSON R. Leo Tolstoy: Resident and Stranger. A Study in Fiction and Theology[M]. Princeton, N. J.: Princeton University Press, 1986.

[142] JAHN G. The Death of Ivan Ilich. An Interpretation[M]. New York: Twayne Publishers, 1993.

[143] MEDZHIBOVSKAYA I. Tolstoy and the religious culture of his time: A biography of a long conversion, 1845-1887[M]. Lanham: Lexington books, 2008.

[144] MORSON G. Hidden in Plain View. Narrative and Creative Potentials in *War and Peace*[M]. Stanford, Calif.: Stanford University Press, 1987.

[145] ORWIN D. Consequences of consciousness: Turgenev, Dostoevsky, Tolstoy[M]. Stanford: Stanford University Press, 2007.

[146] ORWIN D. Tolstoy's Art and Thought: 1847–1880[M]. Princeton, N. J.: Princeton University Press, 1993.

[147] PICKFORD H. Thinking with Tolstoy and Wittgenstein: expression, emotion, and art[M]. Evanston: Northwestern university, 2016.

[148] STEINER G. Tolstoy or Dostoevsky[M]. New York: E.P.Dutton&Company, Inc., 1971.

[149] WASIOLEK E. Tolstoy's Major Fiction[M]. Chicago: University of Chicago Press, 1978.

[150] WILSON A. Tolstoy[M]. New York: Fawcett Columbine, 1988.

后　记

　　多年前的那个夏天，得知自己将要被公派到俄罗斯图拉国立托尔斯泰师范大学插班学习一年时，因为没有被分到莫斯科、彼得堡的高校而倍感失落的我还不知道这场邂逅会怎样改变自己的人生轨迹。到了图拉后才得知，这所学校以列夫·托尔斯泰命名，它的位置离大文豪的故居庄园——亚斯纳亚·波利亚纳只有不到二十分钟的车程。亚斯纳亚·波利亚纳意为"明亮的林间空地"，是托尔斯泰居住了五十余载的港湾和庇护所，他在这里出生、长大、成家、立业，在这里思考、写作、为人类的命运振臂高呼。在那一年的留学生活中，我数次到庄园"遛弯"，看冬去春来，赏花开花落，漫步在托尔斯泰曾构思《战争与和平》的大道上，流连于他曾策马驰骋的草地中，拜谒与大自然融为一体的作家墓地，仿佛自己的生命与这位巨擘有了某种密切的联结。回国后，曾经急于去职场施展拳脚的我选择了升学深造，继续在俄罗斯文学和文化的浩瀚大洋中滋养自己的生命。

　　顺理成章地，托尔斯泰的创作和思想成了我此后展开研究的对象。作家本人创作的庞大体量和已有研究的卷帙浩繁并没有让我退缩，我相信能够成为不朽经典的作品一定是常读常新的，哪怕我在日后的学术研究中为学界贡献不出一点新的观点，研究这样一位大家也定会对我这个个体的存在带来有益的启示。带着这样的想法，我继续在字里行间感受着托尔斯泰，感受着他的喜悦、他的困惑，摸索着他看待世界的方式、看待生命的态度。

　　托尔斯泰的人生常被人描述为矛盾的、割裂的，他被认为是俄罗斯精英阶层和民众阶层之间历史分裂的牺牲品。然而在一步步接近作家精神内核的过程中，我却更倾向于认为，他是一个主动去弥合鸿沟的人、一个试图联结世界的人。在我看来，托尔斯泰的作品之所以能受到跨越时空的读者的喜爱而获得经久不衰的生命力，正在于他在朴素和真实中看到了伟大,在于他能把生活中所谓的高级和低级都视为平等,在于他尊重万事万物的生长节奏和生命韵律,理解它们以不可思议的方式相联系。这个出身显赫的伯爵,在年轻时就深谙他所属阶层的诸种虚伪和痼疾,为自己不是那个大清早出门去拉活的农民伊柳什卡而感到怅惘。他的作品不是曲高和寡、高高在上的,不是用来演绎精英文化、演绎完美的,而是始终密切关注作为个体的人的内心世界,尤其关注人在精神上的变化与成长。作家对生命意义和价值的思考与人的身份、地位、阶层无关,他关心的不是"英雄",而是"人"。

那么"何以成人"?如何找到既合乎理性同时又合乎人性的生命真谛?托尔斯泰穷其一生极目远望,上下求索,最后却在自己的身边找到了答案。晚年的托尔斯泰在普通俄罗斯农民的信仰中发现了苦求的真理,总结出生命即爱,即发自肺腑的、爱人如己的、具有牺牲精神的大爱。怀着对人类的深沉的爱,他想要凝聚不同民族、不同国度的信仰,铸就一个所有人都能感受到幸福、所有人类都如兄弟般友爱的"命运共同体"。这种博大的胸怀、恢宏的历史观和宇宙观都潜移默化地影响和重塑了我本人的世界观,让我能够跳出狭隘的自我和所谓的"精致利己主义",而更多地去关注自己的生命与外界、与他人的联结和互动。在这个层面,托尔斯泰着实可谓我的人生导师。

本书是我把多年研究托尔斯泰的收获和体悟拿出来与读者分享的一种尝试。上篇是在本人博士论文的基础上修改而成。下篇中的多个小节曾在不同期刊上发表,如第一章的三个小节曾以《再论屠格涅夫与托尔斯泰之交》为题发表于《俄罗斯文艺》2018年第2期、以《列·托尔斯泰与弗·索洛维约夫的论争》为题发表于《中国俄语教学》2018年第2期、以《论亚·戈登维瑟与列夫·托尔斯泰的忘年之交》为题发表于《俄语学习》2015年第4期,第三章的两个小节曾以《离经叛道与突破藩篱——托尔斯泰理性信仰观的当代阐释》发表于《基督教文化学刊》2023年第2期、以《列夫·托尔斯泰传记电影探析》为题发表于《西伯利亚研究》2017年第2期,经过一定修订后收录于此。

在这个追求时效、追求自我、追求感官刺激的碎片化时代,拿出大把的时间来"啃读"托尔斯泰的大部头作品和充满道德劝诫意味的晚期小说和政论显得有些过时、有些古板,或者说,显得有些奢侈。然而正是这些慢时光让我开启了看待世界的"第二视力",得到了内心的清净和精神的净化。感谢当初与托尔斯泰庄园的相遇,感谢我的硕士生导师——北京大学俄语系陈松岩老师、博士生导师——北京大学俄语系赵桂莲老师和博士后合作导师——北京大学哲学系徐凤林老师，他们一如既往地支持和鼓励我在自己的研究道路上坚定地走下去。感谢赵桂莲老师欣然答应为拙著写序。感谢首都师范大学刘文飞老师，中国人民大学陈方老师、梁坤老师一直以来对我的指点与帮助。感谢中国人民大学外国语学院和中国人民大学出版社对本书的大力支持。最后，感谢我强大的后援团——家人。家人的包容和鼓励为我的学术研究之路提供了源源不断的动力。

感谢生命，感恩生活！

金美玲

2024年11月2日

图书在版编目（CIP）数据

托尔斯泰的精神求索 / 金美玲著. ‐‐北京：中国人民大学出版社，2025.5. ‐‐（文明互鉴学术论丛）.
ISBN 978‐7‐300‐33696‐1
Ⅰ. K835.125.6
中国国家版本馆CIP数据核字第2025EF4036号

文明互鉴学术论丛
总主编　陈　方　李铭敬
托尔斯泰的精神求索
金美玲　著
Tuo'ersitai de Jingshen Qiusuo

出版发行	中国人民大学出版社			
社　　址	北京中关村大街31号		邮政编码	100080
电　　话	010‐62511242（总编室）		010‐62511770（质管部）	
	010‐82501766（邮购部）		010‐62514148（门市部）	
	010‐62515195（发行公司）		010‐62515275（盗版举报）	
网　　址	http://www.crup.com.cn			
经　　销	新华书店			
印　　刷	唐山玺诚印务有限公司			
开　　本	720 mm × 1000 mm　1/16		版　次	2025年5月第1版
印　　张	12.5		印　次	2025年5月第1次印刷
字　　数	193 000		定　价	62.00元

版权所有　　侵权必究　　印装差错　　负责调换